媒介融合背景下
新闻扶贫的
经验探索与实践模式研究

孙穗 著

吉林大学出版社

图书在版编目（CIP）数据

媒介融合背景下新闻扶贫的经验探索与实践模式研究 / 孙穗著 . —长春：吉林大学出版社，2019.5
ISBN 978-7-5692-4713-8

Ⅰ. ①媒… Ⅱ. ①孙… Ⅲ. ①传播媒介－信息扶贫－研究 Ⅳ. ①F126

中国版本图书馆 CIP 数据核字（2019）第 079987 号

书　　名：媒介融合背景下新闻扶贫的经验探索与实践模式研究
MEIJIE RONGHE BEIJING XIA XINWEN FUPIN DE JINGYAN TANSUO YU SHIJIAN MOSHI YANJIU

作　　者：孙　穗 著
策划编辑：邵宇彤
责任编辑：邵宇彤
责任校对：李潇潇
装帧设计：优盛文化
出版发行：吉林大学出版社
社　　址：长春市人民大街 4059 号
邮政编码：130021
发行电话：0431-89580028/29/21
网　　址：http://www.jlup.com.cn
电子邮箱：jdcbs@jlu.edu.cn
印　　刷：定州启航印刷有限公司
成品尺寸：170mm×240mm　　16 开
印　　张：14.25
字　　数：276 千字
版　　次：2019 年 5 月第 1 版
印　　次：2019 年 5 月第 1 次
书　　号：ISBN 978-7-5692-4713-8
定　　价：69.00 元

版权所有　　翻印必究

前 言
Preface

扶贫和消除贫困是一个世界性问题。2017年2月28日国家统计局发布的《2016年国民经济和社会发展统计公报》称："按照每人每年2 300元（2010年不变价）的农村贫困标准计算，2016年我国农村贫困人口为4 335万人。"未来贫困人口分布点多面广，扶贫任务十分艰巨。如何广泛发动公众、凝聚社会合力、增强贫困人口的自我发展能力，成为扶贫攻坚的重中之重。在当前的媒介化社会、新媒体环境下，贫困的内涵及表现形式已经发生了变化，应密切关注新媒介技术带来的深刻社会影响，注重开发新型扶贫模式。"新闻扶贫"在我国已有20多年的发展，是"我国扶贫济困工作的一大创举"，在当前的新形势下发展"新闻扶贫"，具备实践基础和理论依据，有巨大的探索空间。

即使在发达国家同样存在贫困问题并被高度重视，国外学界和新闻界对贫困问题的报道和探讨主要集中在贫困人口是如何边缘化的、贫困主题报道的框架、贫困报道的新闻伦理以及大众传媒在消除贫困中的作用等方面，个体生活的艰难和在苦难中的顽强是观察的主要视角。在我国，由于复杂的历史原因和文化影响，从中华人民共和国成立初期到改革开放前，贫困报道被高度政治化，扶贫在本质上成为生产自救，对自救行为的报道逐渐呈现浮夸之风并愈演愈烈。改革开放之后到1993年，我国经济、政治、社会、文化等的发展带来了媒体价值取向和新闻文体的革新，贫困问题得以受到正视。1986年，国家成立专门的扶贫机构，确定了开发式扶贫的方针和划分贫困县的标准，随后在1994年、2001年两次调整扶贫政策，扶贫工作不断向基层下沉。这个时期有关扶贫的报道多集中在国家政策的宣传和扶贫政策带来的变化上。1998年以来，规模化报道增多，如中央电视台经济频道展示农村发展新面貌和贫困县的资源优势，中央人民广播电台《华夏之声》播出长达一年的扶贫专题节目，从2003年起《人民日报》开始大规模报道农民工生存状况及维权问题，贫困县较多的贵州省在《贵州日报》上对全省100多个扶贫开发一类重点乡镇进行系统报道，等等。

随着互联网的发展普及，扶贫报道增加了新的渠道，2013年交通运输部官方网站开通《中国交通扶贫》栏目，成为互联网上第一个扶贫专栏。2015年上半年，新华社派出9个调查小分队前往中西部贫困地区深入了解当地的民生、教育、交通、医疗等，披露出扶贫中的贪污腐败、弄虚作假等问题。2015年10月的减贫与发展高层论坛上，习近平总书记发表题为《携手消除贫困，促进共同发展》的主旨演讲，并再次提到精准扶贫，避免"一刀切"和"大水漫灌"。2016年5月，全国产业扶贫电视电话会议提出以市场导向推进产业扶贫。2016年7月，中央出台网络扶贫行动计划。然而，在扶贫力度不断加大、形式越来越丰富、贫困群体生存状态得到一定改善的情况下，因为受自然条件、经济基础、市场化程度等因素的影响，贫富差距进一步拉大、阶层分化明显依然是迫切需要解决的问题，特别是城市化进程中出现的人口流动、留守儿童、空巢老人等，反映的不仅是经济问题，还揭开了贫困背后城乡二元分化、发展失衡、管理缺失等问题。特别是贵州毕节4名留守儿童喝农药自杀，甘肃康乐贫困母亲杀死4个子女后自杀，丈夫继而自杀，再次凸显了扶贫攻坚的紧迫性和复杂性。

本书立足媒介融合的大背景，希望通过探索新闻扶贫的经验和实践模式为我国的扶贫事业贡献微薄之力。全书主要分为两个部分——理论研究篇和实践探索篇。理论研究篇介绍了媒介融合的大环境，简单阐述了新闻传播发展、新闻产业融合以及新媒体与公共服务传播。实践探索篇在对媒介融合背景下的社会媒体发展和新闻扶贫——打造新媒体传播做了理论及实例的说明之后，以荆州电视台《垄上行》对农服务电视栏目为例，对新闻扶贫的实践模式进行了探索，最后介绍了近些年新闻扶贫的真实案例。

本书是新的探索，书中观点难免有幼稚偏颇之处，但笔者会继续前行，也希望广大读者能提出宝贵的意见和建议。

目　录
Contents

绪　论 / 001

理论研究篇

第一章　媒介融合背景下的全球化语境 / 010

　　第一节　全球化与全球网络社会 / 010

　　第二节　媒介化与社会关系 / 017

第二章　媒介融合背景下新闻传播发展的影响和问题 / 029

　　第一节　新技术革命给大众传播带来的影响 / 029

　　第二节　媒介融合背景下大众传播存在的问题 / 040

　　第三节　媒介融合背景下传播问题的原因探究 / 042

第三章　全媒体时代的新闻产业融合 / 045

　　第一节　全媒体时代的新闻产业融合概述 / 045

　　第二节　全媒体时代的产业共生 / 048

　　第三节　全媒体时代的合作与演化 / 054

第四章　媒介融合背景下社会化媒体发展与营销 / 057

　　第一节　社会化媒体的基本概念 / 057

　　第二节　媒介融合背景下社会化媒体营销 / 062

　　第三节　媒介融合背景下社会化媒体营销的优化路径 / 072

第五章　贫困：一般分析及扶贫的主客体 / 079

　　第一节　贫困的内涵 / 079

　　第二节　贫困的标准 / 084

　　第三节　扶贫的主体与客体 / 087

实践探索篇

第六章　精准扶贫理论与落实 / 090
　　第一节　精准扶贫概述 / 091
　　第二节　当前精准扶贫面临的现实性问题及困境 / 099
　　第三节　进一步落实精准扶贫的对策建议 / 104

第七章　新闻扶贫实践模式 / 111
　　第一节　广播电视在扶贫攻坚中的作用 / 111
　　第二节　新闻扶贫报道 / 113
　　第三节　新闻扶贫影像建构 / 130
　　第四节　探索新闻扶贫路径 / 136

第八章　扶"信息匮乏"之贫 / 144
　　第一节　新闻服务——传递基本农业信息 / 147
　　第二节　新闻服务理念——为农民提供信息 / 152
　　第三节　新闻服务定位——农民的信息员 / 159

第九章　搭"公共扶贫"平台 / 166
　　第一节　提供多样化的新闻服务 / 167
　　第二节　坚持多元化的新闻服务理念 / 170
　　第三节　注意新闻服务的双重定位 / 176

第十章　开启全方位的脱贫公共服务模式 / 181
　　第一节　优化从物质到精神脱贫的多层次公共服务 / 182
　　第二节　秉承脱贫的双向度服务理念 / 187
　　第三节　注意新闻扶贫的整体身份定位 / 199

第十一章　新闻扶贫的实证探索 / 204
　　第一节　脱贫攻坚看贵州，网络媒体"走转改" / 204
　　第二节　创造精准扶贫品牌栏目，利用电商平台推销 / 208
　　第三节　广西扶贫攻坚全媒体大型宣传互动交流平台建设 / 214

结语 / 216

参考文献 / 221

绪 论

一、媒介融合时代的新闻扶贫

自 1978 年我国改革开放以来，扶贫工作开展得如火如荼，目前已实现了从普遍贫困、区域贫困到基本解决贫困的目标。但实事求是地说，目前仍有 7 000 万左右的贫困人口没有脱贫。这 7 000 万人口分布在 14 个连片特困地区，共计 800 多个贫困县、12.8 万个贫困村。贫困人口规模大、分布广，致贫原因复杂。在这种形势下，精准扶贫政策应运而生。

在我国当前社会环境下，"贫困"这一概念无论从其内涵还是表现看，都已经出现了比较大的转变，因此与之相对应的扶贫模式也受到了比较明显的影响。"新闻扶贫"在我国已有 20 多年的发展，是"我国扶贫济困工作的一大创举"，在当前的新形势下发展新闻扶贫，具备实践基础和理论依据，有巨大的探索空间。

（一）新闻扶贫与媒介革新的历史交汇

20 世纪 80 年代末期，我国出现了"新闻扶贫"这一实践性概念，并在随后不断得到发展，时至今日依旧见诸各类媒体。1997 年，中华新闻工作者协会倡议在全国新闻界广泛深入地开展新闻扶贫活动，号召记者加大扶贫宣传力度，多对贫困、艰苦地区进行实践调研，力所能及地为贫困地区牵线搭桥头，帮助贫困地区人民寻求致富的方向和方法，同时应多宣传报道贫困地区干部和群众艰苦奋斗的先进事迹。20 多年来，不断有新闻媒体开展"新闻扶贫"活动，为我国贫困人口脱贫提供了行之有效的方法和策略，也强化了新闻媒体和普通百姓之间的联系。近年来，新闻媒体工作者更是时刻坚持"三贴近"原则，营造了良好的扶贫环境，赢得了社会的广泛关注。

但与此同时，新闻扶贫往往成为各媒体品牌策划的营销手段，停留在媒体的公共关系层面，或成为党的主题教育活动的成果展示平台，缺少系统的理论指导和实践总结，未引起媒体的充分重视和深入挖掘。媒介扶贫主要通过事实报道换取社会关注，重点解决贫困群众的"低收入"问题，仍局限于传统的贫困理论，即认为贫困是由民众收入低下造成的。而诺贝尔经济学奖获得者、发展经济学家阿玛蒂亚·森认为，贫困应被视为对人类基本权利和能力的剥夺，而不仅仅是收入低下。迪帕·纳拉扬等人也认为，贫困不仅是物质的缺乏，权利和发言权的缺乏更是定义贫困的核心要素。对发言权等能力贫困的忽视成为发挥新闻扶贫功效的重要掣肘。媒介技术的迅速变革挑战了传统媒体格局，也给了新闻扶贫以新面貌出现的机会。随着广告收入日渐下滑，调整与转型成为传统媒体发展的关键词，在产业洗牌和升级换代的过程中，传统媒体面临着重新思考发展规划与品牌战略、寻找新的市场和用户、开发新的内容资源和节目组合等诸多问题，同时为新闻扶贫的创新和发展拓展了空间。此外，新媒体的技术赋权一方面使普通公众有了更多参与公益事业的"入口"，"公民公益时代"的来临让新闻扶贫有了广阔的探索空间；另一方面，新技术提供的增权工具也让贫困者具备了组织动员的基本条件。新闻媒体有望在反贫困的多元互动格局中搭建增强自我影响的通道，协商组织与个人、政治与市场各方的话语。在媒介技术勾勒的历史变迁中，媒介扶贫被再次激活，成为媒体转型的一个突破口和试验田。

（二）贫困理论及媒体角色的变动进化

从20世纪90年代后期开始，贫困理论的发展重点建立在对能力贫困的具化及讨论上，其中一个研究热点就是知识社会或信息社会对贫困者的影响。数字鸿沟方面的研究指出了拥有者和缺乏者在信息技术接入、获取、心理、使用等层面存在的鸿沟。韦路等人的研究为互联网上知识沟的存在提供了实证依据，并指出人们对数字技术的接入和使用左右着人们的知识获取。

同时，新媒介技术成为一个显著影响知识沟的变量。此外，数字鸿沟应该被视作一种多维度的、多阶段的不均衡现象，需要扩展到非数字化世界中的不均衡现象。胡鞍钢提出的"知识贫困"概念的关注重点是获取、吸收和交流知识能力的匮乏或途径的缺乏，他认为知识贫困状况存在严重的地区差异，西部地区和少数民族地区是知识贫困的重灾区，处于严重的知识能力不足状态。此外，有些学者从信息贫困的角度指出信息化社会对贫困的影响，认为在信息化发展过程中出现了信息分化，并引发或促成了贫富分化，使一部分人成为信息富有者，也使一部分人成为信息贫困者，信息贫困者在一定程度上被剥夺了媒介接近与使用的权利，无法及时获得发展必需的各类信息，因此有学者指出信息权利是人们从事信息的自由获取、自由生产和自由传播活动的权利，是人们的法定权利，是人权的一个重要方面，是人们生存和发展的重要前提。数字鸿沟、知识贫困、信息贫困、信息权利等方面的研究已经揭示了新的媒介技术对贫困内涵和表现形式的改变，但这些研究的对策最终仍落脚在传统的开发式扶贫模式上，贫困群体仍然处于被扶助的位置，一直是被动的对象，相关对策缺乏解决能力贫困问题的途径，更缺少广泛社会动员的办法。

随着新世纪新媒体的不断发展，新的传播手段和传播理念的出现在一定程度上突破了之前贫困对策研究中的困境。如果说前一阶段的贫困对策研究仍停留在对通信、网络、手机等不同媒体形态的关注上，那么现在已经进入整合各类传播形态的自媒体传播新时代。这是一个强调参与、共享、互动、自助的传播新阶段，信息载体逐步私人化，技术门槛不断降低，技术赋权普惠大众，公众的社会参与意识不断高涨，与公民社会成长相伴的公益慈善活动成为公众自我表达、公共参与的社会渠道。郭美美事件、随手拍照解救乞讨儿童、免费午餐等话题开始让反贫困传播成为舆论界的热点。企业公民、人人公益、微公益等口号和实践为新闻扶贫创造了良好的媒介潜在市场。新媒体技术提供的新工具一方面有助于提高贫困对策研究中社会动员与公众参与的有效性；另一方面，自媒体的技术赋权让贫困者在信息分化进一步加剧的情况下，也具备了打破"数字鸿沟"的可能性。贫困者的主体性彰显、能力提升有了新的技术基础。

能力贫困研究强调了媒介技术或信息技术发展对人类发展的重要意义，在一定程度上提升了新闻扶贫的重要性。知识或信息的获取和使用是增强贫困者发展能力的基本条件，而新闻媒体是知识散布、信息传播、教育启蒙的重要中介，同时也是技术赋权和话语分配的有力执行者。新闻媒体与反贫困传播有广阔的交叉空间，媒体可以成为政府、社团组织、公众与贫困者的联结者，扮演技术赋权的推动者和新旧媒介技术的融合者、转换者，成为扶贫工作中政治、社会、公益、商业多方利益的平衡者。这种教育者、组织者、引领者的角色在以下方面发挥功能：唤起社会的公益意识，营造良好的反贫困环境；挖掘扶贫新闻资源，改善扶贫报道，搭建反贫困传播的信息平台；推动贫困者的媒介素养教育，增强贫困者的话语权和传播力，探索新闻公益的新型模式。

（三）新闻精神与反贫困的逻辑契合

从本质上说，新闻精神代表公共利益，体现了为公共服务。新闻作为一种公共性资源，用以扶助贫困者这一弱势群体，是对公共利益的维护而不是损害。纽约城市大学教授赫尔德将公共利益理论归纳为：① 多数论；② 共同利益论；③ 共识论。

其中，多数论和共同利益论的区别在于：多数论认为符合多数人利益的就是公共利益，而共同利益论认为必须把范围覆盖到所有公民。这两种理论都是按照人口的多少和比例确定公众利益的，并对"利益"这个概念本身进行解读，没有明确这个概念应该包含什么价值。而共识论认为公共利益应当体现为一种公民的共同价值观，这是从某种共同的社会价值来鉴定公共利益的，揭示了公共利益的本质。也有学者指出：向弱势群体倾斜的利益也可以称为"公共利益"，美国人甚至将为弱势群体服务的机构称为"公共利益组织"。贫困现象是社会失衡和分配不公的表现，帮扶贫困者对抗经济困难、能力不足和权利剥夺，体现了对社会公平和正义的"医治"，也表现了对人类自由、平等、发展等基本价值观的补救。

向贫困人口进行一定程度的舆论和政策倾斜，体现了社会共同价值观，代表了公共利益，表达了新闻工作者对公共精神的支持。新闻扶贫还可以在构建社会共同价值观的基础上，发挥对传媒公共服务的矫正作用。我国的新闻媒体是社会主义性质，为国家所有，代表广大人民群众的利益，本应天然具有公共属性，但由于背负市场竞争压力，其公共服务不尽如人意。意识形态的生硬话语使公共服务效果大打折扣，而市场化的产业运作导致传媒追逐商业利润和有广告吸引力的消费者，贫困者在被严重挤压的公共服务空间内非常容易被大众和社会忽略。因此，这些贫困人口想要获得必要的公共服务，如媒体所提供的信息公共产品等会比较困难，这一问题也成为媒体未来改革的关键点。李良荣认为，中国新闻改革需确立"公共利益至上原则"这一优先目标，需要体现"普遍服务原则"，服务于社会公众的公共利益，应该继续坚持以政府为主导，以满足弱势地区和弱势百姓视听权益为重点，以均等化为目标的基本公共服务体系建设。

以杨保军的"新闻精神论"衡量，新闻媒体参与反贫困传播是对新闻精神的坚守和秉承，不回避社会主义事业发展中的问题，尊重并反映社会中存在的贫困事实，勇于帮助贫困者找寻脱贫的办法，反映出新闻媒体"求实为本的科学精神"；增加贫困者的话语权，拓宽反贫困议题的公共空间，对扶贫开发工作开展全面监督，聚合公众反贫困的道德期望和行动力量，体现出新闻媒体"正义至上的人文精神"；承担教育职能，加强对贫困者的知识普及和素质教育，开启贫困者的政治意识和文化觉悟，显示出新闻媒体"和谐为美的自由精神"。

（四）媒介扶贫与新闻生产的实践对接

贫困现象遍及农村和城市，牵涉我国广袤地域和众多民族，受到社会的广泛关注。随着国家扶贫规划的推进实施、社会公益组织的蓬勃发展、公民意识的不断觉醒，反贫困将成为我国政治、经济、社会生活中的重要公共领域。杜威认为，媒介不能仅成为信息的公告牌，还应当成为公共教育和讨论的工具。以新闻扶贫推动反贫困传播，不仅是面向贫困者和扶贫者提供信息服务，还要为反贫困实践提供公共论坛和素养教育，为扶贫动员提供社会共识。因此，新闻扶贫的运作空间不是充满风险、前景叵测的小众市场，而是值得发掘和培育的大众市场。新闻扶贫一方面因为其公共性质而具有公益效应；另一方面也因为市场空间的存在而具有经营价值。

首先，开展新闻扶贫有助于新闻质量提升。深入贫困群众、融入贫困地区是新闻战线主题实践活动的一贯主张。通过开展新闻扶贫改善扶贫报道，密切新闻与基层的联系，解决新闻内容和新闻记者与贫困群体疏离的问题；探索生动活泼的清新文风，提升新闻媒体的品格；提高记者深入观察社会的能力，强化新闻记者采写编评的素养；增强记者的公共服务意识，提升记者引导社会舆论、回应底层关切、服务贫困群众的能力。

其次，开展新闻扶贫有助于媒介产品开发。贫困地区蕴含着丰富的媒介资源和节目素材，贫困问题连接着广泛的公众关注和社会行动，贫困受众意味着巨大的未来市场和核心用户，反贫困传播将是媒介产品开发的重要领域。在当前传播变革激荡的背景下，新闻媒体可以考虑吸纳受众、贫困者及相关组织的力量，开发公民新闻产品或栏目，发挥自身信息平台和公共论坛的作用。此外，媒体还可以在原有媒介产品中加入或体现更多反贫困的公共元素，或开发形式多样的非信息类扶贫媒介产品，甚至可在转型过程中延伸或开辟产业链，尝试发展媒体组织和贫困受众互利共赢的混合经济。

再次，开展新闻扶贫有助于媒介品牌打造。媒介品牌关系受众的美誉度和忠诚度，是新闻媒体的核心价值，更是媒体当前转型的重要资本，而以慈善和公益活动推进媒体品牌建设已经成为很多媒体品牌管理的成功经验。新闻媒体可以利用自身优势的传播渠道和内容资源提供更多优质扶贫媒介产品，加强扶贫科技信息和公共政策知识的传播，有效对接贫困需求与援助意向；积极发动公众参与和行动介入，培养社会大众的公益意识，组织形式多样的公共论坛，营造反贫困传播的良好环境；进一步强化媒介的教育作用，推进公益意识和媒介素养教育，争取更多地为贫困人口发声，帮助贫困公众进行自我传播与自我发展，在此基础上，增强其对抗贫困的能力。通过相应的举措，如对贫困人口的媒体和技术赋权等，获得脱贫传播的有效方法，最终在此体系下增强自身的市场竞争力，凝练媒介公益品牌。

因此，笔者认为新闻扶贫在我国既有良好的传统实践基础，又有非常迫切的现实需求，也符合我国媒体改革的内在逻辑和价值追求。新闻扶贫应该最终成为传媒公共服务中非常重要的组成部分之一，为我国反贫困传播提供巨大且均衡的力量。

二、新闻扶贫的模式及衍生形式

粗放的反面是精准，精准扶贫是对贫困居民进行扶贫时，要具体情况具体分析，针对不同原因、不同现象科学处理、科学识别，最终有针对性地进行帮扶。2020年，是我国第一个百年的收官之年，确保到2020年农村贫困人口实现脱贫是实现第一个百年奋斗目标最艰巨的任务。为了使7 000多万贫困人口如期脱贫，未来2年国家将全面实施精准扶贫战略，切实做到"真扶贫、扶真贫"。

目前，学术界并没有对"精准扶贫"这个概念做统一的界定，相关人员更多的是根据领导讲话和政府文件进行相应解读。笔者研究发现，事实上"精准扶贫"概念的提出经过了一番酝酿，从2012年习近平同志提出的"扶贫工作要因地制宜、科学规划、分类指导、因势利导，真真实实把情况摸清楚，一家一户摸情况"，到2013年4月汪洋同志提出的"以'解剖麻雀'的方式切实提高扶贫成效"，再到2013年10月李克强同志提出的"扶贫对象要建档立卡，确保项目资金要到村到户"。可见，精准扶贫的概念虽未能明确提出，但以上提法都对"精准扶贫"进行了内涵界定。2013年11月，习近平同志在湘西调研时着重强调，扶贫要实事求是，因地制宜，要精准扶贫。相关研究人员普遍认为，"精准扶贫"这一词汇第一次明确提出就是在这次调研中。

尽管"精准扶贫"这一概念正式明确的时间较晚，但精准扶贫的内涵在实践中不断地深化、扩展和丰富。学者汪三桂就"精准扶贫"的价值和意义指出，我国全面建设小康社会离不开"精准扶贫"的良好实施，且"精准扶贫"这一概念本身也是符合我国社会主义的本质需求的。王思铁、葛志军、李娟等认为，精准扶贫应该包括三个方面，即精准识别、精准帮扶和精准管理。

还有学者从微观、中观、宏观、全过程四个方面深度解析了精准扶贫的内在含义。从微观上说，主要是具体扶贫行为的整体性、系统性设计与实施，主要包括对象识别、判断，项目设置，活动的要素组合，活动主体组合及责权界定，活动内容与过程，成效等方面的精细化；从中观上说，精准扶贫的内涵体现在两点：一是产业层次的精准扶贫和一定区域范围内的精准扶贫，二是重点解决经济效益最大化或者发展成本最低化的问题；从宏观上说，精准扶贫是贫困区域整体脱贫；从全过程来说，精准扶贫是要将精准的概念体现在整个扶贫过程中，并最终进行**精确性评价**。

在精准扶贫的内涵研究中，北京师范大学政府管理研究院院长唐任伍的阐释十分特别，他认为精准扶贫的战略重点是精神脱贫。

综上所述，精准扶贫概念的内涵十分丰富，表述方式呈现多元化特征，但其基本内涵至少应当包括精准识别和精准帮扶，也就是通常所说的"帮助谁"和"怎么帮"的问题，而精神脱贫是十分重要却少有人关注的扶贫重点。

理论研究篇

第一章　媒介融合背景下的全球化语境

席卷世界的新媒体革命已经成为全球化的一个结构性因素。新媒体凭借技术优势全面植入全球政治、经济、文化的交流中，在成为全球化助力器的同时，日益重塑着全球社会形态。

乘着全球化的东风，新媒体行业的传播力和影响力越来越大，一方面，新媒体的迅猛发展对新闻行业产生了巨大的冲击，加速了媒体的转型；另一方面，新媒体对社会发展、人际关系、民主进程、文化教育等诸多方面都带来了深刻的影响。本章从全球范围着眼，从新媒体的大发展、新媒体在线新闻生产消费与经营管理、新媒体技术应用、新媒体对社会关系的影响以及新媒体与新闻实践等方面探究新媒体的传播影响力。

第一节　全球化与全球网络社会

南加利福尼亚大学传媒技术和社会研究学者 Manuel Castells 在《传播影响力》一书中指出："网络技术是这种新的社会结构的介质和新的文化。随着新媒体传播在世界各地蔓延，全球网络社会逐步形成。"全球网络社会不仅作为更深刻地推动全球化进程的结构性因素而存在，还成为全球化进程本身的最新表征。

一、全球网络社会

网络社会的结构是以微电子为基础，由数字化处理信息和通信技术形成的网络。网络社会结构的实质是在人的组织安排下，用有意义的传播文化编码表达的生产、消费、再生产、经验和权力之间的关系。网络具有全球性，通过计算机的传导，网络超越了地域和机构的界限。

（一）网络社会的时空观

加拿大学者哈罗德·亚当斯·英尼斯在其著作《传播的偏向》中对传播与时空之间的关系进行了解读。他认为，媒介可以根据其传播特征而在时间传播和空间传播上具有不同的优势。有的媒介笨重耐久而不宜运输，那么它可能更加适合知识在时间上的纵向传播；有的媒介轻巧便于运输，那么它可能更加适合知识在空间上的横向传播。这里所说的"知识"是泛指一般的传播内容，所谓的"时间"和"空间"也是抽取了具体丰富语境的抽象的时间与空间。

亚里士多德曾经把时间定义成"现在的流逝"。在他眼里，整个物理世界的生存和毁灭都会受到这种自在之流的时间的支配。在亚里士多德时代，人们往往将古希腊先哲称为物理学家，因为他们讨论的内容主要是自然。到了奥古斯汀所在的古罗马时期，人们对古希腊先哲的一些看法提出了质疑。比如，奥古斯汀在《忏悔录》一书中对时间究竟是什么进行过这样的阐述："时间究竟是什么？没有人问我，我倒清楚，有人问我，我想说明，便茫然不解了。"在他的观念里，时间不是一个可以实体化的"东西"，时间只存在于我们内心之中。奥古斯汀认为时间主要有两个特质：一是"时间存在于人类的心灵之中，是心灵或思想的伸展"；二是"过去、将来统一于现在，通过现在而存在"。奥古斯汀对时间的见解颇具现代意味，海德格尔在他的名著《存在和时间》中表达过类似的观点。海德格尔认为从生存论角度来看，时间是时间性的到时，时间性有三种到时样式：将来、已在和当前，并根据这三种到时样式把时间划分为三种视界，即走向自己、返回自己、让……来相遇。在海德格尔的时间理念中，时间是指向存在论的，他想通过对时间的分析和解读唤起人们对时间结构中自身存在的一种自觉。

在海氏思维的观照下，我们可以看出，现代人的个体时间已经被卷入社会时间之中。德国哲学家 Hans-Georg Gadamer 认为："在这些（时间）经验中，时间的实在性不是在某种相期而遇的东西中被变化形式，而是作为人的生存的一种构成因素在其中发挥着自己的作用。自从海德格尔使人的此在的时间性和历史性的存在论意义成为新的主题并把这种'本已的'时间同那种被度量的'世界—时间'明确加以区别以来，我们一直在重新维护时间作为我们生活的'存在论上的'结构因素所起的构成性作用。"作为现代社会的重要表征和结构功能要素，媒介与现代人的生活息息相关。媒介通过声音、文字、图像随时随地影响着人们，也影响着人们对时间社会性的解读。随着社会的发展，现代人的生活在媒介的作用下已经发生了巨大的改变。媒介逐渐消解了人们生活中钟表时间的意义，现代人对时间的概念已被重建。笔者预计在未来，媒介还会不断影响人们对时间的体验和人类整体的时间意识和时间观念。

在全球网络社会中，时间的观念和认知被改写。一方面，新兴通信技术可以实现多任务的同时处理，从而压缩时间，提高效率；另一方面，新兴通信技术打破了线性时间的顺序，如超文本链接的功能就体现为在时间上对信息进行的交叉重组。这一改变对人们的心理和行为都会产生重大影响，人们需要有个从钟表时间过渡到媒介时间的适应过程。美国加州大学历史学系和电影与传播学系教授Mark Poster 在《第二媒介时代》一书中提出："'实时'概念产生于音频录制领域；在该领域中，拼接式多轨录音、多速录音促成了与钟面时间或现象学上的时间不同的'他类时间（other times）'。在此情形中，对'时间'的正常感觉或惯常感觉必须由修矫器保存为'实的'。而修矫器的使用又一次把人们的注意力引向钟面时间的非'现实性'、非唯一性、无实体性以及无根基性。"由于媒介时间与钟面时间存在不一致性，为了统一，需要借助修矫器。但是，随着技术的进步和发展，媒体种类的不断增多，媒介化时间越来越成为人们的参照标准。在这种状态下，人们把对时间的自主性感受建立在对媒介的依赖上，对时间的掌握是与通信和交往密切相关的。

再来看空间概念。在网络社会中，网络空间与实体空间不同，网络空间是虚拟的世界，是在与物理空间并不毗邻的情况下形成的一种新型的组织环境。新媒体技术重塑了地理学意义上的空间概念，诚如英国文化地理学家Mike Crang在《文化地理学》中提出的："我们能够将这些媒体形式看成在更强意义上创造了地理学，即依据各种不同的文化标准形成了地区内部与地区之间的互动作用。而且，这些媒体'侵入'我们的日常生活中，就其传播的广度而言，可以说它所创造的地理景观将其消费者完全淹没了，实际上成了消费者生活中的一部分。"媒介使私人生活与公共活动的界限逐渐模糊，外在形式上的表现是媒介技术的综合，内在结构上则在于媒介与人的全方位的彼此依存，这种依存体现在人和机器之间的交互关系上。麻省理工学院实验室创始人Nicholas Negroponte对此现象这样评价："后信息时代里机器与人，就好比人与人之间因经年累月而熟识一样：机器对人的了解程度和人与人之间的默契不相上下，它甚至连你的一些怪癖（如总是穿蓝色条纹的衬衫）以及生命中的偶发事件都能了如指掌。"

基于上述分析，全球网络社会是高度的媒介化依存的社会，媒介改变了时空观，时间不再是线性状态，空间的界限也在流动中变得模糊。全球空间是流动的空间、电子的空间、没有中心的空间、可以渗透疆界和边界的空间。

（二）无处不在的无线传播

随着互联网和无线通信的崛起，新一轮的以这两者为特色的技术融合（包括Wi-Fi和WiMAX网络）和分散到整个无线网络的多个应用程序传播能力形成了网络的倍增点。多种数字化产品传送平台（如新闻、游戏、音乐、图像和视频的交付平台）的形成涵盖了人类整个活动范围的即时信息。这种新形式是大众传播和大众自我传播的结合。从大众传播来看，无线传播通过P2P网络和互联网传送给全球用户。无线传播是多模式的，基于可以免费下载的开放源程序，允许对任何形式的任何内容进行重新格式化，并经由无线网络散播。从大众自我传播角度来看，无线传播是由用户参与的内容生产，采用自编自导自发行的方式实现多对多传播中的自我选择。这种新的传播方式以数字化语言为载体，由计算机网络构成，面向全球进行传播互动。P2P指的是"点对点"的对等网络，网络参与者可以共享资源和服务，而参与者本身也兼具提供者和获取者的双重角色。这将在传播的组织和管理上形成全球多媒体业务网络。

二、全球与地方关系的重构

全球网络社会如何看待全球和地方的关系？对于多媒体公司而言，资本是全球性的，身份是地方的或国家的。只有发展全球网络才可以掌握全球媒体制作的资源，但征服地方市场的能力取决于其内容对本地受众口味的适应性。全球对地方有渗入作用，而地方又会以何种方式应对全球一体化的挑战？比利时学者Armand Mattelart提出这样的思考：构成全球化网络的无数子网怎样为每一个社区和每一种文化捕捉意义？这些社区和文化又是如何抵制、适应和屈从外来的意义的？各文化之间的张力和鸿沟以及出现在世界商业一体化中的离心力都显示出对新出现的单一世界市场的复杂反应。

传播的数字化促使由技术集成的媒体系统地迅速扩散，其产品支持全球/本土传播网络中的多种内容，其进程在媒体平台上得到快速推进。

全球化的媒体集团打入新的地方市场后，朝着有利于它的经营网络和商业形态重新有效地安排着地方市场。它们在当地媒体市场对节目和频道的直接进口形成了全球影响力，如美国有线电视新闻网（CNN）、福克斯（FOX）、娱乐与体育节目电视网（ESPN）、HBO电视网等跨国媒体。需要注意的是，虽然输出的节目和内容是按照当地形式制作的，但往往都是基于西方推广的标准格式制定的。

全球化并不意味着地方的消泯，其实越是在这样的背景下，地方的问题越值得关注。英国社会学家Amhony Giddens认为，"社会学家使用全球化这一术语来指那些强化着世界范围内社会关系的相互依赖性的过程……全球化不应被简单地理解为世界系统（即远离个人关注范围的社会和经济体系）的发展。全球化也是一个地方性的现象——一个会影响到所有人日常生活的地方性现象"。从 Giddens 的观点来看，全球化加强了世界各国的联系，促进了国与国之间的交流，但是全球化本身也是一个地方性现象。在媒介高度融合的今天，全球化媒介社会逐渐形成，各个国家和各个地方的信息交流愈加频繁。全球化实际上是与重新本土化的新动态息息相关的，两者之间不可分割。虽然现在全球范围内的主导力量是全球化，但是也不能说地方主义就完全没有用处、没有意义了。即便我们强调了非本土化进程，但是由于这种进程实际上是在新的信息网得到巨大优化的情况下产生的，所以并不能确定这就一定是未来的发展趋势。笔者认为地域和文化的特性是永远不会消除或者被超越的。实际上，全球化就像是在搭积木，由各种各样的具有地域特征的板块黏合到了全球体系这一巨大结构当中。从媒介地理学分析，"地方"这一概念具有五个特征。第一，地方是动态变化的，不是静止的；第二，地方是开放的，边界在变得越来越没有实际意义；第三，地方是主观和客观同时存在的；第四，地方需要承认和尊重联系与差异；第五，地方是可以克隆和复制特殊性的。

将全球性与地方性相结合有助于新闻媒体更好地以地方视角思考全球问题。新闻媒体的全球化是指以全球化的眼光关注具有普遍意义的议题（如健康问题、教育问题等），并以此指导新闻实践，从而体现新闻价值。2009 年 9 月 21 日，CNN 国际频道推出了新口号"超越国界"，并把这一理念注入一般新闻节目中，如世界新闻、CNN 今天、世界亚洲新闻、世界欧洲新闻和你的今日世界。

"超越国界"的口号从平台传播的内容上看，强调其国际视野，意在与世界各地的受众建立联系。再如，英国的《卫报》及其网站提出的目标是发出世界领先的自由的声音。英国读者在卫报网站可以阅读自己国家和世界的新闻，而美国读者在卫报网站可以看到世界如何看待美国。由此可见，网络是高度细分受众及其兴趣的环境，没有单一的模式可以适合所有的用户。以万维网为例，其目标是全世界性的，意在培养全球范围内不同国家不同民族的人们之间的相互理解和合作。从这一层面来看，全球与地方具有一种互相促进的作用，"在指出全球市场互动和碎片化的潜在好处的同时，我们必须认识到这一分析路径具有两面性。一方面，它可能鼓励质疑统一化的逻辑与日常的民主生活组织之间的关系；另一方面，它同时调和了多种形式的文化和种族的再认同"。

我们再把视角转向拉美研究，与之前一些学者谈论的观点不同，英国斯特林大学媒介研究学者 Jairo Lugo-Ocando 在《当魔幻现实主义面对虚拟现实：在线新闻和拉美新闻业》一文中则认为，有时地方并不能融入全球。从这一点来看，地方媒体在全球化的过程中又存在差异。他认为："无论商业还是其他替代性新闻网站都不能够超越国界，超越自己的侨民。"应该说，这也是新闻发展不平衡带来的地区差异，由此形成了新媒体发展中的新闻鸿沟问题。他观察到，在拉美新闻业发展的过程中，尽管有一些改造措施，但效果差强人意，如 CNN 的拉美新闻网站，其内容来源于 CNN 西班牙语新闻频道，但该网站既不能实现经济上的独立性，又不能拥有足够的受众，最终变成了静态网站，即只有电视频道宣传而没有新闻更新。阿根廷、玻利维亚、古巴、厄瓜多尔和委内瑞拉的政府最近都在尝试开发拉美新闻网站，这些网站的内容来源于南方电视台新闻频道，但一直都不太成功。南方电视台是一个"泛拉美"的卫星电视频道，是由拉美多个国家共同出资创建的公共电视频道，同时，它是由多国政府共同创建的地方性电视频道。即便南方电视台已经做出了较大的突破和尝试，但在这个区域，在线新闻消费仍然依赖媒体与国家和地方市场的参与，而不是其带来的具有创新性的跨国传播能力。

三、大众自我传播的兴起

随着经济全球化的快速发展，社会个体的民主意识和主体意识也不断增强。生活在物质资源日趋富裕时代的年轻人已经越来越不满足于被动地接受信息，更多地倾向于积极参与信息传播，主动发表自己的观点、意见和相应的信息。新媒体的存在使信息传播者和接受者之间的互动成为可能，且两者之间的角色也不再固定。新媒体的个性化满足了社会个体定制化信息的需求，个体更多地可以根据自身的需求和喜好接收和发表信息。新闻媒体以更加平民化的姿态，毫无悬念地得到了更多社会个体的喜爱。

新媒体促进了大众自我传播的兴起。这不是限于一时或一地，而是一种全球范围的普遍性存在。大众自我传播的革命形式起源于以年轻人为主体的用户生产者所贡献的创造性自主参与。最为突出的例子就是 YouTube 与青年人的使用关系。YouTube 是世界上最大的视频网站，2005 年，由 Chad Hurley、Steve Chen 和 Jawed Karim 创立。YouTube 是典型的用户生产内容的网站，具有共享的性质。一方面，任何人都是获取者和消费者，都可以在 YouTube 的选择性列表中观看感兴趣的视频和影片，并留言发表评论；另一方面，每一个人又都是生产者，可以上传视频供他人欣赏。因此，YouTube 的出现迅速受到了年轻人的追捧，活跃用户呈现出飞速增长的态势。究其原因，抛开设备方面的因素不谈，最为主要的是年轻人是其忠实拥趸。这些优质用户不仅对时下最新最热门的话题、流行趋势具有很好的判断力，还能挖掘出珍贵的历史镜头。他们可以对即时上传的视频按照内容做出较为详细的归纳整理。YouTube 会根据用户个人对视频的浏览历史做用户偏好分析，根据其主题词进行定位，及时推荐相关的内容给用户观看。可以说，YouTube 具有典型的大众自我传播的特质。

基于青年人对新媒体的自然亲近性、接收的快捷性和接触的频繁性来考察他们的使用对媒介发展的重要性，这是很多学者研究的基点。青年人是未来人类社会的代表，他们具有构建未来社会领头羊的作用。澳大利亚新南威尔士大学数字媒体研究学者 Gerard Goggin 和 Kate Crawford 在《代的断裂：青年文化和移动通信》一文中也谈到之所以选择年轻人作为其研究对象，是因为年轻人与技术的参与最为紧密，由此可以窥探到未来的成人社会，预知未来社区。"自 18 世纪以来，青年和技术已经被经常放在一起考虑，技术通常被视为青年天然的合作伙伴，但是这种耦合情况下，存在相当大的问题。全球移动通信的色彩杂陈的经验需要更精细和详尽的说明，不是仅在技术使用方面，而是在根据构成最普遍的研究主体的小组方面——年轻人"。其中，电子茧是一个很好的例证，该词由 Ichiyo Habuchi 提出，他观察到电子茧与年轻人使用之间的关系，看到他们如何增加精力以投入自身关系的维护当中。通过电子茧描绘社会存在的新模式被视为考察移动和青年的特征问题的新转折。

大众自我传播的发展还鼓励了草根组织和个人创业时使用的自主传播的新形式，如低功率电台、私人电视台、利用数字视频的低成本生产以及独立视频生产实践。

再如，RSS（Really Simple Syndication），称为简易信息聚合，它搭建的信息迅速传播的技术平台使每个人都成为潜在的信息提供者。RSS 技术目前被广泛地用于网上新闻频道、博客文章、头条新闻、音频、视频方面。将博客、电子邮件以及网络上的其他文件提供给 RSS，并且与在线新闻相结合，已经成为传播的新形式。

四、个体与社会自治权的重新建构

在全球化媒介社会中，新媒体促进了个人主义的兴起，促使了社会自治权的建构。新媒体让每个公民都有成为传播者的可能，都可以在平台上对时事表达自己的观点和评论。这些积极的个体传播者具有很强的行为能力，其力量不容小觑。他们以自己的能力在社会生活的各个领域引入新的变化，且表现在工作、媒体、互联网、市场、教育、保健、电子政务、社会运动、政治等方方面面。新媒体的发展让个人与社会的关系更为紧密。个人在媒体平台上讨论各种社会问题，寻求解决方案，推动民主的进程，这是社会自治权建构的新形式。为了更好地实现自治，维护自身的利益，个人会为了建立更大范畴的同盟战线，而积极与他者以各种形式建立联系。个人会主动搜寻各方面的信息，并最大限度地将获取的信息在全社会进行共享。

第二节　媒介化与社会关系

在媒介融合的过程中，新媒体从方方面面都对社会产生了巨大的传播影响力，这既是媒介的自我重构，又是重构当下与未来社会形态的重要力量。新媒体的发展改变了社会结构，对社会关系产生了很大的影响。新媒介已经日益深入而广泛地成为人们日常生活中不可或缺的组成部分。它不仅是功能性的使用工具，还成为生活本身，成为人际交往、自我确认的重要方式。按照麦克卢汉"媒介是人体的延伸"的思维，新媒介实际成为媒介化社会中人的存在方式的重要侧面。这肇始于无线移动通信在此领域的快速发展以及迅速密切化的人际交往与各种关系的建立。早在1999年，日本东京NTT DoCoMo公司的i-Mode的无线网络手机就受到了公众和媒体专业人士的青睐，甚至受到了学界的极大关注。这种手机在通话功能的基础上，全面开拓新的功能，如提供娱乐。在此过程中，i-Mode与内容提供商实现互利双赢，使用户体验了内容丰富的信息服务。应该说，手机媒体这些功能体现了高度的人性化特征，是人机交互友好度的表现，人性媒体特征是指手机作为一种融入人们生活最深的个性化媒体，具有实用性、情感性与娱乐性三者高度统一的特质。手机全面地满足了个人在实用、情感和娱乐三方面的基本需要，表现出很强的人性化特征。新媒体参与社会关系的作用越发显著，这已经成为一个全球性的社会现实。

一、移动共生与人际关系的拆聚

新媒体的出现导致传播形式发生了很大的变化，对人际关系产生了很大的影响。以手机为例，手机是当下全球人们最普遍使用的工具，它使人们之间的联系更为便捷，全球也因此被连接成一个巨大的网络。手机作为移动媒体对人际关系产生了很大的影响。丹麦哥本哈根信息技术大学学者Rich Ling和密歇根大学的传播研究学者Scott W. Campbell在专著《移动通信：将我们聚拢又拆分》中提出这样的思考：这是一个非常矛盾的现象，一方面手机的使用促使了大家之间关系的联结并形成新的社交网络；另一方面又破坏了既有的人际关系。我们从现有的研究中得知，手机通常有助于抱团。然而，这仅是宽泛的观点。相反的倾向是手机破坏了人们开发弱关系的能力。基于此，他们提出，移动通信打破了人际关系的旧有格局，对人际关系进行了拆分和重组。这一过程是双刃剑，在加强人际交流的过程中，也影响了对社会弱关系的开发，所以必须审慎地对待。

美国纽约城市大学史泰登岛学院学者 Kathleen M. Cumiskey 在《移动共生：公众冒险行为的先导》一文中，对这一现象做了进一步的探究，并且提出了"移动共生"这一概念，"在大多数手机应用的背后是连接到已知的他者，记住这一点是非常重要的。有时候，这种连接可以导致移动共生的经验。移动共生的现象改变了其即时的周围用户的感知。这种变化的感知可能会导致用户以意想不到的方式行事，因为他们的所在地，即两人通话时所创建的即时周围环境和一些虚拟的不确定的空间之间是分离状态"。她是从用户心理感知的角度分析手机带来的影响的。手机的移动性导致用户在联系他人时的环境在动态变化中，具有很强的不确定性。而环境的不确定性又会影响用户在使用过程中的心理状态，产生不同的行为。

之后，她进一步阐释了"移动共生"的背景，认为"移动共生"受到了社会环境、地理位置和心理状态等因素的制约。手机可以持续地保持和他人的联系状态，从这个意义上看，用户即时将别人带入自己的经历中，以此加强日常活动即时经验的共享，加强自己与他人之间随时随地的联系。当个体联系到他者时，会感到在与对方的互动中，自己的心理状态也会悄然发生改变。Kathleen M. Cumiskey 对这种人际关系的变化持肯定态度，并且认为手机作为移动设备，在开发利用情感共享的方法上迈出了第一步。

Gerard Goggin 和 Kate Crawford 在《代际断裂：青年文化与移动通信》中也谈到了凝聚力的问题，认为手机对社区凝聚力的形成产生了积极作用。继而，他们进一步论证了手机是如何重新定义社会关系以及如何塑造新的公众概念的，"有力的复杂排列有助于手机和社会的共同构成，这不是独立和团结之间的简单张力。手机有助于创造新类型的公众。五花八门的手机使用方法和移动技术的高度特异性和本地化应用使手机很难在广义上实现对深层的连接和分离的要求。手机是正在进行的重新定义关于我们如何经历情感上的社会连接和断开的一部分"。在这里，他们强调了手机在公众意识形成中起到的纽带作用，弥合了在情感社会中断裂的部分。手机作为一种社交媒体，在人们频繁地使用中缔造了新的社会共同体，这就如同芬兰学者 Jukka Gronow 所设想的："是否存在这样一种共同体，它是反思性的，同时是非传统的，也就是说，人们不是生来就喜欢被强行'扔'进去的共同体，而是人们自由选择的共同体，涵盖广阔'抽象'空间的共同体以及有意识地提出自己创造和重新发明的问题的共同体。"手机的自由使用在一定程度上也说明了人们是在自由选择和组建个人社交网，在这样一张移动网络中，构成了一种新的社会共同体。

二、新媒介与人际传播

新媒体在人际传播方面产生了非常重要的影响。一些学者通过实证研究力图寻找新媒体给人际交往带来的变化。法国电信实验室学者 Thomas De Bailliencourt, Thomas Beauvisage, Fabien Granjon and Zbigniew Smoreda 在《扩展的社交和关系资本管理：交织中的信息通信技术和社会关系》中观察到信息和通信技术（information and communication technologies，ICTs）在人际交往过程中起着日益增强的作用。他们以"ICT 交织"的概念解释信息通信技术是如何渗入人们日常生活，并影响他们的日常互动的。

他们于 2005 年和 2006 年在法国开展调查，对 2 370 个法国人的媒体使用情况进行统计，组织小组座谈，详细收集了大量的数据，采用不同的研究方法对数据进行阐释。这些数据包括：①手机和固定电话通信数据的详细账单记录；②家用电脑的使用数据；③电话和问卷调查等。将定性和定量方法相结合展开了全方位的研究。

首先，他们分析了各种语音和文本通信工具交织的范围，这些通信工具包括移动电话、短信（SMS）、IM、电子邮件。通过查看每种通信工具的使用情况、传播强度，结合其背后潜在的各种因素进行分析，可以看到其中的差异。其次，分析年龄对设备使用普及率的影响，分析不同代际的人对传播工具为何会有不同选择。再次，考察在信息通信技术使用工具上的交织分布情况以及对个人社交、婚姻关系的影响。

这些调查的数据显示传播的新手段如何融入普通个人传播实践中。应该说，对于法国人而言，热衷并且采纳新技术是潮流必然，迅速普及是大势所趋。但工具使用越多对人际交往并非完全都是利好的一面，社交网络机制表明，多种用途的工具在关系因素影响下既可以是促进人际交往的，又可能是阻碍人际交往的。辩证地看，新技术在分化着用户和人群，它可以通过社交联系形成网络为家的归属感，但在此过程中它也割裂了传统的家庭关系，增强了代际的交流隔膜。

在考察新媒体与人际传播之间的关系时，另一些学者则把眼光聚焦到校园里面，研究与新媒体使用普及息息相关的大学生，观察他们的人际关系是如何受到新媒体的影响的。瑞士富兰克林学院学者 Satomi Sugiyama 在《超越地域的限制人际传播：大学生维持地理上分散关系的案例研究》一文中，探讨了大学生如何运用新媒体维系地理上分散的朋友关系。这项研究调查的案例的特殊之处在于大学生的朋友在地理上都是分散的，他们的"亲密关系性"朋友都不是物理上的近距离者。对于在人生的关键成长阶段的年轻人而言，大学生涯是自身显著发展与社会关系发生重要变化的时期。个人在这一阶段的社交面明显拓宽，维系和开拓人际关系尤为必要。一方面，结识新朋友，许多大学生会与那些在不同地区甚至不同国家长大的同辈建立新的关系；另一方面，不忘老朋友，他们还保持着与一起长大的玩伴的关系。这种关系的开发和维护是发生在远离家和父母的新环境中的，手机起到了至关重要的作用。

为了检验手机如何使大学生维护地理上分散的友谊，这项调查和访谈于2007年至2008年间，选择在瑞士一所国际大学开展。参与者中的大多数都没有出国留学的经历（这里指的学生曾从他们家乡校园离开一学期或一年），且来自世界各地。在433名学生中，约65%来自北美、19%来自欧洲、8%来自中东，其余来自南美。

调查充分考虑了物理位置和关系类型。物理位置分两种情况：在校和在家。关系类型也分两种情况：在老家的朋友和在大学的朋友。在研究参与者和他们朋友之间的物理距离时，要考虑到物理环境的社会饱和问题。一方面，当他们的物理环境处于社会饱和状态时，手机在发展和维持人际关系方面没有发挥很大的作用。在这种情况下，那些在身边的人对于参加者而言是居于首要地位的。另一方面，当他们的物理环境处于社会不饱和状态时，无论近还是远，参加者使用手机维护人际关系都是非常重要的。手机用以建立各种新的友谊。调查数据表明，这些大学生用手机更频繁地接触离他们近的朋友，以发展和保持新的关系，而远离熟悉的关系。数据还显示，无论在校还是在家，高年级学生往往用手机与开发的新关系保持联系，尤其是那些使用手机频繁者，在使用时并不考虑他们在哪里以及他们的朋友在哪里。手机超越地域的限制，实现了人际沟通的直接性。

研究结果是为了证实手机是否连接或分离我们这一问题的复杂性，而很难得出定论。无论远近，手机都可以连接起两人之间的对话，它提供了超出地域限制的建构能力。手机在功能上连接了这些大学生和他们在地理上分散的朋友。大学生及其朋友之间因手机建立起来的关系有其特殊性，这种特殊性不是指接触的频率，而是归因于连接时的感觉。这项研究涉及了意义建构过程中的二元层面的机器精神理论。James E. Katz 是研究互联网、社交媒体和移动电话的传播学者，他和 Mark Aakhus 一起开发了 Apparatgeist 这一概念，涉及人们如何发展技术与他们的人际关系以及他们如何寻找超越的方法进行传播。"手机连接或分离人的问题需要在各种社会迫切需要人去面临的复杂动态中被考虑到。机器灵魂的概念可以让我们辨别动态，注意通过微际交往创建手机象征意义"。这一概念与20世纪30年代俄国电影大师 Dziga Vertov 提出的"电影的眼睛派"主张有着相似之处。当时社会有着普遍的机器崇拜心理，Dziga Vertov 也对摄像机极度迷恋，他认为电影的眼睛能够突破人体眼睛的限制，看到更为广阔的视野。电影眼睛虽不囿于时空的限制，但隐藏在机器背后的仍然是人的主观视角对外界的感知。手机也是如此，无论它如何扩展了时空，加强了人际的联系，都只是手机使用者在此过程中内心体验的实践方式。

三、移动媒介与移民身份认同

移民既要融入新环境，又不可能与原住地彻底隔断。在融入过程中，传播媒介具有重要的社会学作用。早在1922年，社会学家 Robert Park 在其《移民报刊及其控制》一书中，就研究过报纸是如何帮助美国移民改变他们的习俗以适应美国的文化和价值观的。当下的移民问题应包含双重指向。首先，是跨国、跨族裔的移民问题。在全球化背景下，随着经济一体化、国际贸易的展开，国家与国家之间的交流愈加紧密，人口迁移也更加频繁。移民要保持和原住国家的联系，通信方式非常重要，此时新媒体发挥了不可或缺的作用。新媒体在为移民提供了非常便捷的联系方式的同时，深刻地改善了人与人之间的亲密关系。其次，无论在发达国家还是在发展中国家内部，区域发展的不平衡或者说差异性都不同程度地存在着，因此区域性的移民现象同样具有全球化性质。成长于美国中西部的青年可能会选择前往西海岸经济高地，抑或传统经济文化发达的新英格兰地区实现自己的人生价值。在中国，北上广深等一线都市更是吸引着各类社会人群涌入，形成经济改革背景下的新移民现象。Stephen Castles 和 Mark Miller 观察到在移民发展趋势中，女性移民的比例在逐渐上升，这是与全球劳动力市场的变化密切相关的。

皇家墨尔本理工大学数字人种学家、艺术家 Larissa Hjorth 做过一项关于移民的调查，并且撰写了《亲密的移动幽灵：一个关于女性和移动亲密感的案例研究》的论文。Larissa Hjorth 选择了澳大利亚墨尔本作为地理样本，这是个典型的移民城市。移民通过移动媒体与家庭和他人建立亲密关系，借助不同的媒体形式表达潜在的情感。她选择的受访者有一半是第一代移民，另一半是第三或第四代。其种族具有多样性，涵盖中国、韩国、瑞典、克罗地亚、德国、犹太人等。样本选取单身、已婚、事实夫妻（未结婚但已同居的事实上的丈夫或妻子，或者是非夫妻关系的男女姘居）和离婚者四种关系状态。此外，受访者的五分之一是同性伙伴关系，有两个受访者被认定为女同性恋者。

在展开研究的过程中，涉及如何解读"亲密"一词。有些受访者将亲密关系形容为理解、信任，哲学上的亲近、个人、私人、关心、安慰、脆弱性、缓慢、密集、忧郁、同情、尊重、诚实和真诚的爱。

在受访者的意见中，Larissa Hjorth 特别考虑到年龄、种族和性在不同介质的使用等因素，也特别关注了青年人作为早期新媒体的采用者和现在新媒体的高用户之间的关系。这种情况较为复杂，如和家人的联系，与传统通信方式相比，如何看待打电话或邮件的作用？Larissa Hjorth 举例论证，一个女人在她二十多岁时曾经首选写信这种旧的通信形式，但她四十多岁时会热衷使用语音呼叫的方式。因为距离往往是第一代移民面对的重大因素，出现这种变化使这些人随着年龄的增长思想情感更为炽烈，更需要直接交流。有些女性选用打电话或者发邮件的方式，认为打电话或者邮件更为快捷有效，在表达中能够切实地感受到情感，甚至有些人认为不打电话会丧失了语言表达的能力。Larissa Hjorth 在研究中还发现当女性成为母亲之后，她更愿意用移动媒体和其他妈妈进行交流。

在这篇论文中，Larissa Hjorth 通过研究发现澳大利亚这样的发达国家对情绪劳动的关注要远远低于文化关怀。这显然受到了社会学家 Arlie Russell Hochschild 的观点启发，在其1979年的论文《情感劳动、感情原则和社会结构》中，她提出感情规则这一概念，指出感情规则是社会共享的规范。她认为感情规则对理解劳动的性别层面特别重要，一般而言，女性比男性更容易受到影响。之后她通过对空姐工作的考察深化了其研究。她观察在训练过程中，空姐是如何在动荡时和危险的情况下控制乘客的感受，同时在不同的情况下抑制自己的感情的，基于此她提出了情绪劳动一词。Arlie Russell Hochschild 在《被管理的心脏：人的情感商品化》一书中提出情绪劳动往往对工作有潜移默化的作用，因此非常重要。随着服务岗位数量的增长，女性移民逐渐增加，情绪劳动将越来越走向全球。在另一篇文章《爱与黄金》中，她将情绪劳动置于更大的政治背景下阐释。她描述了南北之间的"心脏移植"，这是一个非常形象的比喻，来自南方如菲律宾、斯里兰卡的移民护理工作者离开了自己的家人和孩子，来到北方从事有报酬的工作，照顾家庭富裕的北方孩子和老年人。这些人长期与子女、配偶和年迈的父母相分离，他们试着将自我感觉的快乐附着于其日常护理对象——北方儿童和老人身上，这是一种情感转移，诚如 Hochschild 提出的思考，情感是一种如金或象牙的资源吗？它可以从一个地方被提取，并应用到另一个地方？她的结论是，富裕地区确实"提取"来自贫穷地区的人的爱，因为这些来自南方的护理工作者已经从精神意义层面上将情感从原来的对象迁移到她现在被支付工资去照顾的另一个婴儿身上。流离失所的爱进一步"生产"，并在洛杉矶和雅典等的富裕的北方地区"组装"。Hochschild 向我们展示了通过全球资本主义的镜头看到母爱的情感的一种方式。

Larissa Hjorth 的研究无疑是在 Hochschild 观点的基础上，将新媒体引入进来，针对墨尔本的这些女性移民来探讨移动媒体对情绪劳动发挥的作用。她发现，尽管种族具有多样性，但是几乎所有移民与原有家庭会首选直接语音呼叫形式的对话，而发短信则在朋友中占了上风。在这一过程中，父母和老一代对新的技术使用不灵敏，接受较慢，这也是显而易见的事实。对媒体的选择反映了家庭、朋友和合作伙伴之间各种形式的亲密，形成新兴的想象共同体。

得克萨斯 A&M 大学传播系副教授 Cara Wallis 在《难以移动的流动性：在北京的边缘青年和手机使用情况研究》一文中，对农村到城市的青年女性如何扩大和丰富她们的社会网络现象进行研究。从城乡之间人口流动的社会迁徙中，手机对人与人之间关系的重塑发挥着作用。作者使用了"immobile mobility"一词，并解释如下："不动的流动性是指和作为社会技术实践的物质一样的情感实践，它允许外来妇女进入一个新的社会空间，这个空间在她们日常生活的情境中是虚拟的和有基础的。"

一方面，青年女性渴望通过手机使用融入这个社会，并且希望可以实现阶层流动；另一方面，事实证明她们仍然是北京城市的外来者，虽然使用了手机媒体看似融入了新的社会关系网，但是形式的流动并不能根本改变她们内在难以突破的阶层流动性。外来女性用手机作为对抗僵化体制和文化约束的重要工具。手机方便与朋友和家人保持联系，具有一定的私密性，也成为扩大社会性的社交网络、缓解自我孤独和发展潜在"关系"基础的重要工具。

从表面上看，手机明显增强了外来女性对社区和亲密的人联系的情感，但这恰恰是"难以移动的流动性"的过程，实质上是指她们所在城市的大部分同龄人不需要面对超越极限的物质环境，这使手机在她们的生活中意义重大。Cara Wallis 这一研究准确地把握到了中国城乡差距，他认为手机对外来女性的重要程度和含义要远远高于城市中已经扎根的"本地人"。因为对于这些女性而言，手机既让她们与乡土有割不断的联系，又使她们能够尽快地融入城市。在这一过程中，手机作为重要的通信工具，既承载着她们对故土的思念，又寄托着她们对未来的向往，是她们连接自己在城乡之间的重要纽带。

在中国语境下，"关系"一词含义丰厚，在这里特指创建一个特定的文化背景,用来理解年轻外来女性如何利用手机发展城乡之间的各种社会关系,建立人脉资源,构筑社交的横向网络。这里值得思考的是,从表面上看,手机似乎在消除城乡差距,让人与人之间更加平等,交往也更为直接,尤其对年轻外来女性融入城市起到了很大的促进作用。但是,对手机的依赖程度越高,其实越证明自己是他者的存在,这就是"难以移动的流动性"。

从社会学角度来看,第一,手机强化了外来者的身份认同。外来务工者是城市的边缘人,手机让外来女性与这个城市建立了社交联系。关于身份认同,英国文化研究学者 Stuart Hall 认为:"身份认同源自对自我的叙述化,但这一过程必然的杜撰性绝不会破坏它的推论的、物质的或政治上的功效。"Stuart Hall 继续分析,"从共识语言讲,身份认同是建立在共同的起源或共享特点的认知基础之上的。与'自然主义'这个定义形成对比,散发性态度把身份认同看作一种建构,一个永远未完成的过程"。所以,外来女性要想真正融入城市不是一朝一夕的事情,是她们通过手机一直在建构的城市人归属感的美好愿望。第二,手机加速了自我效能的彰显。外来女性来到城市,在身份认同中产生焦虑,而此时手机的使用似乎抚慰了其焦灼的心情,让她们最大限度地发挥自我效能。手机作为增强自我信心、认识自我价值的工具,能够使她们快捷地融入社会,进入各种关系中。但是令人遗憾的是,对于外来女性而言,阶层自身的稳定性使由下到上的逆袭并非易事。即便从表面上看,很多外来女性在社交中已经游刃有余,建立了自己的关系网,但是当地人对她们的身份认知仍存在偏差。城市的人更习惯用"打工妹"等称呼定义这些女性。所以,手机移动性的功能为女性在由乡入城流动过程中提供了方便,但这仅仅是技术层面的,并没有真正地改变外来女性在城市中固化的社会地位。这是内心认同与现实认同之间的差异,"因为,只有建立真正的互动,彼此间进行广泛的文化与经验的交流,真正的认同才可能慢慢建立起来。这有点类似于一个城市或者空间某一个点对个人生活的意义,当你因为某种特别的经历而与那个城市或者空间中的那个点有关联,城市方才有了意义"。否则在城市中,外来者仍然只是一个无根的过客。虽然大多数人在不断适应新文化,但是他们内心仍然保持原文化的价值观、习俗和交流方式。美国学者 Larry A. Samovar 和 Richard E. Porter 用"文化适应"这一概念阐释移民现象:"通常,文化适应是两个或多个各自独立的文化或群体文化广泛而深入地直接接触所产生的结果。这种变化在国际移民中是普遍的,他们发现自身很多方面仍处于另一种文化之中。"

四、新媒体与社会内聚力

集团凝聚力（group cohesiveness），也称为社会凝聚力（social cohesion），指成员彼此联系连接的社会群体和集团作为一个整体。凝聚力可以分解为四个主要组成部分：社会关系（social relations）、工作关系（task relations）、自觉团结（perceived unity）和情感（emotions）。它具有四个特性：多面性（multidimensionality）、动态性（dynamic nature）、工具性基础（instrumental basis）和情感维度（emotional dimension）。Rich Ling 在《新技术 新纽带：手机传播如何重塑社会凝聚力》中指出："渠道的直接性和普遍性可能导致组内社会关系的凝聚。"

（一）家庭关系的内聚力

在新媒体与社会关系的研究当中，对夫妻关系的研究颇受关注，并且由此探讨新媒体是如何改善家庭关系、协调家庭矛盾以及如何促进社会内聚力的形成的。

马德里康普顿斯大学教授 Amparo lasén 于 2006 年和 2008 年两度在西班牙的马德里进行调查研究，在其论文《手机都不是个人的：通过移动电话所提供问责制、可接近性和透明度的意想不到的结果》中提出手机媒体对夫妻关系的作用。这项研究探讨的是移动电话如何被用来加强夫妻之间的凝聚力，有助于揭示社会凝聚力（social cohesiveness）的双重属性："在一个相互依存的关系信任的成就、分享、团结和身份，这不仅涉及相互义务、协商、潜在和显性的冲突的网络的建立，还涉及控制和权力关系。"

Amparo lasén 在 2006 年对 4 对成员的关系进行深度访谈，并且让这些被调研对象详细地做手机使用日记。被调研对象年龄存在差异（20 岁以上的青壮年和 40 岁以上的中年人），调研期间被调研对象的关系、同居生活情况、后代以及工作情况等因素有稳定与不稳定之分。在 2008 年，Amparo lasén 又做了一项试点研究，再次对生活在马德里的 8 位异性恋（heterosexual）的男女，年龄在 25 岁到 45 岁不等的、不同类型夫妇关系进行深入访谈。

这里首先需要了解的一个背景是，手机运营商在西班牙提供便利且低成本的服务，称为"家庭联产承包"（family contract）。订有此类型合同的夫妇由他们的手机供应商认定为一个家庭单位。与此相类似的是，中国移动推出的家庭短号系统，称为亲情网。亲人之间组成小团体，彼此以拨打短号（通常是 661、662、663 等）的方式进行联系，非常方便，通话费较为便宜。在 Amparo lasén 看来，这种方式有效地发挥了手机作为社会联络工具的作用，且充分地将经济价值和情感巧妙地联系在一起，既节省了资金，又维系了情感。手机在夫妻关系中的使用揭示人与设备之间的共享过程，对夫妻之间的相互义务、情感传播形式进行塑造。

Amparo lasén 还论证了手机参与夫妻间相互承认和身份认同的过程。这意味着手机企图消除夫妇之间相互冲突时不同的行为、态度和观点。手机在交流过程中同时提供了舒适性和可控性，增加了夫妻之间相互身份确认并试图消除他们之间的分歧。这是夫妻之间的协商（negotiations）、冲突（conflicts）和合作（collaborations）的结果，是关系到通过手机所提供自我认同（self-identity）和自我认知（self-knowledge）的模式。

传播科学研究学者 Joachim R. Höflich 在《在亲密关系中的手机传播：关系发展和多重辩证法》中提出了有关手机与夫妻关系的另一项研究。他们关注手机延续夫妻关系的各种影响因素中哪一项因素最为重要。他们从 2006 年开始在德国爱尔福特大学采用实证研究的方式，邀请 9 名参与者进行焦点小组讨论（focus group discussion）并对 6 对夫妇进行综合访谈研究（parallel comprehensive interview study）。访谈研究内容涉及夫妻间如何使用媒体交流、如何处理两人之间的关系和日常生活面对面的沟通。实证研究结果表明，手机可以促成夫妇间特定礼仪的形成。这种仪式论（ritual-theoretic）的方法提供了前景分析。"很明显，研究亲密关系的延续阶段需要一个恒定的平衡以保证手机传播成型，这是夫妻必须另行遵循、实证研究结果表明的其他生活领域需求。我们的分析显示，手机传播不是个人行为，而是一种在各种传播媒体环境中使用的传播形式，而这一切可以采取新的意义"。

（二）作为青年媒介社交的"醉拨号"

美国肯特州立大学传播学者 Erin E.Holenbaugh 和 Amber L.Ferris 在《我爱你：醉酒拨号动机及其对社会凝聚力的影响》一文中研究了大学生群体中醉拨号这种普遍存在的现象。醉拨号（drunk dialing）是一个醉醺醺的人作为孤独的个体呼叫前任或现任爱人的兴趣。如果是清醒状态，他们是不会拨打此类电话的。

作家 Kurt Vonnegut1969 年小说《五号屠场》（Slaughterhouse-Five）的主角这样描述他的醉拨号倾向："我晚上有时候晚点会有这种病，发病时就想喝酒和打电话。我喝醉了，散发着玫瑰芳香和芥子气味儿，把妻子熏跑。然后，我就严肃而优雅地对着电话，请求电话员帮我联系这个或那个很久没有见面的朋友。"

《纽约邮报》《纽约时报》和《华盛顿邮报》等都报道过醉拨号。手机制造商和运营商正在帮助呼叫者防止醉酒拨号。

在大学校园里，手机与醉酒行为相结合，创造醉酒拨号成熟的环境。酒酣之时给人打电话，是年轻人酗酒时的一种冲动行为。这项研究的目的是确定大学生酒后拨号行为的动机，并探讨醉酒拨号可能增强或减损学生的社会凝聚力。研究的样本是在校大学生，平均年龄 20 岁。参加者主要是白种人（Caucasian），其他种族也占了一定的比例（非洲裔 African American，西班牙裔 Hispanic，亚裔太平洋岛民 Asian Pacific Islander 和其他人）。女性与男性的比例约为 60% 和 40%。

至于醉酒动机，"一类是技术娱乐（Technological reaction）。该技术反映了基于在移动电话技术方面醉酒拨号的特征。围绕着此类的动机包括娱乐（entertainment）和无聊（boredom）。这些动机在以往的研究中已被证明有助于一个人的媒体使用。另一类是酒精（Alcohol）。酒精类包括醉酒拨号的动机，这似乎主要是由于酒精对大学生的影响。缺乏禁令（inhibition）和缺乏问责制（accountability）是明确与酒精有关的两种动机"。Erin E，Hoilenbaugh 和 Amber L. Ferris 还分析了醉酒拨号与社会凝聚力的关系，把它们分为向心力（centripetal）和离心力（centrifugal forces）。对社会凝聚力的积极作用有四个动机：无聊（boredom）、社会联系（social connection）、协调（coordination）和趋同/互惠（homophily/reciprocity），这些似乎普遍提高他们的群体凝聚力。负面影响的动机有忏悔的情绪（confession of emotion）、性生活（sexual initiation）、娱乐（entertainment）、缺乏禁令（lack of inhibition）和缺乏责任感（lack of accountability），这些会削弱社会凝聚力。总之，醉酒拨号影响情感传达的价值，对小组成员间的社会凝聚力起到积极或消极的双重影响。

（三）线上和线下的社交融合

爱尔兰国立大学信息技术研究者 Pat Byrne 在《这里是在线的线下社区！》（There's an of of-line community on the line！）中特意指出，这项研究专门针对线下社区，研究的是因共同的目标和利益进行局部区域合作的人。

此项研究考察如何发短信帮助组织活动，让队员间关系更加亲近，从而提高整体团队效率。Pat Byrne 选择了冰岛西部两个体育俱乐部，考察电子媒介传播如何维持俱乐部成员个人和团队之间的联系。

在他的这项研究中，"线下"社区综合了手机进入他们以创新方式为基础的传播模式，成功地运营着他们的体育俱乐部。例会是地方社区互动的基础，由手机提供的中介连接帮助成员保持活跃状态。"真正的社区被面对面地展开实践，但技术可以在保持传播活跃，促进组织集团的后勤工作方面提供支撑作用。只需一点点用户创新和谨慎使用，手机可以确保它是这个关系状态的一部分"。

中介的相互作用可以增强彼此交互的更广泛的共同存在，成员形成一种身份共同感。电子媒介传播促进公民积极参与的作用是矛盾的：它有时会在我们与他人互动中干扰分散我们的注意力，有时也会起到积极作用。作为一个体育俱乐部的成员，当使用手机时有利于集体行动。关于线上和线下的结合，宋黎磊和卞清在研究"中欧信使"微博账号推送问题上，也得出了类似的结论，"'中欧信使'微博的受众能从线上获得消息，在线下参与活动，然后又到线上进行反馈，有效地将虚拟空间的公共外交发展到真实空间。虚拟空间和真实空间的协同，有助于表达自我、吸引受众，也有利于提升微博平台上公共外交的效果"。

  结合上述所有例子，手机到底对于社会关系的影响如何？澳大利亚斯威本科技大学的学者 Rowan Wilken 在《结合还是桥梁：移动手机使用和社会资本的讨论》一文中通过考察现有的手机文献，探索移动电话在加强现有的社会关系的工作范围（所谓强链接）(strong links)和方便用户直接与外界社会进行更广泛的接触（所谓的弱链接）(weak links)两种形式中，到底是结合作用大还是桥梁作用大？其结论是："手机传播报道可以以'强关系'或社会资本'结合'的形式加强现有的社会关系和网络连接。文献还有进一步的证据表明，手机在某些情况下还用于建立涉及'弱关系'或社会资本'桥梁'形式的广泛网络。然而，社会资本和强关系这两种形式在研究文献中都有，所以并不意味着结合的形式比桥梁的形式具有更大的代表性。"

第二章 媒介融合背景下新闻传播发展的影响和问题

第一节 新技术革命给大众传播带来的影响

大众文化在很大程度上可以说是一种媒介文化，文化以大众媒介作为传播的载体，与大众媒介相互影响。新媒体无疑为大众文化传播带来了新的内容表达方式，改变了大众文化内容的传播机制和文化生产方式。

一、新媒体表达新时代的特点

我们可以从传播技术的角度定义新媒体：新媒体是相较于传统媒体而言的，在报刊、广播、电视等基础上发展起来的新的媒体形态。新媒体是利用数字、网络和移动技术，通过网络和各种终端设备，向用户提供信息、传播信息的媒体形式。新媒体传播不再单独作用于一种感官，而是把文字、声音、图片和视频等传播内容融为一体。新媒体传播表现出开放性、互动性、包容性和社交性的特点，为人们提供了一个前所未有的、功能齐全的综合媒介平台，其覆盖面之广、规模之大、信息资源之丰富都远胜传统媒介。新媒体在内容表达上表现出以下几个特点。

第一，新媒体支持多媒体化的内容表达。新媒体成功地将模拟内容，即各类文字信息转化为数字内容，把原本各自独立的信息形态有机地融合在一起，使受众可以通过音、视、图、文等多媒体手段获取各类内容信息。以网络电台为例，除了播放可以实时收听的广播，还会在网页上发布相关的图片、视频或者文字链接,通过这些多媒体手段为受众提供更为丰富的选择,从而最大限度地调动受众的视听感官。

第二,新媒体支持交互式的内容表述。新媒体赋予了受众内容生产的权利,并为其提供交流的平台,充分满足受众交流沟通的需求。BBS论坛就是典型的例子。网民可以根据自身的兴趣爱好浏览和参与论坛中不同版块的活动,如发布帖子,或者在其他网民的帖子下面发表自己的见解,与其他发帖者互动。发帖者可以根据评论者的留言评估自己帖子的受欢迎程度,从而展开进一步的论述,或者开辟新话题;评论者则可以通过内容互动表达自己的观点,以影响发帖者的看法。

第三,新媒体支持海量信息的存储及共享。数字化技术的发展推进了新媒体的发展,为媒体便捷、快速、安全地存储大量信息提供了理想的解决方案。借助数据存储技术,不同形态的数字化信息可以完整、长期地保存在大容量的数字存储设备中。

新媒体在内容表达上的这些特点使文化传播内容生产趋于娱乐化、流行化、趣味性和时尚性,且表现出受众不断变化的喜好和口味,具有流行文化和时尚色彩的特点。

二、新媒体改变大众文化传播机制

大众传播的内容系统从来不是孤立的,而是由外部因素生成并受到这些因素制约的。从传播学视角,新媒体的出现对大众文化内容的传播机制产生的巨大影响主要体现在符号和结构两个层面。

在符号层面,"传播内容的决定性机制是媒介,即传播符号的物理载体的技术特性"。印刷媒介的技术特性决定了报纸的符号特征是静态的、文字的;电视、广播等电子媒介的技术特性决定了其符号特征是动态的、音像的;而数字技术的技术特性则决定了新媒体的符号特征是静态和动态相结合的,呈现出囊括文字、图片、声音和图像在内的多媒体特征,在传播内容工具上有高度的交融性、互动性和共享性。

在结构层面,大众文化内容的传播机制则比较复杂。不同的传播媒介具有不同的物理性质,因此不同媒介的传播内容要遵守不同的时空关系,传播内容的结构可以理解为媒介的物理性质的延伸。具体来说,报纸的平面性决定了它可以将数条新闻印在一个版面上,在同一时间展现给受众,由受众自行决定对传播内容的接受顺序,可以说,其传播内容在时空上是平行的。而作为线性媒介的电视却要遵循"沿时间单向传播的基本规律",传播内容必须按照一定的先后顺序呈现在受众眼前。尽管电视新闻有时也会采用分屏或者滚屏等技术手段表达一种共时性关系，但这并不是常态。同时，电视节目的转换和中断所造成的时空跳转会给观众带来一种超现实主义的感受，如电视广告的插播——前一刻还在播放美国的总统大选，下一刻就切换到了某一洗衣粉广告，这样的内容呈现方式是印刷媒体所不具备的。

相较于传统大众媒介线性、单向的内容传播，新媒体打破了时间上的限制，极大地压缩了内容传播的物理空间，形成了即时传播和双向传播的特点。即时传播意味着任何一条新闻都可以在瞬间传送至全球各地，其传播速度可以达到每秒几十亿字节。双向传播则意味着受众可以及时反馈接收到的内容信息，与传播者形成互动交流的关系。新媒体的内容传播不单是线性的，一个网页上可以同时播出数个新闻频道，用户可以同时打开数个视频窗口，并随时在不同窗口之间切换。以超链接为例，新闻类网站通常会在一条常见的视频新闻下面放上数个与该新闻相关的超链接。用户一旦点击，就能立即跳转至另一个网页，上面可能是一张视频新闻没有展现的现场图片，可能是某个评论员针对该条新闻撰写的分析文章，也可能是一首新闻里播放过的流行歌曲。可以说，新媒体使传播内容的结构完全突破了传统媒体所遵循的固定时空关系。

相对于传统媒体事先设定的、有时间设置的内容传播，新媒体更多采用的是UGC模式（User Generated Content，用户生产内容模式）。网友自行制作多媒体内容并在网上共享，再通过在线下载、留言评论等方式进行相互交流，使用户的主动性和创造性得到最大限度的发挥。但也正是用户数量的庞大和媒介使用能力的不同，造成了新媒体传播内容的另一个结构性特征，即碎片化和去中心化。

三、新媒体改变大众文化生产方式

（一）文化生产方式理论

文化生产方式理论认为，文化活动是一个意义生产和接受（消费）的动态过程，这种特殊的生产消费活动遵循其自身特有的发展规律。

马克思曾经指出："宗教、家庭、国家、法律、道德、科学、艺术等，都不过是生产的一些特殊形态，并且受生产的普遍规律的支配。"也就是说，马克思认为人类文化创造是一种特殊的生产活动，是人对社会存在的反映，是精神的生产活动。马克思还表示，人类文化创造这种精神生产活动具有区别于其他生产活动的特殊生产方式，是人类物质需求以外的特殊形态。

德国著名学者本雅明提出了艺术生产理论。他认为，在艺术生产过程中，大众传媒的传播者就是生产者，艺术作品是以电影和摄影为代表的大众传媒载体。大众传媒的接受者是消费者，艺术创作是生产，艺术欣赏是消费，艺术创作的"技术"则代表着一定的艺术发展水平即机械复制技术。这基本上明确了文化生产方式的大致框架结构。

美国著名理论家马歇雷继承了马克思的艺术生产理论体系，明确地提出了文学生产理论。在他看来，文学是一种生产活动，文学生产是一个独特的实践过程。文学生产通过特定的方式，利用特定的意识形态进行复杂的社会历史再生产，作家不过是该生产过程中的一个要素，文学作品是文学生产劳动过程的成果。

总而言之，围绕文化产品的生产和接受展开的社会性活动构成了文化活动，而文化活动的生产和消费过程无疑是非常有意义的。所以笔者认为，当我们在对某一种文化现象进行分析时，不能忽略对这种文化生产方式的分析。只有从文化生产方式入手进行解读，才能够真正挖掘出该文化的内在特征。

纵观文化生产方式的历史，在原始社会阶段，文化的生产者和接受者是不分离的。每个人既是文化的创造者又是文化的接受者，并以一种不自觉的、下意识的群体生产——群体接受模式进行文化生产。从文化产品的形态来看，这个时期的文化产品是相对粗糙的，是人类实践活动的直接反映和精神再现，因而缺乏规范性和系统性。我们把这个时期的文化称为生产和接受混为一体的"混合化文化"。

文化的生产者和文化的接受者出现分离的时期与脑力劳动者和体力劳动者的分离时期基本同步。随着社会生产的逐渐发展，一小部分从事文化生产和创作的文化精英成了文化生产的主体，社会大众成了纯粹的文化接受者。文化传播的技术手段从竹简、纸张发展到活字印刷术，文化产品的形态逐渐向系统化、规范化和自觉化发展。在这一时期文化发展进入一个新的阶段。有学者把这一阶段定义为"贵族化文化时期"，其含义为文化生产和接受出现了明确界限。

随着时间的推移，大众文化又产生了一些新的变化。首先，大众文化的生产方式不同于前文中说的混合化或者贵族化的文化生产。文化生产的内在要素和发展逻辑发生了很大的改变。虽然大众文化产品的生产依然掌握在一少部分人手里，但是大众文化产品的生产和创造的根本条件已经由这一少部分人参与生产转为社会大众的直接参与。也正是因为如此，贵族化文化格局被打破，昔日作为文化霸主的文化精英逐渐丧失了大众文化上的垄断地位。其次，文化接受者不再是纯粹的被动接受者，其主体素质随着时代的进步产生了巨大的变化。当他们在接受某种文化产品时，表现出了更多的自觉性和主动性，他们已经有能力根据自己的喜好和需求对文化产品进行选择、评论甚至再造，文化产品的生产和接受真正实现了互动。最后，技术手段的变革使文化从生产到传播再到消费的整个途径发生了改变，而且这种改变在持续进行。目前在电子化技术下，口头、文字等传播方式被逐渐取代。

（二）新媒体改变大众文化的产品生产方式

在当今以数字化文字传输技术和音频、视频技术的广泛应用为标志的新媒体时期，文化表现已经逐渐与历史、地理等脱离，最终演变为网络传播与观众互动，并最终通过数字化集合汇聚到视听超文本之中。这种新技术下的多媒体大众文化产品已经形成了一种全新的文化空间并扎根在大众生活的各个板块中。在这种条件下，各种传统的大众文化产品和文化形式都在进行升级换代，大量新事物和新产品不断出现。传统的大众文化产品的生产方式出现巨变，主要表现在以下几方面。

第一，新媒体改变了大众文化内容生产的过程，我们所熟知的内容产品的内涵也随之发生改变。

新媒体传播的一大特点就是传播者和接受者角色定位的改变，即受众不仅能够接收内容，也能生产、传播内容。新媒体还为用户提供了无限的内容资源和更为广阔的信息获取渠道，有效地扩大了内容产品与受众的接触点和接触度，从而增加了大众文化传播内容的多样性和多元化，受众的选择能动性和自由度也随之提高。新媒体值得大众文化产品生产的可选择性被无限扩大，但同时选择性的增加意味着产品竞争的白热化。这种竞争不仅发生在传统的大众文化产品和新兴的大众文化产品之间，而且存在于各个新兴的文化产品之间。竞争导致的直接结果是各个文化产品的相互碰撞和融合，以及大众文化产品内涵的改变。

以文化工业为例，标准化、同质化生产一度是文化工业的显著特征。但在新媒体的影响下，受众被精确地细分，传受双方的互动机制更加成熟，对文化产品的需求分类也越来越精细。因此，文化工业不得不改变原来的批量化生产模式，开始面向不同年龄、阶层、性别和地域的受众，生产更有针对性的大众文化产品，力图突破内容生产的类型化模式，增强文化产品的个性。当今文化工业的主要产品，如电影、电视、电子出版物等，都在把数字多媒体技术积极结合到大众文化的生产和消费中。美国学者尼葛洛庞帝曾针对当前新媒体技术对文化的影响发表过一些看法，他认为我们当前的这个时代要求艺术要以更生动的方式进行表达，并且艺术要比以前的时代更具有参与性，通过多种方式加强艺术的感官体验。他还表示，尽管这种改变会让艺术变得完全世俗化，似乎脱离了以前高高在上的姿态，但是这种数字化、信息化的改变反而让我们得以传达艺术形成的全过程，而这一过程可能是单一心灵的迷狂幻想，是集体想象或是革命团体的共同梦想。

第二，新媒体极大缩短了内容生产消费的周期，加速了大众文化的创造。

传统的大众文化产品具有完整的生产系统，从生产、流通到消费等各个环节泾渭分明，遵循着时间这一线性的物理规律。而新媒体技术则完全打破了这一系统，将内容生产的各个环节融合在一起，极大缩短了文化产品的生产消费周期。在这方面，网络小说改编成影视作品是非常典型的例子。

近年来，将网络小说改编成电视剧成为一股席卷荧屏的风潮。以《步步惊心》《甄嬛传》《何以笙箫默》为代表的一大批改编剧持续火爆，吸引了大量观众的关注，取得了巨大的产业效益。

以《何以笙箫默》为例。作为第一批在网络上红起来的言情经典，其原著曾连续三年荣登当当芳汉文学销售榜的TOP10，畅销10年，108次售罄，52次加印，3次再版，销售量超过百万册，网络点击率突破千万。可以说，小说拥有巨大的读者群和粉丝群。《何以笙箫默》的影视版权费高达7位数，甚至同时被改编成电影和电视剧。同名电视剧一经播出就火爆异常，屡屡刷新收视率纪录，视频网站上的点击率过亿，甚至出现了以男主角台词为脚本的"何以体"。电影版《何以笙箫默》虽然未能创造新的银幕传奇，却仍然凭借原著的强大号召力取得了2亿多的票房。一部当红网络小说的热度竟能带动相关电视和电影作品如此火爆，不得不让人惊叹于网络传播的穿透力之强和辐射范围之广。而《何以笙箫默》的成功并不是个例，网络小说改编成影视作品已经形成一套规范成熟的商业操作模式。截至2014年末，我国共有114部网络小说卖出了影视版权，题材涉及仙侠、悬疑、玄幻等，其中90部计划拍成电视剧，24部计划拍成电影，版权费也从2013年的10~30万上升至50~80万，一线作品的身价纷纷突破了百万。

新媒体对改编剧的塑造功不可没。除了小说的高人气为这些改编剧奠定了广泛的观众基础，各种视频软件和播放器也提供了丰富的观看渠道，网络论坛、微信、微博等社交软件则进一步提高了观众的关注度和参与度，使改编剧在极短的时间内形成全民讨论的热潮。小说和影视剧这两种传统意义上截然不同的文化产品通过新媒体技术紧密联系在一起，并催生出新的文化生产消费模式。同时，这些网络改编剧大多有一个显著特征，就是最大限度地保留原作内容，从情节到对白基本不做修改。这使改编剧在表现内容和传达形式上突破了传统精英主义的艺术规制，风格上更加贴近大众和流行文化。网络小说改编剧发展成一种新的大众文化形态，体现出新媒体对大众文化产品进行再生产的能力。

可以说，新媒体的发展带来了科技革命、资源动员、知识生产、艺术创造、创意修辞和符号再现，对知识经济的内容生产、新媒体的文化变革、文化产业的转型创新以及泛版权经济的创新发展都产生了革命性的影响。

四、新媒体改善大众文化传播效果

当今世界媒介技术高速发展，人类正在步入真正的媒介化社会，电子传播技术正在把整个世界联结成一个地球村。经济、政治、文化的全球化浪潮席卷了世界的每一个角落，我国也不可避免地被深度卷入媒介化社会的时代漩涡中。在媒介化社会，真实世界与媒介化虚拟世界之间的距离逐渐消失，个人与真实世界的关系越来越疏远。人们开始习惯于借助无所不在的大众传媒认识世界，或者说认识的只是真实世界通过大众传媒反映出的一个镜像。大众媒介在大众社会化过程中发挥出日益明显的中介功能，而21世纪以互联网为代表的新媒体传播时代的到来也加深了媒介化社会的程度。这种媒介化社会程度日益加深的虚拟世界就是大众文化的生存土壤和传播生态环境，大众文化的生产机制、传播运作和传播效果都深受其影响。

（一）提升大众文化传播的速度、广度和深度

新媒体传播技术作为信息交流传播的重要载体，是使信息得以广泛传播、吸收和利用的重要手段。可以说，大众文化和大众文化产品能够广泛而迅速地渗透并影响到社会各个领域和人们日常生活的方方面面，离不开新媒体传播技术带来的快捷、迅速和方便。

以纪录片为例，相比肥皂剧、真人秀等大众性和通俗性较强的文化形式，纪录片的受众群体要小得多。但是随着与新媒体的互动越来越频繁，纪录片也开始融入全媒体的传播生态之中。在多平台推广、立体化包装、裂变式传播等新媒体传播技术的帮助之下，纪录片的传播如同插上了翅膀，飞到了前所未有的高度，甚至一度成为社会热点话题。《舌尖上的中国》就是其中一个最为典型的例子。2012年5月14日，由央视精心制作的美食纪录片《舌尖上的中国1》在央视一套播出。这部讲述中国各地方美食和老百姓生活故事的纪录片一经播出就迅速走红，立即成了网络上最热门的话题，收视率远超同时段的电视剧，受到了媒体、观众和行业内部等社会各界的热切关注。以往纪录片的目标受众主要是中年知识群体，而《舌尖上的中国1》却大受年轻人的欢迎，网络上各种"舌尖体"层出不穷，成了一种国民热议的文化现象。

《舌尖上的中国1》能获得如此巨大的成功，原因不仅在于题材和内容有过人之处，还在于央视前期投入了大量的宣传，开先河地举办纪录片首映式。与此同时，微博上的热议和影片的口碑效应相结合，让影片的影响力越来越大，很多观

众甚至是在首播当天通过导演陈晓卿的一条微博注意到这样一个纪录片。而网购的加入更是让其热度持续增加；淘宝网络店家和微信商家纷纷打着"舌尖"的招牌告卖家乡特产，间接为影片免费宣传。新媒体的巨大推动力给了央视重要的启发——在制作和推广《舌尖上的中国2》的时候，央视不仅将官方网站和微博作为宣传中枢，而且与乐视网、腾讯视频、优酷视频等多家视频网站合作并利用预告片为开播提前造势。央视还联合各大门户网站组织"舌尖美食达人""舌尖美食地图"等线上活动，充分利用新媒体的互动性与粉丝在线交流，增强大众的参与度，进一步让"舌尖"效应发酵。据央视统计，全国有6.38亿观众收看了第二季的《舌尖上的中国》，创造了纪录片的收视奇迹。

由此可见，新媒体传播的即时性、大容量和快速性促进了信息的高速流动，拓宽了传播的广度，强化了深度，既可以实现面对面传播，又可以实现点对点传播。当信息面对多个网络用户传播时，新媒体传播成了大众传播工具，而个别独立的网络用户之间的交流则是点对点的人际传播。新媒体传播将单向的大众传播和双向的人际传播融为一体，兼有人际传播与大众传播的优势，同时突破了人际传播与大众传播的局限，在总体上形成了一种散布型网状传播结构。这些传播特性使大众文化以前所未有的广度和深度进入传播领域。正如拉比塔尔斯基所说，"面对新媒体时代，一切都在被异化着，所有原生态的文化都被新技术方式赋予新的解释"。

（二）信源可靠度增加，意见领袖的影响力扩大

霍夫兰的劝服效果理论表明，传播的信源对传播效果具有一定的影响，信源可信度和知名度越高，传播动机越是以他人为主，劝服效果就越好。在新媒体时代，如公知、大V、公众号等网络信源越来越被受众所采信，这些网络信源既具备一定的专业背景和专业知识，又具有非官方的个人身份，所表达和传播的信息客观、多样，传播动机以提供资讯和意见为主，而不直接涉及自身利益，因此极大提高了草根信源的可信度和知名度。

"意见领袖"一词最早出现在美国学者拉扎斯菲尔德的书——《人民的选择》中。而据两级传播理论分析，意见领袖指的是在所处人际传播网络中对他人施加影响，为他人提供信息，评论、转达大众传播的人，他们是人际传播网络中的过滤网，也是人际传播网络的中介，他们把消息分散、整合、传播给受众，最终形成两级传播。而学者们同样发现，来自媒介的信息在到达受众之前，会首先来到意见领袖这里，再由意见领袖将所见所闻传递给家人、朋友或其他追随者。这种现象不仅在政治选举中出现，还体现在购物、时尚、看电影等方面。如图2-1所示。

```
大众媒介 ──→ 意见领袖 ──→ 社会公众
           ↓           ↓
        一级传播      二级传播
```

图 2-1　两级传播理论

如何定义意见领袖？有关学者普遍认为意见领袖应该具有这些特质，比如，本身应该具有一定的影响力，是许多人追随的目标和学习的榜样；应该具备足够专业的相关知识，能力素质过硬；应该有一定的社会地位，该领域的人愿意与之交往，并且自身也拥有许多结交该行业的媒介。可见，意见领袖并不一定是某群体或阶层的专属词汇，但作为引导潮流的"领袖"，他们又不是普通大众，而往往是一些受教育程度较高、社会地位较高，并且具有一定专业知识的人物。

与传统媒介相比，新媒体给人们提供了一个相对平等的发表自己观点的公共空间。因此，意见领袖产生的范围更广、更草根化。网络意见领袖可能是各个BBS论坛的版主，他们如同传统媒体的编辑一样享有议题设置和信息控制的一定权利和影响力，通过置顶、发帖、删帖等方式成为论坛的把关人；也可能是一些网络红人，有的是现实生活中的社会名人和明星，因为积极参与网络互动而获得更多粉丝的支持；有的则完全是通过撰写博客、发表专业文章或者时尚图片而获得人气的普通人；还可能是微博或微信上粉丝数量超过百万甚至千万的所谓"大V"或"公知"，他们关注各种热点事件，或撰写时事评论和分析，或点评各自专业领域的相关事件，或推荐最新潮流文化产品。这些意见领袖身上结合了传统意见领袖的很多特质，如互联网平台上的意见领袖会选择性地传播有利于自己的观点，并通过这种传播影响他人，因为他们扎根在互联网虚拟平台，其生存环境与现实社会存在很大差别，这种差别造成了他们不同于传统意见领袖的特质。

首先，在网络环境中，网络意见领袖与其追随者处于同一个群体之中，只是这个群体是虚拟的，跨越了地域和时空的局限，共同的兴趣爱好成为联系网络意见领袖与其追随者的唯一的也是最重要的纽带。这对网络意见领袖的"专业"能力提出了更高的要求——他们必须具备超乎常人的专业知识和专业能力，才能在特定领域安营扎寨，从而积聚影响形成一定的权威性。其次，网络意见领袖的"利益无关性"使其更能得到公众的信任。网络的跨地域性质使网络意见领袖与网民存在一定的距离，正是这种距离使意见领袖不以得到直接利益为目的。这种非功利性使网络意见领袖更受网民信任，从而更具有说服力。最后，人们对网络身份的在意程度以及对网络人际关系孤立的恐惧远远小于现实生活，使人们在追随意见领袖时不必屈从于权力、舆论、利益等外界压力，而只考虑自身的喜好，从而与意见领袖之间建立起纯粹和亲密的关系。这种关系使网络意见领袖对网上公众的影响也更加有力、更加深入人心。

毫无疑问，在未来的社会环境中，新媒体会对人们的各种生活场景、思维模式、行为习惯等产生越来越深的影响，扎根于网络虚拟平台的意见领袖也会对人们产生越来越深刻的影响，这些影响甚至会超过现实世界中的意见领袖。而现实世界中的意见领袖为了适应社会的发展，满足普通大众的需求，也会更多地利用新媒体、互联网对自己进行包装，成为具有网络虚拟及现实意义双重特征的意见领袖。

（三）受众的评价成为影响传播效果的重要因素

信息的外部包装、组织表达方式与实际内容是影响大众传播效果的三个主要因素，传统大众文化产品的宣传和推广多是从传播效果这个方面考虑的。以电影这一大众文化产品为例，受大众传播媒介的单向性所限，一部电影作品的成功与否要等到上映结束后才能从专业人士的影评和票房成绩中得以体现。一般来说，评价高的电影作品应该拥有优秀的票房成绩，可是由于传统意义上的影评通常滞后于电影的上映档期，所能起到的只是对作品内容和艺术价值进行评价的作用，而观众的口碑效应作用范围也非常有限。于是，我们经常看到，有些品质很高的作品由于宣传力度不够而鲜为人知，以致上映时难以获得应有的票房成绩，出现叫好不叫座的情况。为了取得应有的票房成绩，制作方必须在影院、电视台和广播电台等各种媒体渠道投入大量资金播放预告片，或在户外广告、报纸杂志上刊登巨幅海报，有时还会邀请主要演员参加各种节目和宣传活动。可以说，广告覆盖率的大小直接影响着影片的知名度，进而影响影片的票房成绩。

新媒体为电影等文化产品的推广增加了另一个影响因素，即网络影评。不同于专业影评，网络影评的参与者以普通观众为主，而且他们的反馈往往只是个人观影的感受和喜好。这些评价通常基于个人经验，从普通人的角度表达看法，虽然很少从艺术或美学等专业角度对影片内涵进行剖析，却更容易被大众所认可，形成一种新的大范围的"口碑相传"。与此同时，新媒体的实时互动性使观众在观影的同时就能将评价上传网络，并在极短时间内将这些评价广泛地传播出去，为更多的人判断是否在上映期内观看电影提供及时参考。新媒体推广发展到极致甚至会出现影评直接决定票房成绩的现象。近年来，越来越多低成本、广告投入小的电影作品，如《疯狂的石头》《可可西里》《西游记之大圣归来》等，能够在激烈竞争中成为票房黑马，就是充分借助了网络影评的影响力。如今，为了迎合新媒体发展的需要，各大门户网站纷纷开辟专门的电影论坛，如网易"我爱电影"、新浪"影行天下"等。另外，以时光网为代表的专业电影网站增加了回复和博客功能，豆瓣网、大众点评网等网站的评分系统成了衡量电影作品的指标之一，还有越来越多的电影爱好者开通影评博客。网络影评已然成为电影产业的一部分，也是观众观影行为的一部分。

可以说，在新媒体时代，受众对文化产品的评价越高，文化产品的传播效果就越好。受众评价已经成为直接影响文化产品传播效果的重要因素。

（四）多媒体手段促进了受众对内容的深入理解，进一步加强了传播效果

新媒体可以将各种信息转化为数字的形式，并将这些数字化的内容进行有机融合生成各种形态的新内容。受众可以通过图、文、视觉、听觉等多种方式获得这些数字化的内容。比如，网络电台就是一种先天性的融合型媒体，不同于传统广播电台，不仅能以声音的形式展现，还能借助文字、图像、视频等手段进行辅助说明，其传播内容非常丰富。听众可以通过QQ、微信等即时聊天工具与节目主持人互动沟通，而不需要等待直拨电话接通。这缩短了受众的信息接收时间，受众可以一边收听电台节目，一边浏览该电台网站上发布的相关图片、视频和链接，了解更多的幕后故事和相关资讯。这样，在各种感官都被调动起来的情况下，受众对节目的印象更加深刻，对节目内容的理解程度也将进一步加深，从而加强了传播的效果。

（五）公众号推广和广告软文备受青睐

随着新媒体技术的进一步发展，微博、微信朋友圈等社会媒体和自媒体日益成熟。这些媒介形式发展的基础在于朋友或熟人之间的互相影响，因而其可信度在很多时候甚至要高于以网站为代表的一般网络媒体。这些新兴的社交媒体给文化产品的推广提供了一条新途径，虽然它们没有门户网站或专业网站所具有的官方权威性，但是在传播速度和示范效应上更胜一筹。朋友圈的微商和微店如雨后春笋一般生发出来，广告商纷纷邀请微博名人或公知大号为其撰写软文就是很好的证明。

（六）粉丝文化和造星时代

新媒体技术为大众文化传播开辟了更为广阔的传播渠道，使文化传播的大众化和通俗化现象越来越普遍。当偶像被新媒体拉下神坛，进入平等、公开和开放的网络空间时，不管是娱乐明星还是政治名人、社会名流，都变得越来越平民化。偶像可以反映一个时代的媒介文化形象，也可以反映当下社会媒介文化的组成因素以及运作特征。偶像在当前媒介文化的发展中起到非常重要的作用，对未来文化格局的形成，文化风貌的建设、改革和发展都具有非常重要的意义。"粉丝"们正在通过新媒体传播平台聚集起来，形成多个兴趣集合体。新媒体不仅为粉丝们提供了各种多媒体的传播手段，使他们能更好地为自己的偶像摇旗呐喊，甚至还推动了新的"偶像"的制造和流行，形成了以"韩流""小鲜肉"为代表的独特造星运动。"粉丝"现象的流行在一定程度上反映了草根阶层和草根文化的崛起，"粉丝"们的文化修养和文化积累对大众文化的传播也产生一定的影响。

第二节　媒介融合背景下大众传播存在的问题

新媒体技术在为大众文化传播带来新的契机的同时，将大众文化的世俗化、娱乐化和消费化无限放大，其弊病也越来越突出，给社会文化生活造成了不良影响：各种低俗内容降低了社会的审美水平和鉴赏力，受众沉浸在娱乐狂欢的陷阱里失去思考的能力，暴力和淫秽刊物的泛滥诱发了许多偏离和违背社会规范的行为。

以培养理论为代表的传播效果研究表明，电影、电视、报刊、电子游戏等传播媒介所携带的暴力内容会对人们的正常生活造成一定的不良影响。比如，电视节目中充斥的暴力内容影响了人们对现实社会环境危险程度的判断，对电视媒介接触越频繁的人，这种社会不安全感越强。这是因为在当今社会，人们对外部真实世界的认识会受到很多因素的影响，大众传媒所暗含的"象征性现实"理念便是影响因素之一。这种"象征性现实"会让大众对同一事物产生主客观偏差，而且这种偏差还很大。20世纪60年代后期的"培养"分析就明确指出，电视暴力内容可诱发青少年犯罪。这种影响缓慢、持久，让人们的意识在不知不觉间发生改变。

随着新媒体技术的不断进步以及网络覆盖区域的不断扩大，越来越多的受众被卷入网络传播空间，能够轻易接触到各种良莠不齐的网络信息。网络新闻为了吸引读者眼球，获得更高的关注度，不惜大量报道骇人听闻的恶性事件和暴力行为。这些内容一经传媒大范围地报道，就能获得受众相当的关注，甚至形成行为示范的效果，成为人们效仿和学习的对象。媒介暴力不仅影响着受众的态度、情绪和认知，也影响着受众的行为。受众对现实社会环境的心理评估极易受到媒介报道的影响。网络媒体反复报道的各种异常事件会给受众造成一种"周围环境充满了暴力和犯罪"的假象，进而使受众产生恐惧或悲观失望的情绪，对受众内心情感世界产生巨大冲击。此外，在与网络媒体接触的过程中，长期观看暴力的内容会降低受众对暴力事件的敏感性，使受众逐渐接受暴力或丧失对受害者的同情。

因此，我们要正视新媒体技术给社会大众文化传播带来的负面影响。大众是文化传播的土壤，离开了大众，大众文化传播无法达到传播的目的。我们肯定大众对大众文化传播的重要作用，但是同样要意识到大众文化传播如果仅停留在大众化层面，那么大众文化会无可避免地走向平庸甚至走向低俗。鉴于这些问题，众多学者强调，大众文化要亲近大众、迎合大众，但是绝对不能仅止于此。我们的眼光要比以前更加远大，通过各种途径努力提高大众审美水平，这也是现代传媒应该有的价值取向。新媒体只有担当起应有的引导社会价值观的责任，才能引导大众文化传播走向正确的方向，从而实现社会的健康和可持续发展。

一、表达形式僵化

创新是社会进步的灵魂。人类的审美能力随着社会的变迁而发生改变，相应地也就需要文化产品的不断创新。新媒体虽然提高了内容生产的速度和数量，但也加剧了同质、抄袭、克隆的现象。比如，江苏卫视推出的相亲节目《非诚勿扰》在当年造成了巨大的轰动，一时火爆荧屏，于是大量的相亲类节目涌现出来，如《相亲相爱》《爱情连连看》《百里挑一》等。另外，各大电视台集体克隆韩国综艺节目。自从2013年湖南台购买韩国综艺节目《爸爸去哪儿》的版权并在国内成功复制以后，亲子类节目如雨后春笋一般地出现，仅2014年就涌现出7个同类型的综艺节目，包括《爸爸回来了》《爸爸请回答》《爸爸我来了》等。这些综艺节目都以"爸爸带孩子的真实状况"作为主要噱头，不仅节目名称相似度极高，实际内容也是大同小异。而亲子类节目持续火爆让各个电视台看到了韩国综艺节目的优势，各大卫视纷纷购买版权再全盘照搬韩国综艺的节目制作模式，推出了《两天一夜》《奔跑吧兄弟》《我们结婚吧》等，而此类节目同质化问题之严重到了连字幕旁白的设计风格都一模一样的地步。这种集体的克隆现象阻碍了内容生产的创新，不利于本土节目形态的发展和创新。

二、泛娱乐化现象

新媒体时代的大众文化传播内容中有很大部分来自大众，尤其是网友的自发创作。这种草根性使大众文化传播不可避免地出现了低俗化倾向。明星八卦占据各大新闻媒体的头条，各大门户网站也充斥着各种生活奇闻、邻里纠纷和个人隐私，而各个电视台的法制节目或者民生栏目则报道了基层群众的生活琐事和家长里短，缺少人文关怀和正面引导。一些媒体为了能在第一时间博取受众的关注度以提高收视率或者点击率，甚至将灾难、政治、暴力事件等严肃新闻进行刻意包装,或配上特殊音效,插入煽情文字,选取露骨血腥的图片,甚至剪辑镜头进行"场景再现",只求达到炒作效果。

三、思想浅显

受众的需求是大众文化产品赖以生存的土壤,是传播者实施有效传播的依据,也是实现传播效果的基础,而这种需要如果被媒体简单地理解为迎合人们的感官快感、原始欲望和自然冲动,会使文化风尚趋向浅薄、粗陋、萎靡和弛懈。新媒体时代"娱乐至死"观念的盛行使传统的精英文化被消解,大量经典文学作品被"戏说"和"恶搞",严肃的历史被篡改得面目全非,作品的文化内涵和审美情趣不再受到推崇,反而是趣味性和娱乐性成了创作的最高目标。这些现象不仅导致了文化的浅薄化和人文精神的滑坡,还会导致人们"用调侃的方式消解掉一个民族最宝贵的传统和最优秀的伦理观念"。

第三节 媒介融合背景下传播问题的原因探究

大众媒介总是在不知不觉中对大众文化传播的各个方面产生影响,而这种影响并不全是正面的,也由于技术和人为的原因对文化的传播和发展产生了一些不良影响。

一、大众媒介的视觉追求

大众媒介的视觉追求非常清楚地表现在对社会和个体的画面刺激上,这种视觉追求夸大了文化媒介交流中的感官功能和娱乐功能,忽视了文化传播中更为重要的对意义的追寻和反思。人们在这种视觉追求中逐渐对深度意义产生了排斥,对享乐文化越来越推崇。这种例子广泛分布在各种大众媒介中,如网络、电视、杂志、游戏、各种娱乐节目、知识竞赛等。在这种情形下,个体与个体之间已经很少能出现心灵对话的可能,甚至相互交谈的机会也变得越来越少,人们内心深处对自己的反省也变得越来越少。

当视觉媒体成为消费社会语境下的文化载体时,许多媒介所展示出的不良观念,如不健全的好奇心、廉价的幸福观、漫无边际的消费观和享乐观等,对受众尤其年轻人产生了负面的影响。在不良观念的诱导下,人们逐渐变得短视,追求快速出名、及时享乐,人们的精神生活逐渐丧失了超越物质的精神享受和精神价值、理想价值，曾经推崇过的个体性和创造性也变成了跟风、贪图新鲜的从众性。人们的穿着打扮、行为举止甚至感受、价值观都在影星、歌星、广告、电影等的影响下被扭曲。大众文化本身应该是有一定审美的、符合社会道德的、具有思想内涵和深度的，但是在文化受众低下品位的影响下正在不断被削弱，受众只能一边感慨着高科技手段的进步，一边逐渐走向文化的缺失和理性能力的萎缩。

二、大众媒介的复制性

由于科技的进步，现代大众媒介的复制与以往大众媒介的复制方式相比出现了根本性变化。现在的大众媒介复制也可以称为电子复制，媒介复制在速度、数量、质量和可操作性等方面都表现出了非常卓越的性能。当我们运用媒介复制对媒介进行剪辑、拼贴等处理的时候，短时间内的制作数量呈现井喷——一条信息可在举手之间复制出上万份。我们每天要在网络上接收无数的信息，这种泛滥的复制式生产导致文化产品成了模具化生产的工业品。现代化数字彩印机、高速刻录光盘、CD生产线、硬盘拷贝等不仅意味着物质的复制，也是对精神的复制——大众文化成了一种复制的文化。受众的感官在大众媒介产品的影响下不断受到刺激，相同或类似的文化产品可以被复制到网络、胶片上，然后通过电视、广播、网络，日复一日地对人们的视觉、听觉、感觉进行冲击。由于大众媒介产品的类型、风格、模式、语言都由复制而来，人们的艺术感觉、审美能力日益退化，逐渐对艺术丧失了欣赏能力，对生活的丰富性和多样性以及对世界的情感反应逐渐走向消亡。

三、大众媒介的权力滥用

在整个社会运行机制中，大众媒介权力的运作是重要组成部分之一。大众媒介权力可以实现国家或社会主流意识形态的传播，也可以对整个社会进行黏合和凝聚，还可以对国家和权力进行监督与制衡。我们对现实情况进行调研和分析后发现，媒介权力在现代传播手段的快速发展下正逐渐走向开放，以往一定程度的垄断、封闭性质正在逐渐淡化，媒介权力的自主性越来越强。但是在这种自主性被强化的同时，我们要警惕权力滥用给社会带来的负面效应。

这种负面效应主要体现在媒介权力主体对大众媒介权力的滥用上。首先，大众传媒限制了受众选择文化的自由。大众传媒通过营造"拟态环境"影响人们对外部世界的感知和价值判断。媒介权力主体拥有媒介资源的占有权和操纵权，有权决定让受众知道什么，不知道什么；有权决定制作什么，不制作什么；有权对信息资源进行取舍，将文化资源和信息经过层层筛选后呈现在受众的眼前。其次，大众传媒影响并制约了大众的需求。受众广泛分布在社会各个角落，属于不同的阶层，有着不同的职业和兴趣爱好，这与大众媒介以全社会所有人群为目标的受众观不相协调。虽然可以从媒介对受众进行细分的趋势上看出媒介正在努力协调这一矛盾，但是在短期内，这一现象难以消除。这种符合媒体权力主体的标准筛选或多或少会限制受众多样化、综合化的文化需求。

媒介主体权力滥用与大众传媒主体对商业利益的追求密不可分。媒介权力本来是受众给予传播主体的，受众目的是希望媒介权力主体能够为自己提供所需的信息，而一旦大众媒介权力主体开始追求自身利益，就会按权力主体的价值取向传播信息。当赢利的目的在大众文化传播的基本目标之上时，大众媒介权力就成了媒介权力主体维护其商业利益的工具，从而导致媒介权力应有的道德正义力量、知识理性力量和实践效应力量不断衰退，媒介对大众的控制权却不断增强。

媒介权力的滥用主要表现在以下几个方面。放弃文化启蒙和道德教化的社会责任，利用各种大众媒介手段制造并传播文化垃圾或低俗文化；放弃大众媒介的监督功能，导致社会价值观的混乱，使善良、正义、公正、诚信等观念和行为得不到倡导，邪恶、非正义、偏私、虚伪等观念和行为得不到应有的批判。大众媒介权力的滥用直接造成大众文化品位的平庸和低俗。善用媒体权力，引导文化向上，是每个媒体在追求商业利益时不应忽视的重要责任。

第三章 全媒体时代的新闻产业融合

全媒体是我国传媒界在具体应用层面提出的具有特定含义的概念。它是一种运营理念，即使用多种媒体手段，利用不同媒介形态，通过融合的网络全方位、立体化地展示包含文字、声像等内容的一种新的传播形态。广义上的媒体融合整合了各种媒体形式，包括媒体功能、传播手段等要素的融合以及多个媒体行业之间的所有权或组织结构的融合。正是这种融合使流动的内容横跨多个媒体平台，实现了用户和媒体的价值最大化。可见全媒体融合是一种产业融合行为，融合的基础是产业共生。融合过程中既存在合作博弈又存在演化博弈。这些恰恰诠释了电视新闻全媒体融合的一般机理。

第一节 全媒体时代的新闻产业融合概述

1963年，学者Rosenberg第一次提出了与产业融合相似的概念。伴随着技术变革，产业融合这种新经济现象在20世纪70年代后逐渐被社会广泛关注。尼葛洛庞帝在1978年用三个圆圈对计算机、广播产业和印刷产业进行了模拟融合。尼葛洛庞帝认为，三个圆圈相交的位置有望成为将来增长最快、创新最多的地方。到了20世纪90年代中后期，产业融合的研究迎来高潮，而带来这次研究高潮的是美国新电信法案的通过导致的信息通信领域跨界融合。当前，学术界虽未对"产业融合"的概念形成共识，但综合现有学者的研究，依然可以勾勒出产业融合的内涵、类型、动力及意义。这些是电视新闻全媒体融合的理论根基。

一、产业融合的内涵、类型及动力

产业为什么要融合，融合的类型有哪些，融合的动力是什么……这些是当下媒体融合需要回答的问题。电视新闻媒体与广播媒体的融合是近几年来业界如火如荼开展的探索实践，而它的理论基础之一正是产业融合理论。分析产业融合的内涵、类型和动力，有助于解释媒体融合的一些机理。如表3-1所示。

表3-1 产业融合的内涵、类型及动力

产业融合的内涵	技术视角：罗森伯格在对美国机器工具产业演化研究中发现同一技术向不同产业扩散的现象，并把该现象定义为"技术融合" 产品视角：以产品为基础的融合，或者是采用数字技术后原本各自独立的产品的整合。 企业视角：企业作为产业融合的主体，在产业融合中，两个或多个各自独立的产业成为直接竞争者时发生了融合 市场视角：融合是消除市场准入障碍和产业界限后各分离市场的汇合与合并。融合型产业是否成功乃至能否持续发展需要经过市场的检验
产业融合的类型	技术视角：产业融合可分为技术替代融合与技术整合融合或互补融合 产品视角：产业融合可分为替代型融合和互补型融合 市场角度：产业融合可分为来自需求方的功能融合和来自供给方的机构融合 制度视角：产业融合可分为微观层次的标准融合与宏观层次的制度融合 产业视角：产业融合可分为渗透融合、延伸融合和重组融合
产业融合的动力	技术创新：技术创新在不同产业之间的扩散使不同产业形成了共同技术基础，并使不同产业的边界逐渐模糊，最终导致产业融合现象的发生，因此技术创新是产业融合现象产生的内在驱动力 管制放松：政府管制的放松是产业融合的动力。不同产业之间往往存在进入壁垒，而各国政府经济性管制是不同产业进入壁垒形成的主要原因，因此管制放松导致其他相关产业业务加入本产业竞争中，从而逐渐走向产业融合

资料来源：马健（2002）

二、新闻传媒产业融合的三种形式

伴随着技术的不断进步，产业融合愈演愈烈，其中尤以信息产业、传媒产业领域最为活跃。传媒产业具有典型的产业融合特征，纸媒、广电和信息技术产业的原有厂商正在不断向对方领域渗透。依据胡汉辉等的观点，结合电视新闻全媒体融合的发展过程，可以将新闻传媒产业融合的形式划分为产业渗透、产业交叉和产业重组三种，如图 3-1 所示。

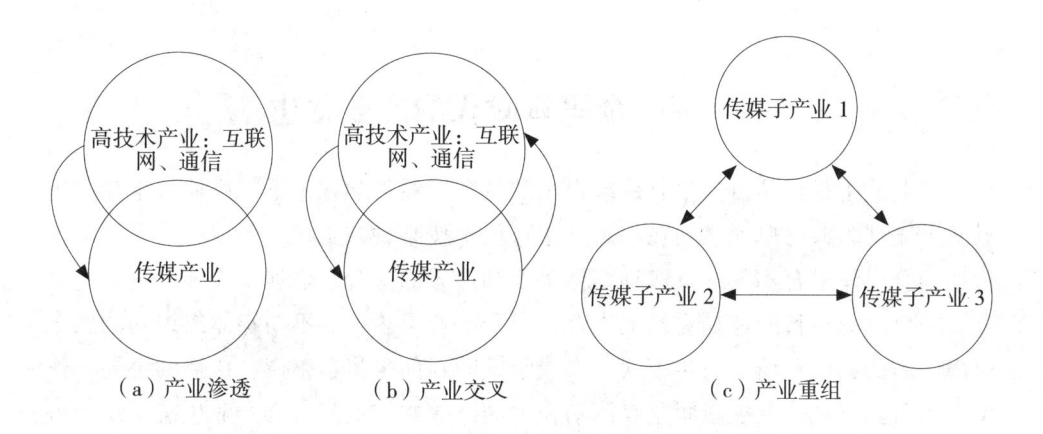

（a）产业渗透　　　（b）产业交叉　　　（c）产业重组

图 3-1　传媒产业融合的三种形式

（一）产业渗透

网络技术的出现和发展为传统行业与高科技的融合创造了可能，并且由于现代科技的强大渗透能力，这种融合往往还可以产生非常大的经济叠加效益。在现代高新技术的带动下，传统媒体行业的传播效率大大提升，网络视频的出现就是其中非常好的一个例子。笔者认为，在当今全媒体时代，不论是政府政策还是社会价值观念都受到产业渗透的影响，传统媒体的形态、传播特点也因为媒体的数字化和三网融合发生着改变。

（二）产业交叉

我们把产业多向渗透、功能交叉互补的产业融合现象称为产业交叉。在这种产业交叉形态下进行产业融合并不会使旧有产业消失，而是让原有产业之间的边界逐渐模糊。比如当下已经基本完成的三网融合，不论是广播电视网还是电信运营商都已经把自己的产业服务与互联网进行了融合，"三网"在业务领域具有很大的重叠区域，但是融合之后各自的产业仍然存在。因此，笔者认为随着国家政策的放宽，产业交叉渗透将会越来越频繁，传统媒体所面临的竞争对象和竞争环境正在变得越来越复杂。

（三）产业重组

传媒产业往往会有一些如广播电视产业、报业之类的子产业，产业重组就是通过这些子产业的重组、融合最终达到调整产业经营模式、优化产业结构的目的。

产业重组其实已进行了很长时间，上海文广集团、美国媒介综合集团等都是产业重组的典范。

第二节　全媒体时代的产业共生

产业共生是模仿自然生态系统提出的概念。经济学视角下的产业共生在抽象意义上表现为共生单元之间在一定共生环境中按某种共生模式形成的关系。电视新闻的全媒体融合不仅涉及多种媒体手段和形态的融合，也涉及媒体组织间的融合。融合的基本目的就是更好地生存，提升产业竞争力。不同媒体组织间的融合形成了新的共生环境和共生模式，形成组织间新闻采集、生产、传播的协同合作关系。由此可见，电视新闻全媒体融合中的产业共生也是一个产业生态系统，各媒体间因同类新闻资源的共享统一安排采集，再按各平台的不同特色和需求，制作和传播，形成新闻资源差异化互补利用的共生体。这种共生体提升了新闻传媒界新闻资源配置的效率，既带来了不同新闻媒体组织效益的增加，又推动了新闻媒体产业的发展。

一、全媒体融合中的产业共生内涵

"共生"源于希腊语，由德国生物学家 Anton de Bary 于 1879 年提出。他认为"共生"的内涵与"合作"一致，是指相互性活体的营养性联系，是一起生活的生物体某种程度的永久性物质联系。事实上，共生从来都不是一个专属生物学的名词。早在 200 多年前，经济学家就已经试图从生物学中探知经济学规律。20 世纪中叶以来，共生理论和方法开始在社会科学领域得到运用。西方的一些社会科学家提出以一种"共生方法"的理论设计社会生产体系，强调其中各种因素的作用与关系。"共生理论"认为，共生是自然界、人类社会的普遍现象；共生的本质是协商与合作，协同是自然与人类社会发展的基本动力之一；共生关系通常可划分为寄生共生、互惠共生及偏利共生三类。顾名思义，寄生共生只对寄生者有利，互惠共生则能形成一种共赢的局面，而偏利共生则对一方有利对另一方无害。其中，互惠共生是自然界与人类社会共生现象的必然趋势。

产业共生的内涵有狭义和广义之分，它同样适用于本书所研究的电视新闻全媒体融合之产业共生。如表 3-2 所示。

表 3-2 产业共生的广义及狭义概念内涵

产业共生	内　涵
广　义	内涵一：指在分工不断细化的前提下，同类产业的不同价值模块和不同类产业具有彼此经济联系的业务模块所出现的融合、互动、协调的发展状态。强调共生关系形成之前的个体差异，属于差异性产业共生 内涵二：指同类产业或相似的产业业务模块因某种机制所构成的融合、互动、协调的发展状态，如同类企业在相似业务模块间形成的合作或战略联盟。把同质个体作为共生关系产生的前提，可视为同质性共生
狭　义	只要发生了产业共生，只要形成了产业共生体，共生单元在继承和保留原有性质与状态的同时，就会出现差异性，并表现出显著的融合、互动、协调关系

从电视新闻全媒体融合视角看，电视新闻全媒体融合的共生单元是多层次的，包括新闻媒体层次、产业层次及区域和国家层次；而不同共生单元之间的组合还可以划分出不同的共生关系。比如，目前的电视台与广播电台的合并、广电报与新兴媒体的合作联盟模式等，都存在不同的共生关系。从新闻媒体产业组织的方向分析，笔者认为共生关系是一种制约关系，这种制约关系存在于新闻媒体产业内组织之间且受到政策、大环境、区域经济等因素的影响。新闻媒体共生系统的构成要素主要有三点：共生单元、共生环境和共生模式。研究人员把整个体系中物质、能力和信息等的内容交换称作共生单元，把整个体系中共生单元之外的所有其他因素总和称作共生环境，把体系内各共生单元共生时所采用的模式称作共生模式。"产业共生"与"耦合"是共生理论中两个重要的概念。"产业共生"主要是指产业链上不同单元的副产品之间展开的合作，而"耦合"是指两个或两个以上的体系或运营模式之间相互作用、相互影响的现象。

产业共生也是一种和谐共生的关系，如图 3-2 所示。

电视新闻全媒体融合中，产业共生单元同样会依据其各自的新闻生产成本、新闻采集和生产过程中的交易成本、收益及市场结构选择是否进行共生发展。前面的概述及后续第四章的研究表明，电视新闻全媒体融合是大势所趋，只有融合才能共生发展。而在共生发展中，融合双方依据合理分工（媒体融合后的共生体统一安排新闻采集）及合作竞争（共同分享新闻素材，按各平台特色和需求制作新闻）的原则开展活动。合理分工是双方共生发展的原则，合作竞争是双方共生发展的动力,在这两者的相互作用下,共生系统将形成一种新的组织系统并最终实现共同进化,系统的协同演化又会进一步促进共生单元之间的共生发展。因此,可以认为产业共生本身也是一种和谐共生关系。

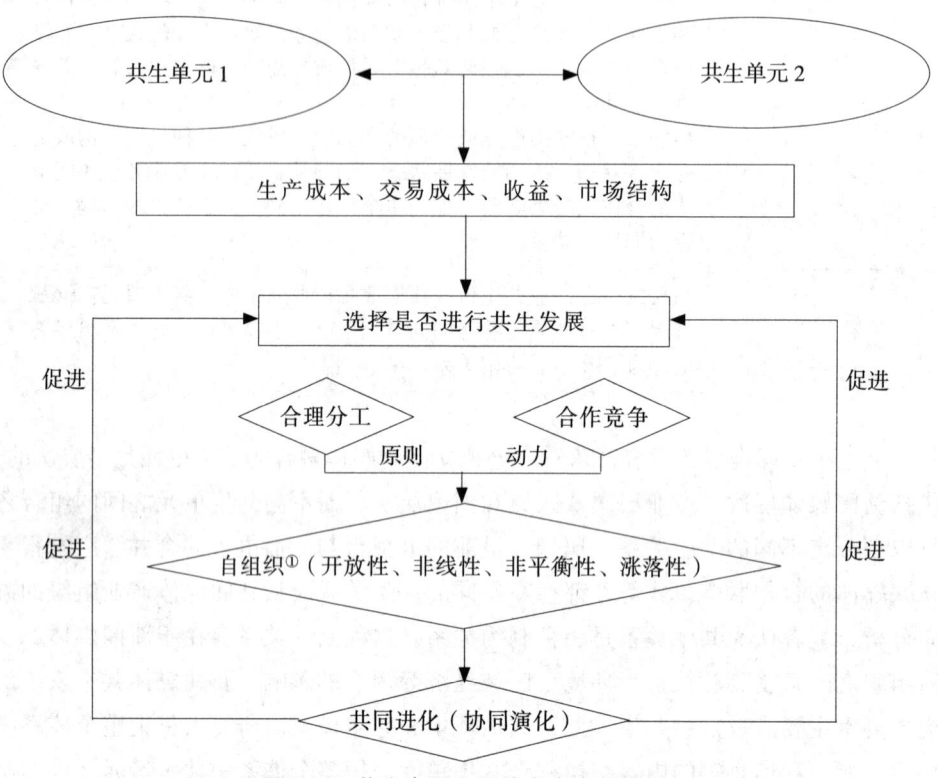

图 3-2　共生内涵之间的内在本质联系

资料来源:王珍珍等(2012)

① 自组织是一个随着时间变动、从无组织到有组织的动态演化过程,具有开放性、非线性、非平衡性及涨落性等特点。该过程是自发形成的,没有受到来自内部的权威控制及外力的干预,并且伴随着系统的动态演化,系统的有序度会增加,空间或功能上的自组织结构逐渐形成。

二、全媒体融合中的产业共生特征

经济学视角下的产业共生特征包括形成共生的群落性、系统内部的复杂性、资源使用的循环性、上下游产业的关联性和生产成果的增殖性。电视新闻全媒体融合是社会经济系统中的产业融合,同样具有经济系统中产业共生的基本特性,又保留了产业融合前的特色。这些特征表现在以下两个方面。

（一）共生群落的新闻资源优化配置效应

我国时下电视新闻的全媒体融合最为典型的是"两台合并"，这是一种所有权的融合。国外早在20世纪90年代就有了广电报的所有权融合模式，从适度规模经济及媒体融合的大趋势看，广电报媒体融合也是我国新闻传媒业未来的发展方向。此外，在所有权融合的基础上，必须与新兴媒体融合（合作联盟）。媒体融合后形成了新的"生产群落"，按照融合新闻的生产模式进行新闻资料的统一采集，资源共享，按各平台的特色和需求生产、加工和传播信息，从而最大限度地降低了新闻采集和利用的成本，达到资源的优化配置。在这条新闻生产的产业链上，同样的新闻可以从不同视角、不同层面得以客观诠释。比如，现场影像和图文并茂的新闻资料采集、客观报道，网络的快餐报道，专家或当事人做客演播厅的深层次报道等。"群落"的共生单元（广播、电视、报纸、新兴媒体等）各自获得规模经济和外部经济。

（二）全媒体融合下的共生融合新业态

产业共生的一个重要特性就是融合性，它以形成新的产业业态为根本标志，关注产业创新及其价值增值过程中的业务链接关系。在实现方式上，以技术互补、产品供需、业务模块的组合促进这种共生视角下的融合。电视新闻的全媒体融合从新闻运作的融合过程看，已形成了共生融合的新业态，即新闻素材统一采集，按各平台需求共享和制作不同特色的新闻并传播。这是单个新闻单元前所未有的新的业态，是一种创新。而各新闻业务单元之间创造价值增值的过程有一定的制衡规则，如在美国媒介综合集团就是典型的个案。在产业共生的框架下，媒体融合是各媒体单元共生的前提，没有这种全媒体的融合，也就不可能产生共生。由融合之后的共生而定义的融合，是与新业态下远大于未融合时单个新闻单位的新闻价值创造和实现的属性相联系的。因此，共生意义上的全媒体融合是以价值共创为基本前提的。

产业共生的新闻资源使用的循环性。经济体系中产业共生系统的资源使用循环性特征在于，把传统的"资源—产品—废物"物质单向流动生产过程，重构成"资源—产品—再生资源—再生产品"的反馈式流程和"低开采、高利用、低排放"的循环经济模式，使经济系统和谐地纳入自然生态系统的物质循环过程中。在这个产业发展模式中，每一个生产过程中产生的废弃物都可能变成下一生产过程的原料。电视新闻全媒体融合后的产业共生同样会产生新闻资源使用的循环性，典型的案例是日本的NHK电视台。NHK在媒体融合中充分利用技术进步推动新闻信息资源整合和循环利用。他们建立了音像资料中心，构建了信息资源库，经常利用信息资源库的素材进行加工和策划，然后通过手机电视、网站及针对特殊人群，如残障人士的广播电视，实现信息的分发和重组。这种做法正是产业共生所产生的循环结构的新闻业务流程，它使新闻信息的价值得到重复开发、利用和充分传播，使新闻信息传播的深度和角度多元化。

基于产业共生的新闻产品的增殖性。在生态经济中，产业共生体的目标是在减少污染、节约资源、保护环境的基础上实现互利与共赢，取得增殖效应。它摒弃了传统产业发展中把经济与环境分离，使两者产生冲突的弊端，真正使发展经济与环境保护有机地结合起来。这种共生系统所带来的实质环境改善和经济效率提高是其得到推崇的根本原因。在电视新闻媒体融合后产生的产业共同体中，一条新闻可以在同一时间段，以不同的方式、从不同的角度、以不同的深度广泛传递。这就是时下的电视新闻媒体融合的基本环境。诚然，在当下"摸着石头过河"的电视新闻全媒体融合过程中，探索过程出现的"低效率"不可避免，但"正能量"的增殖效果依然处于主流地位。例如，2015年6月初，"东方之星"客船在长江上发生翻沉，新兴媒体为公众提供的参与救助、送温暖、献爱心、追哀思的微博平台，发扬了国人一贯的团结友爱、无私奉献的精神，弘扬了社会正能量。从产业共生视角看，这就是新闻产品的增殖性。充分体现了新闻媒体舆论引导能力的社会价值以及媒体融合后新闻传播的伦理和责任。

三、全媒体融合中产业共生的优势

电视新闻全媒体融合后具有了产业共生的特质，它在新闻媒体单元之间建立了"新闻产品生产者（媒体人）—传播者（新闻媒体机构、平台、公众）—消费者（公众）"这样一个特殊的生态产业链，形成了一个前所未有的更大空间的合作网络。这种全方位的网络合作必将产生新闻的生态效应。

（一）产业共生促进新闻传媒业协同发展

经济领域的实践表明，产业共生将产生协同进化效应。随着电视新闻全媒体融合下产业共生的新模式的组建和运行，新闻媒体各单元间形成了新闻产品的采集、生产、传播的协同运作新格局。新闻传媒产业链上的这种新的运作模式将协调产业群落各新闻媒体单元的行为，使共生单元和系统的共存关系更有效、更合理，尽可能以最佳的方式协同演进。这是电视新闻媒体特定时空条件下的必然进化过程，也是现阶段电视新闻全媒体融合共同演进、发展、适应的共生本质。媒体融合之后的共生单元想要获得良好的进化路径离不开产业共生，在产业共生的作用下，各共生单元实现了融合之后的相互激励。与以往独立进化的方式相比，融合进化结果有望获得新的媒体单元形态，甚至有机会获得新的共生形态和结构。

（二）产业共生促进新闻资源充分共享和合理利用

与经济系统中产业共生单元之间的关系类似，媒体融合后生成的各共生单元可以实现新闻资源的充分共享和合理利用。例如，英国的BBC电视机构成立了由记者、摄像和制作人等3 000余名工作人员组成的多媒体编辑部。所有经采集的新闻素材会统一汇集到该编辑部的内容库，供各渠道加工、使用。当然，媒体融合后所形成的新的媒体产业不仅包括了丰富的、多种形态的各种共生单元，也囊括了新闻媒体的消费者——社会公众。除了各媒体单元可以共享和利用新闻资源，社会公众这样一个特殊的共生单元，同样可以充分享有新闻媒体的资源。BBC引入了集传统编辑、互联网功能于一体的开放式系统Journalism Portal，该系统中设置了各种论坛，体现了新闻视角下的社交媒体功能。这也正是电视新闻全媒体融合后产业共生的又一优势，新闻资源可以在共生群落内外得以合理配置、自由流动和有效运用。

（三）产业共生促进新闻媒体单元形成"排劣性"竞争

与经济系统的产业共生相似，电视新闻全媒体融合后形成的产业共生反映了媒体系统内各媒介单元之间的一种相互依存关系。以往的新闻单元之间的竞争往往是"排他性"的，而融合之后基于新闻资源共享的媒体单元的竞争，则呈现一种"排劣性"。这里所说的"排劣性"并不特指排除以往同一新闻不同媒体的同质报道，乃至形成的恶性竞争，而是指媒体融合之后分工协作、优势互补，新闻生产和报道的最佳排列组合。融合之前的新闻媒体单元各自为政，对同一新闻都期望全方位地完整报道，并排斥异己，但往往事与愿违。电视新闻全媒体融合后，新的产业共生体的共同规则更为公平、公正、合理。在此框架下，同一新闻的报道协调分工，以不同方式，从不同视角和不同层面，全面、完整地系统报道，且透明规范。如果某一环节出现异议，就将意味着这则报道不完美或者不完整，而"规则"则会起到制衡作用。比如，美国媒介综合集团就设立了对新闻采访、报道和记者日常行为的相关规定和受众调查机制。任何受众都可通过集团中心的联系电话、电子邮箱及网站专页的"公众之声"，对新闻节目提出质疑、问题和建议，并能得到一对一的回答和解释。这正是"排劣性"的具体体现，旨在形成公平、公正和合理的共生文化。

第三节　全媒体时代的合作与演化

电视新闻的全媒体融合尽管是全球化媒体融合大背景下的趋势，但融合必然导致各媒体单元原本的结构和利益产生或大或小的震荡。融合之初的各利益主体并不能真正感知融合所带来的大于各自独立时的利益或融合产生的外部经济性。因此，博弈是必然存在的。从其他国家媒体融合的实践看，这种博弈主要是合作博弈。随着媒体融合的不断深化，尤其是传统媒体与不断进化的新兴媒体的融合发展中，与时俱进的新的媒体环境总会在不同阶段出现演化，而这也将引起新的博弈，即演化博弈。博弈理论（Game Theory）为解释理性个体之间的交互行为提供了非常有效的理论框架。其内在含义是，在特定条件和特定规则下，理性个体（包括个人或组织）同时或先后、单次或重复，从各自可行的策略中做出抉择并实施。博弈论已被广泛应用于生物、经济、信息、政治等学科领域，它将会很好地诠释媒体融合中博弈的丰富内涵和内在规律。

一、全媒体融合中的合作博弈

在博弈理论研究中，与非合作博弈相比，合作博弈的研究较少。合作博弈理论强调参与主体的理性，其以各行动主体之间存在可以实现交流的介质如协议、承诺或威胁为前提条件，讨论各行动主体间的合作博弈结果及其获得的效用。在电视新闻全媒体融合中，无论是本书研究的所有权融合还是与新兴媒体的合作联盟融合模式，参与融合的主体（媒体组织的承担者）都是具有理性的。从我国广播与电视"两台合并"的发展状况看，自2006年国家新闻出版广电总局对"两台合并"工作做出部署开始，截至2014年4月23日，由5家单位整合成立的广东广播电视台正式挂牌后，内地除西藏、新疆（未列入文化体制改革范围）外，只有5个省份尚未完成合并。

由此可以看出，电视新闻全媒体融合是时代发展要求，也是国家意志。参与主体是理性的，且是有前提条件的，所有参与融合的新闻媒介机构都极为关注融合后所获得的效用。

在合作博弈理论中，联盟分配解、Shapley值及核心、稳定集、A-M谈判集等概念是需要我们着重关注的重点概念。事实上，在电视新闻全媒体融合过程中，这些概念始终存在。理论上，我们也可以把合作博弈称作正和博弈。在正和博弈的驱使下，参与主体之间可以承诺、缔结合约或者威胁，但是这些措施具有完全的约束力，可以对参与主体进行强制执行，从而使参与主体的所得具有帕累托改进性质，那我们就可以把这种合作或妥协的行为称为合作博弈。在合作博弈中有一个最为明显的特征是，本次行为要使博弈参与者产生合作剩余，这种合作剩余从博弈中引出，并渗透到整个博弈参与主体的分配中。博弈各方通过策略、技巧或者自身实力在讨价还价中最后获得一个约束双方的协议。综上分析，电视新闻全媒体融合中合作博弈的条件及形式如下。

（一）电视新闻全媒体融合的合作条件

依据合作博弈理论，合作条件有两点：第一，媒体融合后各媒体单元的整体收益应大于各自单独经营时的收益之和；第二，各参与方在融合后所形成的新的媒体机构内部，应存在具有帕累托改进性质的、强约束力且可强制执行的分配规则。从国外已有的成功经验及国内已实施两台合并的融合情况来看，电视新闻全媒体融合已经获得了或多或少的成效，即这种融合行为存在可转移支付（收益）。正是因为存在这种可转移支付，融合成员之间的资源重配、收益分配成为可能，并可促使融合机构的存在、巩固和发展。

（二）电视新闻全媒体融合的合作形式

按照合作之后（全媒体融合）的收益变动情况，合作博弈有本质性和非本质性之分。设 N 为电视新闻全媒体融合参与者的集合，S 是 N 中的一个子集（$S \subseteq N$），$V(S)$ 是定义在子集上的函数。如果存在 $V(S) \leq V(i)(i \in S)$（即全媒体融合后收益不一定增加），则称该合作博弈是非本质的；如果 $V(S) > V(i)(i \in S)$（即全媒体融合后收益有所增加），存在净增收益的融合，则此合作博弈是本质的。

二、全媒体融合中的演化博弈

虽然在过去的几十年里，相关学者和从业人员不断地对博弈理论进行体系完善，对其中的一些概念，如静态博弈、动态博弈和重复博弈等进行了实践运用，但是笔者认为整个博弈理论中的假设条件和解的概念还没有得到完善的处理。比如，作为传统博弈论的基础——完全理性，在现实的媒体融合过程中，参与主体基本上很少能做到这一点。因此，当我们在全媒体融合过程中面对比较复杂的决策问题时，首先需要解决的便是媒体融合参与者的理性局限性。在这种背景下，基于有限理性的演化博弈理论应运而生。与传统博弈论不同的是，演化博弈理论的关注重点在于动态的平衡。演化博弈理论认为在外部环境和博弈局面的影响下个体间的相互作用会产生改变，因而，整个博弈过程会呈现出一种动态变化的趋势。总的来说，演化博弈论具有三点特征：第一，演化博弈会对博弈过程中的外部环境和博弈局势的变化进行考察，并将这种考察贯穿整个动态演变过程；第二，演化博弈论认为群体的演化既有单一性又有突变出现，而这一点也符合演化博弈的随机性和规律性；第三，演化博弈论认为群体的演化既有迹可循也暗含突变的可能。从现有媒体融合发展情况看，电视新闻全媒体融合中的演化博弈同样具有这些特点。

20世纪70年代，学者史密斯最早提出了演化稳定策略。他对生态现象进行分析时获得的这一概念开始让人们对博弈理论完全理性的假设提出了质疑，并最终脱离了该理论的桎梏。由此，越来越多的学者对演化博弈论产生了研究兴趣，演化博弈论获得了巨大的发展，逐渐走向完善；到20世纪90年代，演化博弈理论的整体框架和应用范围已经非常成熟，并逐渐深入社会经济活动的各领域。电视新闻的全媒体融合是经济活动的一个独特领域，随着媒体融合的不断发展，所有参与融合的机构仍会继续发生相应的演化博弈行为。

演化博弈论认为，演化博弈是在特定种群中进行的，该种群中的成员之间以某种方式相互联系。电视新闻全媒体融合后新的组织结构正是以新闻的采集、生产和传播为主旨活动的特定群体，该群体中的各媒体单元以协同工作、优势互补、排他竞争的方式相互联系。这种新的组织群体内呈现一种良性的竞争机制，每个媒体单元乃至每个媒体人都以一种排他性的方式竞争，这事实上也是一种博弈，这种博弈可称为全局耦合。同时，这种博弈在媒体融合形成的特定群体中具有重复博弈性质，整个博弈的参与者们均为有限理性，这些参与者只能在不断的博弈过程中提升自身的博弈能力，这种博弈状态是随机的，具有一定耦合性，学者们一般称之为优胜者策略。演化博弈论中的适应度是一个非常重要的概念，其重要性可以和传统博弈论中的收益相媲美。适应度是指博弈者采用的策略与博弈局面、博弈环境的适应程度。显然适应度更高的策略更应该也更可能被最终实施。在这种不断的演化和学习过程中，博弈系统最终会形成一个稳定、均衡的策略，即电视新闻全媒体融合发展达到一种良好状态，这种策略被称为演化稳定策略。

第四章　媒介融合背景下社会化媒体发展与营销

第一节　社会化媒体的基本概念

社会化媒体，是指人与人之间用来分享经验、观点、见解以及意见的平台和工具。作为一种新型的在线媒体，它能够为用户提供极大的参与空间。在现实生活中，每一种社会性活动均会有社会化的用户产生内容的网站。从用户角度来看，越来越多的人参与到社会化媒体中去，而对于企业来说，发展社会化媒体也是必然趋势。

一、社会化媒体的特征

（一）公开性

绝大部分的社会化媒体服务均可以供人们免费使用与参与，并且鼓励使用人群在社会化媒体上分享信息、评价与反馈。除受保护的内容以外，社会化媒体所提供的内容几乎可以让使用者无障碍使用。

（二）参与性

社会化媒体能够激发感兴趣的人主动地进行反馈和贡献资源，模糊了受众与媒体的界限。

（三）连通性

绝大多数的社会化媒体均有强大的连通性，其可以通过链接、整合，将多种多样的媒体融合成一个整体。

（四）社区性

在社会化媒体中，人们可以用建立社区的方式对感兴趣的内容进行有效的交流和沟通。

（五）交流性

传统的媒体是通过"广播"的形式将内容传输或散发给用户的一种单向的传播方式，而社会化媒体的主要优势则是信息的双向性传播与交流。

二、社会化媒体的基本形式

（一）电子邮件

电子邮件曾经使远程的邮件传输成为可能，当今社会对邮件的应用也是互联网中最为普及的，也是网络社交中沟通的起点。当人们无法见面时，除电话与写信之外，邮件是最为方便、低成本的沟通、交流方式。

（二）社交网络

人们通过社会化网络网站的方式创建个人主页，与亲友之间进行信息、资讯的分享与交流。在2007年10月25日举行的艾瑞Web2.0暨互联网投资年会上，校内网一举获得年度最佳Web2.0学生社区类网站的奖项。受国外婚恋网站的影响，我国的婚恋网站自2005年起也逐渐发展起来，包括百合网、世纪佳缘等300余家婚恋网站不断涌现。

（三）内容社区

内容社区是指组织和分享某个特定的主题内容的社区。流行的社区通常都集中在视频、书签以及照片等内容中。而人肉搜索是利用现代信息科技，将传统的网络信息搜索转变成新型的关系型网络社区活动，将以往枯燥的查询过程逐渐转变为人性化的搜索体验。当社会新闻中的某个个体在论坛中引起人们的争议时，常常有人就会倡议使用人肉搜索，通过网络将相关人员的信息从各种渠道中全部查出并公布于网络上。在此过程中，参与者均是互不相识的个体。

（四）维基（Wiki）

作为一种可以多人协同合作的写作工具——Wiki，可以由多人共同维护，其中的每一个人均可将自己的意见发表出去，或者是针对一个共同话题进行讨论以及扩展。

Wiki是一种超文本系统，作为面向社会群体的一种协作式写作，它还包含一组辅助工具来支持写作。有学者认为，Wiki是一种人类的知识网络系统，人们可以在Web的基础上，对Wiki文本进行创建、浏览以及更改。值得注意的是，与

HTML 相比，Wiki 的创建、更改、发布的代价较小。与此同时，Wiki 系统还可对面向社会群体的协作式写作系统提供必要的帮助。此外，通过 Wiki 写作的使用者自然地形成了一个社会群体，而 Wiki 系统为他们提供了一种较为简单的交流工具。由此看来，Wiki 系统与其他超文本系统相比，其开放、方便的使用特点更为吸引人。因此，Wiki 系统可以为人们在一个社会群体中实现某些领域的知识共享提供帮助。

（五）播客

播客是指通过 Apple iTunes 等软件订阅相关音频以及视频内容的社会网络工具。

（六）论坛

作为一种可以在线讨论的媒介，论坛常针对某一特定的话题。传统的 BBS（论坛）是最早出现的社会化媒体，也是最流行、强大的在线社区平台。艾瑞咨询集团的一项调查报告显示，有 36% 以上的中国网民每天会有 1～3 小时在网上，有 44% 以上的中国网民每天会有 3～8 小时在网上，有 15% 的中国网民每天会有超过 8 小时在网上。

（七）即时通信

即时通信是指通过即时通信软件 QQ、MSN、微信等进行网络交流、沟通。即时通信软件已经成为我们生活和工作中不可缺少的伙伴，它们在不同人群中进行细分，让使用者获得多元化的体验，可以用于工作、生活以及玩游戏、做生意。

三、社会化媒体的发展

（一）播种时期（1979 年）

1. 新闻组

新闻组由 Tom Truscott 与 Jim Ellis 在 1979 年最初设想，用户可以将公告（称为"新闻"）或文章张贴到新闻组中。

2. 留言板（BBS）

20 世纪 70 年代末，第一个 BBS 出现了。起初 BBS 仅建在个人计算机上，使用者可以通过主机的调制解调器拨号进入，并且只允许一个人进入。但不可否认的是，BBS 是最早允许使用者登录并可以与其他人交流的一种网站。

3. 在线服务

在 BBS 之后，出现了一系列在线服务类网站，如 Prodigy、CompuServe，代表了真正意义上的首次通过互联网的"合作"。其中，Prodigy 致力于使在线服务变得价格低廉，而 CompuServe 是第一个植入聊天程序的网站。

(二)萌芽时期（1980—1989年）

1. 即时通信

IRC（互联网中继聊天）主要是基于UNIX，且限制大部分人的访问，可用于链接、文件的共享与其他方面的联络，它产生于1988年，是即时通信的鼻祖。ICQ作为第一个即时通信的PC程序，则开发于1990年，它增加了头像、表情以及缩写词等内容。之后，即时通信的客户端如雨后春笋般不断涌现。

2. 交友网站

交友网站常常被认为是出现最早的社会化网络，允许用户对配置文件进行创建，并且与他人直接进行交流与联络。

3. 论坛

在社会化媒体的演进过程中，网上论坛起到了非常重要的作用。它由BBS演化而来，有友好的网络界面，非技术性访客也可轻松使用。

(三)洗礼时期（1990—2003年）

1. 社会化网络

真正的通用社会化网络——Friendster，在2002年创建。LinkedIn是商务用途的社会化网络之一，它出现于2003年。MySpace创建于2002年，到2006年，已是当时世界上最为热门的社会化网络。

2. 利基社会化网络

伴随着社会化网络数量的不断增加，针对特定用途的利基网站也随之出现。在当今社会，关于每一个网络营销、兴趣、爱好组织的策划，都有特有的专属社会化网络站点。例如，建立利基网络的平台——Ning不仅拥有极强的自主性，付费之后，还可将属于自己的网络从其中分离出来，成为一种独立的网络。

3. 公司主办的社会化网络

有的企业建立起了社会化的网络站点。以Authonomy为例，这是一个网络写作站点，是由HarperCollins英国分公司创建的，吸引了全球各地的作家进行创作，并上传至网站进行分享。

4. 多媒体共享网络

我们所说的社会化媒体，并不仅指社会化的网络站点，除此之外，还包括信息、视频、照片的分享以及其他多种多媒体形式，而这些往往也是最受人们所喜爱的。随着不断地发展与创新，Flickr已逐渐成为一个社会化的站点，人们可以在上面添加好友、创建配置文件，也可将自己上传的照片整理成图像或是视频专辑。作为首个视频共享与托管的站点——YouTube，使用者可以将10分钟的视频上传至网络，并通过其平台进行分享，或是将视频嵌入其他网站之中。

5. 社会化新闻与书签

社会化新闻与书签站点的出现，为人们获取世界动向以及资讯、信息带来了一种全新的体验方式。使用者能够将自己所发现的有趣的新闻、资讯分享给更多的人，将信息传播得更广、更远。

6. 实时更新网络

社会化媒体新的准则即实时更新。2006 年，Twitter 的问世使实时状态的更新逐渐成为社交网站新的标准，现今实时更新几乎已经全部实现，并且均允许使用者在网站中更新实时的数据以及状态。其优点是让使用者与亲友之间可以不间断地保持联络，通过此种方式改善人与人之间的关系。

（四）成熟时期（2004—2010 年）

2004 年，Web2.0 概念的正式提出，成为社会化媒体诞生的最为主要的标志。而使用率最为广泛的 Twitter 与 Facebook 也都在此时期出现。Facebook 在 2004 年只是哈佛大学内部使用的社会化网络，后来迅速扩展到其他高校以及中学、商务等领域，并最终发展为全民社会化网络。

（五）大规模应用时期（2010 年至今）

2010 年至今，伴随着智能终端的逐渐普及，大量的社会化媒体应用也逐渐开始流行，微博、微信、陌陌等流行起来。

四、社会化媒体的基本功能

其一，社会化媒体形成越来越模糊的组织边界。以共同的爱好、特点形成一个社区组织，已经广泛出现在社交网络之中。这里所说的社交网络组织，不仅包括不同年龄段的人群，而且不会受到收入、性别、地理位置以及价值观的影响，以共同的爱好、兴趣为依托，通过分享的方式实现沟通与交流，从而联系成为一个整体。以美国苹果公司 iPad 的产品为例，其购买者自发组织起来成立一个 iPad 的俱乐部，而这个通过互联网形成的组织分布于世界各地，人数众多，他们通过网络将自己的使用感受进行传播，为苹果公司带来了非常大的口碑价值。

其二，社会化媒体能进行低成本的沟通。社会化媒体的沟通具有较高效率和较低成本的特点，这使建立一个社会群体的成本有所降低。在虚拟空间中，创建一个属于自己的社区或是社群非常简单，仅需一个步骤即可完成。人们可以通过网络，以不同的主题来建立不同的网络群组，并且可以加入其他的主题群组中。而在现实社会中，一个个体若想建立一个社群或是一个组织，是非常复杂的。

其三，社会化媒体可以进行极度细分，而且可以通过小规模的核心型人群来影响大规模的非核心型人群。现今，许多互联网公司均有使用者点评的项目。以淘宝网为例，每个购物者都可以在商品页面看到以往购物者对商品的具体评价，可以根据以往购物者的评价进行商品的选择，这也就是所说的在互联网上的意见领袖所拥有的核心价值。

其四，由于社会化媒体的社交成本更低，并且其社交圈范围更广，使个人影响力的门槛逐渐降低。在互联网创造的社区中，每一位使用者都可成为一个中心，能够以各种各样的技术工具与手段通过虚拟空间不断展示自己，并通过此种展示不断对身边的群体产生影响。而在以往的传统零售业中，各个消费者之间的相互影响力是非常弱的，他们通常在结账之后即刻离开，并不会与他人分享与交流商品信息。

其五，社会化媒体让人力资源更合理也更有效地发挥作用。以360安全卫士为例，周鸿祎认为，若要使每个个体集合成一个大规模的协同合作的共同组织，就需要将自身作为一个社区，其中的所有参与者都需要将他们之间的沟通成本缩减到最低，特别是让社区中每一位成员形成统一的价值观和思考理念，这样才会在事业发展的过程中，不计报酬地奉献出他们的能力以及智慧。

其六，社会化媒体对现代社会调查有着重要影响，它是现代社会调查的发展方向，并且对其研究方法进行了调整以提高其效率。在以往传统的研究方法中，电话访谈、问卷调查等不仅耗费人力物力，而且浪费了大量时间，所得信息、资讯也会受到时间与空间的影响，有一定的局限性。而现今，在社会化媒体的推动下，人们可以在网上社区展开问题以及资讯的探讨和研究，避免了以往传统媒介的烦琐过程，从而使社会调查变成一项轻松的任务。我们可以根据网络汇总的数据，来对社交圈的性质、信息传播的方式、友谊影响因素和人与人之间的结交方式进行统计，以发现规律，从而为大众提供更优的社会化媒体服务。

第二节 媒介融合背景下社会化媒体营销

一、社会化媒体营销概述

（一）社会化媒体营销的概念

社会化媒体营销，又称为社会化营销、社交媒体营销等，它是利用社会化网络，在互联网协作平台进行营销活动，以此扩展公共关系以及进行客服维护的一种方式。

在网络营销中，社会化媒体是指由用户遵循自愿原则提供内容的网络性质的综合站点。在这里，需要依靠社交思维能力来推动、开展营销工作。

（二）社会化媒体营销的特征

1. 以人为本

以人为本是最核心的特征。社会化媒体平台消除了企业与消费者之间的隔阂。也就是说，企业通过该平台与消费者直接交流，针对消费者所提出的具体意见与需求制定并实施相应的措施，对产品的不足之处进行改进，使消费者的个性化需求得到满足。将消费者作为中心，不断为其提供优质的服务，是企业提高产品销量的有力保障。

2. 真实可靠

在传统营销模式中，商家往往以博人眼球的画面以及文字吸引消费者。而在现今信息化社会中，则需要消费者参与其中，通过社会化媒体平台的转载与宣传得到消费者的信任。由此可以看出，通过社会化媒体营销的方式获取的营销信息，是可靠的、真实的，因此，其持续时间也相对较长。

3. 参与性强

社会化媒体营销的门槛低，而且企业与消费者可以免费参与。企业与用户也是相对平等地进行沟通与交流，并且企业希望消费者可以将使用产品的建议以及体验反馈回来，以促进企业对产品的改进。消费者通常可以在社会化平台上通过分享、评论、转发、回复等方式，将其使用产品的亲身感受与体验告知身边亲友。而传统的营销模式仅是单向传播，消费者只能被动接受，社会化媒体营销正是打破了此种营销模式，从而满足了消费者对于产品质量的表达需求。

4. 信息传播速度快

消费者与企业之间的关系是社会化媒体平台最为核心的内容。消费者通过社会化媒体平台将生活中的亲友、同学相互连接起来，并将有价值的信息通过平台传播出去，可以短时间内在网络上流行开来，从而影响消费者的现实生活。

5. 精准度高

在信息爆炸的当今社会，各种各样的信息纷繁复杂，而社会化媒体营销则可以为使用者有针对性地筛选营销信息。例如，某一网络消费者主动在平台上关注了某企业的产品，或是在平台上发表了对某种产品的需求意向，就会在短时间内收到与其关注产品相关的信息或是优惠打折的资讯。若该消费者有更进一步的需求，则会有专门的营销人员主动联系，为其提供专属服务。

6.趋势性明显

营销的形式多种多样，一个优秀的营销方案，能够与消费者产生互动。商家在营销过程中随时监测、分析市场动态，从中总结出营销的特点。目前，互联网已成为主流发展趋势，市场营销离不开互联网。国外的流行网站有 Facebook、Twitter 等，国内的流行网站有腾讯、百度等。同时，智能终端占据了绝大部分市场，一些手机 APP 也相继出现，网络营销衍生出新的营销方式，即 APP 营销。例如，手机中安装 58 同城软件，用户就可以随时随地查看相关信息；安装肯德基 APP，用户就可以用手机下单订购美食。社交网络属于网络媒体，营销人员利用社交网络展开网络营销成为当下流行的趋势。

由以上特征可以看出，在社会化媒体营销中，以人为本是最主要的特点，而其他特点均与其有着密切的联系。

（三）社会化媒体营销的运作

1.操作方式

（1）提高企业网络曝光率。许多企业在微博、微信、QQ 等社交媒体注册账号，然后发布新产品信息，让消费者快速得知产品的信息，这就是社交媒体的力量和作用。社交媒体拥有强大的曝光率，能够迅速向消费者传播信息资讯。

社交媒体的聚集作用，使企业拉近了与消费者的距离，消费者直接与企业沟通，这样对企业的营销作用非常大。

（2）增加网站流量。以往企业依托传统营销模式，在官网上发布信息，消费者在企业官网中输入关键字搜索出相关信息，参与阅读、购买。社交媒体的出现打破了传统网络营销的模式，企业利用社交媒体可以快速、直接地向消费者展示发布的信息，消费者迅速获得消息。可以说，社交媒体增加了消费者点击企业官网的频率，增加了官网的访问量。

（3）吸引更多的合作伙伴。社交媒体不仅有吸引消费者的作用，还可以吸引更多的企业合作伙伴，为企业带来更大的商机，方便企业拓展业务。多元化的业务种类可以更好地促进企业的长远发展。通过社交媒体，企业可以寻找到更多的合作伙伴，为企业的多元化发展奠定基础。

（4）提升搜索排位名次。传统的企业官方网站主要是发布产品信息，内容更新频率较低。在社交媒体中，企业与消费者、企业与合作伙伴的互动频率较多，来往信息更快，提升了消费者的点击量，搜索关键字也相对靠前。

（5）增加销售机会。零售、旅游、金融等多个行业在社交媒体上已抓住了商

第四章　媒介融合背景下社会化媒体发展与营销

机，如美团集餐饮、零售、旅游于一体，消费者可利用该平台获得信息。微信也是一个非常便利的社交媒体，企业利用微信注册公众账号，然后向朋友圈发布信息，感兴趣的消费者可以点击查看。这些社交媒体不仅提高了企业的销售业绩，也提升了企业的知名度与形象。

（6）减少企业的营销预算。相比传统营销方式而言，社交媒体营销资金较少，因有更好的开放性，可吸引大量的注册用户。企业在社交媒体上快速、低成本地发布产品信息，实现了高速率的传播。

目前，社交媒体的营销形式是多元化的，社交媒体联合了视频营销、病毒营销，多条营销渠道同时发力使营销达到最佳的效果。例如，2011年3月荷兰皇家航空公司开通迈阿密航线时，就在社交媒体上展开营销。航空公司首先在 Twitter 上向大众发起话题讨论，很快大众与航空公司产生了互动，紧接着，航空公司通过 Youtube 上传视频，向大众展示荷兰皇家航空公司的运营优势，宣传片的播放更是让大众了解、熟悉了荷兰皇家航空公司的详细情况。多重营销平台的综合运用，让荷兰皇家航空公司迅速走进大众视野，这种营销方式让一条新航线被快速推广，大大优化了荷兰皇家航空公司的品牌形象。总体来说，这是一次成功的品牌营销。

（7）促进具体业务成交。社交媒体并不只向大众宣传信息，它还能与大众互动。任何企业都要与大众互动，使大众了解企业动向，逐步将其变成忠实顾客。所以说，社交媒体也是吸引潜在客户的平台。

企业的营销团队不能只关注社交媒体的忠实用户，还要开发潜在用户，他们是企业无限商机的未来。一个好的企业营销团队在社交媒体上与忠实客户互动，同时关注潜在用户对企业或产品的动态，与之展开潜移默化地互动，将潜在关系发展成固定的合作关系，既是营销业绩实现的保障，也是营销团队的作用所在。对于企业来说，营销团队促成交易完成才是其根本的职责。

2. 企业实施

（1）社会化营销整合。互联网是一个开放的平台，消费者通过互联网了解企业的产品，企业在此树立品牌形象，从而使消费者与企业之间形成一个沟通渠道。网络品牌形象的构建可以实现企业品牌市场形象的拓展。

（2）建构品牌社群。如今，社交网络已经成为企业展开营销的主要平台，社交网络具有开放性、平等性的特征，它能够给企业带来巨大的商业价值，也可能给企业带来严峻的商业挑战和危机。因此，企业要学会运用现代化的社交网络平台构建一个安全、稳定、绿色的品牌社群。首先，企业要对社交用户这一生态环境有充足的了解和认知,其次,营销团队要制定严密的营销方案、规则,实现企业在社交平台上的品牌推广与延伸发展。一个企业要有一定的社会化参与,也要有严密的规则,这样才能帮助企业稳定发展。企业社交战略和发展规范目标的制定,可以帮助企业更好地管理网络平台账号,多平台账号的运营能够让企业多元化发展,提升工作效率,降低风险。

(3)企业全社会化社群运营管理。互联网是一个公众的开放式结构,企业可使消费者的身份不断变化,从最初的受众、顾客,演变为企业品牌的构建者、参与者。有人认为,企业的品牌与消费者是相互作用的关系,消费者认准品牌,品牌依赖消费者。

(4)品牌建设和电子商务的发展。一个稳定发展的企业必须具备前沿的市场观察力和业务数据的洞察力,这可以更好地帮助企业掌握消费者市场以及市场竞争情况,聆听社交平台中消费者的声音,从中发现有价值的信息,进而对其进行判断、整合,制定营销策略,展开最为恰当、合理的营销以吸引更多的客户。有一定规模的企业都有专门的营销团队或者公关团队,包括品牌战略策划师、文案撰写人员、文案编辑人员、信息构建专家、网站构建专家和维护团队,这些团队或者成员都是网络社交媒体平台的重要力量,他们以过硬的网络专业技能配合营销团队,洞察消费市场。总体来说,企业利用互联网能够更好地拓展电子商务市场。21世纪是电子商务的世界,企业必须紧跟时代的步伐,才能继续发展。

3.建立关系链

社会化媒体营销可以说是一种关系链营销,社会是由人和组织构成的,人与组织又形成了多种关系链。21世纪是一个网络的时代,人们的日常生活、工作被网络包围着,社会化媒体最不能缺少关系链。社会化媒体营销可以看作是一种社会化营销,其特点是信息的准确度和可信度高,企业只有充分利用用户社会化媒体的关系链,才能充分发挥出社会化媒体营销的优势。

社会化媒体营销具备增大营销内容的传播动力。企业要懂得运用关系链拉近与消费者之间的距离。企业的关系链建立是一个漫长的过程,后续的经营、维护也是一个耐心的过程。企业利用社会化媒体关系链传播品牌形象、产品信息,增大营销内容的传播动力是最大的难点。营销内容的传播形式多种多样,营销内容有趣、丰富才具有传播动力。企业要充分利用营销内容传播的优势,如在电视节目中播放广告,在微博或微信中转发广告,在街道宣传栏、大屏幕上张贴、播放广告等,这些都会提升企业产品的曝光度。

4.抓住重点

在网络发达的信息时代，社会化媒体营销逐步走向成熟的重点工作流程，第一，让消费者可以参与讨论；第二，向消费者发布和传播有价值的信息；第三，让消费者与企业产品产生相关联的话题；第四，企业与消费者要有互动，让消费者对产品产生亲切感。

5.评估方式

社会化媒体的评估分为定量评估和定性评估两种。

（1）定量评估。定量评估包含以下五个指标。

① 曝光次数：指用户的阅读数量、点击数量、转载数量以及回复数量的数据。

② 广告当量：总结统计营销活动中的精华、置顶内容的总量，计算出传播网站的报价费用，得出广告的附加值。

③ 单人点击成本：计算企业或产品的曝光次数平均值，评估此次单人点击成本。

④ 转化率：前后对比用户对网站数据的使用、关注、访问次数，计算出转化率数据。

⑤ 第三方数据：对比谷歌、百度等数据，查看品牌或产品的知名度。

（2）定性评估。定性评估分为网络舆论分析和影响力分析。

① 网络舆论分析：需要从多个方面进行分析。第一，分析网络舆论的评论比率、网络舆论的正反面与中性评论的比率，评估舆论所产生的效果。第二，分析微博、微信、SNS等社交媒体的评论比率。第三，分析目前消费者关注的焦点，如产品的种类、产品的效用、售后服务等，分别从正反面与中性三个方面分析评论比率。

② 影响力分析：一是名人微博、微信。是否有名人微博或微信的转发信息，另外，这些转发信息是否经常置顶。二是媒体跟进。媒体是否经常性地关注企业发布产品的话题，媒体是否会进行二次播放。

6.营销误区

并不是不间断地营销都会产生良好的社会效应，企业要适度地营销才能收到事半功倍的效果。通常，营销误区包括以下几个方面。

（1）向顾客过分推销。如果企业在客户的微博、微信中频繁地发布信息，会使客户产生厌烦感，过分推销并不利于企业形象的树立，相反，会产生负面效应。

（2）依赖数据表现。许多社交媒体营销人员花费大量的时间与客户互动，这样过度地依赖数据通常会造成评估错误，影响企业下一步的营销策略。

（3）强调自我。在进行社交媒体营销时不要过度地强调企业，要用一个听众的心态聆听客户对企业或产品的意见，虚心接受客户的批评、建议。

（4）懒惰，行动迟缓。企业一个常犯的错误是发帖数太少。粉丝们喜欢媒体访问企业的页面，发现一些新的东西，即使数量不多。

（5）引起公众愤怒。企业在社交媒体中不要忘记低调谦虚的意义。太多负面的报道或者太多对愤怒评论者的敌视，无法提升公众眼中企业的形象。企业可通过邮件平息事态，也可以运用一些优惠承诺激励客户，或者运用客户服务至少让当事人冷静下来。

（6）因嫉妒而抄袭。总是想去抄袭竞争对手是不明智的，如果这样实施，那么可能会赶走已有的粉丝。

（7）刚愎自用。企业在社交媒体中需要有一个团队来工作，即使只是设计网页，也应寻求别人的帮助。通过粉丝获得灵感、信息甚至是帮助，这都能提升企业的形象。

（四）社会化媒体营销

社会化媒体营销包括以下7个步骤。

1. 明确营销的目标

企业在营销之初要弄清楚此次营销的目的是什么，了解消费者的需求，清楚地知道同行业竞争者的优势与劣势，自己在哪些方面可以战胜竞争者，明确利用社会化媒体提升哪个环节的形象，如推广品牌、宣传产品、收集客户资料、提高销售额度等。营销目标要明确，是短时间还是长时间进行营销，预测营销后会使企业的产品在市场上达到什么样的标准，以便后续营销策略的调整。

企业的整体营销目标必须要与社会化媒体营销目标一致，这样才能保证企业社会化媒体营销目标的正确性。有了清晰、明确的营销目标，企业才能准确定位营销对象，制定合适的营销策略或营销方案。然后，企业就可以结合品牌自身的优势、产品特色找到合适的目标消费群体与推广平台。

2. 分析归类顾客群体

互联网的快速度发展，加快了电子商务的进程，由于电商没有地域性，消费者会变得分散、不集中。消费者往往选择不同的平台网购，如小张喜欢在京东商城购买电器类产品，小李喜欢在唯品会上购买化妆品。每个电子商务平台都有自己的主打产品，这也是电商企业能够生存的保障。企业将平台定位的目标类型确定为什么，客户群就会出现在那里。

企业的营销人员要时刻关注目标消费群体与企业是否有相同的目标，不同的营销平台有不同的消费目标，只有了解了消费群体的需求，企业才能更好地拓展市场，推销产品。

企业的营销团队要将消费群体进行细致的分类，清楚每类群体的特征，了解每类消费群体的爱好，才能更好地宣传产品，做好产品定位。社会媒体营销的主体是消费者，针对不同类型的消费群体，提供不一样的服务。对于忠实的顾客，企业要提供全方位的服务，保持亲密的关系，利用营销策略留住顾客。因为忠实的顾客不仅自己会购买产品，还会向身边的亲朋好友推销产品，间接地充当了营销人员。企业还要注意潜在顾客的培养和转化，潜在顾客是企业未来不断发展、壮大的推动力。

3. 制定营销策略

企业要综合考虑营销目标、产品的特征，目标消费群体的需求，甚至还要考虑同行业的竞争趋势以及发展状态，制定最适合企业发展的目标以及营销方案。企业可以依靠自己的社会化媒体营销团队，或者寻找外面的社会化媒体营销团队，帮助企业制定营销策略。

社会化媒体营销是一个有组织的活动，企业要进行全方位的规划，在实践活动中制定详细的营销方案，才能达到营销的最终目的。

4. 选择社会化媒体平台

企业寻找到合适的营销平台是非常重要的。一般来说，企业在选择社会化媒体平台时，需要注意以下两点：观察平台的热度和观察用户的性质。社会化媒体平台热度不断在变化，发展形势起伏不定，热门的社会化媒体平台会聚集大量的网民。企业在选择社会化媒体平台前要研究当下火热的平台情况，如微博、微信等；要注意不同营销平台的营销群体状况，他们之间有哪些区别。目前来说，微博从诞生开始，经过几年的发展，迅速走进人们的视线，并成为当下火热的社交媒体平台。许多具有影响力的公众人物聚集在该平台，如明星、名人等，这类公众人物具有极强的社会号召力，每次在微博上发布信息都会引来网民的关注。在我国，几乎所有的电视台都有微博公众账号，通过微博官方公众账号发布新闻的最新动态。企业也相继效仿，在微博开设公众账号。同样，企业、个人、社会媒体等也开通了微信公众账号，与众多微信网民互动。针对不同的消费者提供不同的营销策略，可以帮助企业提高销售业绩，增强营销效果。企业根据自身的实际情况选择不同的社交媒体平台非常关键。对于企业来说，一个适合的社交媒体平台，可以帮助企业节约产品推广的时间。在日趋激烈的市场竞争中，谁的产品率先占领市场，谁就能创造销售佳绩。企业要注意保证不同社会化媒体平台营销的一致性，不断整合资源，这样才能创造销售佳绩。

企业在社会化媒体平台建立一个与消费者沟通的社交专属区域，以便加强双方之间的沟通，互相了解对方，生产、制造出更多符合消费群体的产品和提供更好的服务。社交专属区域也是一种社区分享信息的地方，可以及时帮助粉丝解决各种问题，获得较好的口碑，有利于企业树立良好的形象，也能够实现稳定的企业品牌营销。

5. 发布消费者感兴趣的话题和内容

企业的营销人员要有强烈的市场洞察力，了解消费者想要听到或看到什么样的信息，要善于捕捉社会化媒体受众的心理活动，才能吸引消费者关注。

社会化媒体交流内容可以影响营销效果，企业要明确发布产品内容的目的，并与消费者交流，这样才能吸引消费者参与其中，使消费者更多地了解产品或企业文化。企业的营销团队可以在社会化媒体上发布一些与产品相关的生活常识或者生活小妙招，与消费者分享生活故事。亲民的营销策略，拉近了企业与消费者之间的距离，这既是营销，也是娱乐。另外，企业还可以对发布的信息进行润色，以图片、动态图像、短视频的方式，提高信息的可读性，增强对消费者的视觉冲击力。如果只是发布一些文字信息，那么消费者会产生视觉厌恶感，时间长了，就会失去对文字信息的阅读兴趣，从而不再关注企业发布的动态。图文并茂的形式是消费者最容易接受的。

企业在发布文字信息时，尽量不要采用呆板、僵硬的专业术语，应多采用生活化的趣味用语，幽默、风趣的语言风格更能让消费者接受、转发。企业在转发时可以采用网络用语，展示企业对消费者的亲和力。企业利用社会化媒体平台，结合当下流行的热点话题与消费者互动，展开讨论交流，再转发消费者的讨论话题，与其他大众分享。对于企业的营销人员来说，不断完善传播内容才是关键所在，只有这样才能长时间地吸引广大消费者，刺激他们购物，达到营销的目的。

社会化媒体不仅是企业的营销工具，还是消费者了解企业的重要渠道，通过相关话题，双方进行沟通、互动，加强企业与消费者之间的联系。

6. 注重对消费者行为的分析与回应

企业可搜索关键字获取与消费者相关的话题或信息，不断跟踪消费者的购买动向，了解他们的喜好和兴趣，收集其信息进行研究讨论，时刻关注消费者潜在的动态，参与他们的互动话题讨论，并保持着联系，这是企业对消费者的反馈、回应。许多优秀的企业均采用这种方式进行品牌营销。例如，东风日产汽车营销团队的营销人员通过拦截式的营销方法，为顾客提供一对一的贴心服务。

企业必须在第一时间对顾客提出的问题给予回复，有求必应，无微不至的服务和专业解答可为企业赢得良好的口碑。用户购买了企业的产品之后，企业营销人员要随时跟踪顾客使用产品后的体验。如果用户提出了好的建议，要及时回复企业。企业要给予忠实的老顾客一些物质奖励或服务奖励，让顾客感受到自己受到特殊待遇。忠实的顾客会一直关注企业，第一时间转发企业发布的信息，继续购买企业产品。这类顾客会潜移默化地影响潜在顾客的购买行为，良好的口碑胜过一切的广告和宣传。

企业在推出新产品之前，可以将相关产品的信息发送给目标顾客，收集顾客的反馈意见，了解他们对产品的建议，以便及时改进、完善产品的性能，优化产品。

7. 营销效果的评估和调整

企业从众多网民的反馈意见中发现产品的缺点，从而提升产品的开发空间，研发新的产品，筹划企业的未来发展。企业只有对消费者提出的意见进行深度挖掘，才能创新产品。

企业可以通过自己的营销人员调查具有代表性的消费群体，测试营销的效果，也可以请专业人员调查营销效果，并制作出图表或图形，通过图表、图形的数据变化趋势分析结果，及时调整营销策略，完善销售计划，使新上市的产品适应市场需求。

（五）社会化媒体营销的优势

1. 准确定位目标客户

社交网络掌握着用户大量的信息，包括用户的年龄、工作、手机号码、个人喜好等，企业通过对用户信息的分析可以有效地判断出用户的爱好和消费习惯。互联网的高速发展，使社交媒体趋于移动终端化，方便了社会化媒体营销的目标客户的选择和定位。

2. 拉近与消费者的距离

互动是拉近双方距离的好方法。在传统媒体投入广告，根本无法达到企业与消费者互动的效果，而在微博、微信上发布信息，企业可以与消费者互动，讨论相关话题，和顾客打成一片。微博、微信还是一个天然的客户关系管理系统，企业通过与消费者互动，分析、发现消费者的心理动态，及时做出产品调整或创新，解决用户问题。

企业的官方账号在与顾客长时间的接触后形成了良好的关系，顾客就会把企业官方账号推荐给亲朋好友，无形中也传播了企业官方账号。

3. 低成本地进行舆论监控和市场调查

随着网络的普及与发展，社交网络大数据概念出现，如果企业能够细致地分析社交网络大数据，也能从中总结出许多有价值的信息。

第一，在传统营销中，企业是很难进行舆论监控的。现在，通过社交媒体企业能够实现低成本的舆论监控。企业有成形的危机公关团队，当社交媒体出现不利于企业的言论时，危机公关团队便可以在社交媒体中发挥作用，每一条负面消息都是从小范围开始向周围扩散的，企业的危机公关团队要随时监控舆论，一旦出现事故，就能够迅速做出决策反应，将对企业的不利影响降到最低。

第二，企业在社交平台上分析大数据，调查市场，从中可以获得用户的需求信息，为产品研发提供市场依据。

第三，社会化媒体增强了企业的市场传播力量。企业在社交媒体上可以拥有一个强大的粉丝宣传团队，这就为企业营销提供了便利的方式。例如，小米手机有庞大的粉丝队伍，这为小米的迅速崛起提供了强大的支持。

社会化媒体营销也有一定的缺点，它的可控性并不强，投入产出比不易计算。在网络不断更新进步的同时，社会化媒体营销的体系也在不断地完善，营销人员面临着更严峻的考验。

二、媒介融合背景下社会化媒体营销的新变化

郑永年提出的"科技赋权论"（Technological Empowerment）认为，在互联网这一公共空间，国家的力量和社会的力量正在转换。互联网产生巨大的"去中心化"作用，重构了国家和社会之间的关系。媒介融合的浪潮使传统专业媒体的战略设计与执行受到了冲击，新的信息终端层出不穷，传统的 AIDMA 营销模式逐渐被 AISAS 营销模式取代，受众获取信息、分享和口碑传播有了更多通道。

第三节 媒介融合背景下社会化媒体营销的优化路径

媒介融合改变了媒介原有的生存状态，带来了媒介的革命性变化。社会化媒体就是悄然兴起的一种强势媒介，大大改变了传统媒介的生态环境，也引起了市场营销体系的革新。紧跟传媒技术发展的潮流，积极把握、利用好社会化媒体，推进市场营销取得丰硕成果，已成为一个新课题、新任务。

一、建立社会化媒体营销模型

（一）社会化媒体营销的 AISAS 模式

1898 年，美国人刘易斯提出经典的 AIDMA 法则，引起各方讨论和关注。AIDMA 法则是以经济活动为背景，在传统营销模式下，企业向消费者输送信息。在这个阶段，消费者没有显示出个性需求，所追求的商品以大众化为主。

随着互联网的发展，AIDMA 模式不再适应营销活动。2005 年，日本电通集团

依托网络营销提出了 AISAS 营销模式。

AISAS 具有搜索、分享的特征。互联网让人们能够迅速了解所需的信息、产品和企业。企业开始向网络营销进军，在互联网上开设社会化媒体平台，并建立专区，提高企业或产品在网络搜索引擎的排名，让消费者最快速地搜索到企业或企业产品。

如今，众多网友在网络中都有自己的交际圈，他们互相分享生活、工作，也相互吐槽，拉近了人与人之间的距离。电子商务影响了人们的生活、工作，许多网民在网购时，会与商家沟通产品的情况，查看众多买家的评论，然后再决定购买。可以说，网民在网络中对产品的讨论趋于日常化。网民从众多买家购买产品后的评论中获得想要的信息，如果评论商品好的人数多，那么网民购买该商品的概率就大；反之就少。因此，企业非常重视消费者的评价，经常性地查看消费者是如何评论产品、品牌和企业形象的，这对于改进企业和服务有决定性的作用，更有助于提升企业的销售业绩。如果企业我行我素，不随时代、科技进步而调整营销策略，那么最终会被时代所淘汰。

营销的重要保障是关系，社会化媒体提供了广阔的平台，企业利用平台与消费者相互交流。营销并不是一次性的交易，企业与顾客要相互沟通，逐渐建立起信任，培养感情，然后再促进交易。消费者对品牌产生依赖后便会成为企业的忠实顾客。有调查显示，吸引一个顾客需要 1 分钟，保留现有顾客需要 10 分钟，甚至更长时间。由此可见，客户维护对于企业来说多么重要。

企业要想让顾客出钱购买产品，就必须赢得顾客的信任。目前，市场上相同产品非常多，顾客要从众多的商家中选择其中的一家购买，首先考虑的是商家的信誉、产品的质量。企业的网络营销人员一般会花费较长时间与顾客沟通，建立信任，让顾客了解产品的性能和质量，才能促成顾客购买的可能性。有责任心的网络营销人员会鼓励顾客参与商品的设计，使他们获得前所未有的满足感和设计感。这样，产品一旦上市，就会受到顾客的欢迎，如凡客诚品就做出了很好的榜样。

企业还要非常重视与消费者之间的互动。任何信任都是建立在沟通基础上的，营销人员要学会从网络信息中筛选出品牌的支持者，维护与消费者之间的关系，共同发展。

社会化媒体增进了企业营销人员与消费者的关系，使他们相互沟通，展开讨论。目前，微信成为最火的社交工具，它类似于 QQ，但又比 QQ 方便。企业在微信的朋友圈发布信息，也可以通过建立微信公众账号与消费者对话。

营销人员需要从社群中寻找出品牌的拥护者，并把他们聚集起来参与到品牌的建设中，共同创造价值。进入信息时代，消费者的注意力是稀缺资源，谁得到了消费者的关注，谁就开启了成功之门。企业无论采用哪一种营销方式，都需要与消费者建立亲密的关系。

哈贝马斯认为："人们之间的对话、交往行为才是真正的生产力。"他的行为交往理论是在资本主义劳动异化的背景下提出的，大机器生产使人们很容易被技术所蒙蔽，而忽略人的本质和愿望。哈贝马斯强调通过语言的平等交流，实现人们之间相互的理解。社会化媒体是人与人之间对话的场所，营销人员必须关注消费者之间的差异性，在平等友好的背景下与他们展开交流。无论是微博、微信还是其他的社会化媒体平台都是交往的媒介。哈贝马斯着眼于交往，通过人与人之间的交往构建理性的社会。根据哈贝马斯的观点，语言才是交往的基础。微信平台为客户提供了完善的语音功能，加强了人与人之间的语言交流。微信发展得如此迅速，其中一个重要的原因是加强了企业品牌与消费者之间的理解，建立了良好的关系，并不断地强化这种关系。社会化媒体营销的本质是以人为本，注重人与人之间的对话和交往，关注消费者的需求和情感沟通。从这个角度来说，社会化媒体有利于人的理性发展，将虚拟的网络世界变得真实，为人与人之间的交流互动提供了最佳的平台。

（二）社会化媒体营销的"4R"法则

目前，社交网络、微博、视频网站、移动终端占据着互联网市场，社会化营销已经成为当下时尚、火热的营销方式，在社会化媒体的作用下，人们提出了"4R"营销法则。

1. 建立信任关系（Relationship）

企业与顾客需要一定的时间才能建立起相互信任的关系，维护双方的信任也需要花费大量的时间和精力。企业必须建立起营销人脉关系网，利用社会化媒体让更多的顾客了解企业的产品。顾客与企业互动是巩固双方关系的基础。在交流互动中，企业要让顾客感受到自己是受到关注的。社会化媒体平台都开设了为粉丝送礼物、消费账单查询、爱好记录等环节，这是备受企业关注的。企业在粉丝过生日的时候，为其送上爱心祝福或关怀，粉丝也会被激发起购物的热情。

要学会从用户的角度考虑他们需要什么样的产品或服务，主动提供用户需要的内容。消费者可以利用社会化媒体挖掘有价值的信息反馈给企业，企业从中获得改进建议，有助于提升企业的产品质量。社会化媒体的焦点是消费者，越符合消费者口味的产品，越受欢迎。

企业应该多鼓励消费者参与产品的设计、开发过程，培养消费者的参与积极性，有助于消费者自觉主动为企业宣传产品。社会化媒体营销以用户为中心，易于吸引消费者。企业与消费者的沟通也是在向其传递信息的过程，这是一种心理营销策略。

社会化媒体营销利用真诚的情感关注消费者，然后逐渐攻破消费者的心理防线，潜移默化地吸引消费者。企业向精准定位的消费人群传播品牌信息和产品内容，使其产生依赖。在社会化媒体营销中，企业要暂时忘记与消费者之间是买卖关系，把消费者当作朋友对待，会收到意想不到的营销效果。消费者渴望利用网络获得知识，在社会化媒体中获得有价值的信息或内容。企业在与消费者的沟通过程中扮演着专家的角色，必须以专业的方式回答他们的提问，帮助其解决问题，树立企业的形象。社会化媒体营销可以传播多方面的内容，有价值的信息可以为企业带来丰厚的利润和效益，可以加强企业与消费者之间的联系。有价值的信息也更容易被消费者接受，然后继续传播出去。

2. 满足消费者娱乐（Recreation）的需求

现代人都有一定的生活压力，上网可以缓解他们的压力，可以发现很多有趣、好玩的新闻。人们都喜欢美的东西，社会化媒体营销可以发布漂亮的图片，制作视频吸引大众，优秀的营销作品要有趣味性和互动性。企业利用社会化媒体平台吸引消费者，就要不断完善营销内容，选择合适的时间发布用户感兴趣的话题或信息这样，可以起到较好的话题讨论作用。

企业营销的内容必须符合消费者的审美观，采用多元化的形式传播，这样才易于引起消费者的注意。企业要让消费者感受到营销内容的真实性，他们才会与朋友分享。企业要密切关注消费者的留言、讨论动态，对其感兴趣的讨论、话题进行总结分析。企业营销人员要考虑信息的互动性、娱乐性，使其快速传播。众多网民喜欢转发有趣味的信息或图片供朋友欣赏，营销人员要挖掘有关企业产品的小故事，配上图片、文字、视频上传到社会化媒体平台，与广大消费者互动。

企业营销人员在与消费者沟通时可以用讲故事的方式引起他们的兴趣，消费者会感到轻松，企业要善于发现消费者感兴趣的内容，在宣传时将这些内容加入其中，使发布的信息更加有趣。消费者喜欢谈论热点话题，为了夺人眼球，企业可以将时尚热点联系起来，发布消费者感兴趣的信息。

3. 不断革新（Reform）满足顾客的需求

互联网技术在不断更新，社会化媒体平台也在不断增多和完善。对此，企业要不断适应社会化媒体平台的变化，制定完善的产品营销策略，吸引更多的顾客关注。企业营销人员要坚持实事求是的原则，真实地表述产品的功能、质量，切勿夸张宣传。

在传统媒体中，营销人员只需按照自己的想法与要求传播信息，社会化媒体打破了这一规律。越来越多的营销人员利用图片、视频上传信息，利用社会化媒体向大众传播。社会化媒体营销向多元化的营销模式转变，也越来越倾向于年轻的消费者。因为年轻的消费者喜欢新颖、流行的东西。例如，现在的"双十一"，淘宝、京东、苏宁、易购纷纷推出优惠折扣活动，与顾客互动，共同促进消费。

4. 主动承担责任（Responsibility）

社会化媒体是动员社会的工具，企业参与的公益活动得到人们的支持，可以通过社会化媒体平台，实现企业与顾客之间的互动。在微博、微信上，企业经常与顾客互动，媒体也会跟踪报道。社会化媒体平台有极强的互动性，信息传播速度快，企业很容易在网络中向大众树立起良好的形象。

二、整合营销

随着个性化需求的不断增长，消费者希望听到多方面的声音，他们关注多家媒体，然后再对产品进行分析和全面的了解。

（一）充分发挥传统媒体的优势

1. 设置话题的权威性

21世纪，新媒体行业迅速崛起，各类型媒体发出不同的声音，而且话语权更加集中。尤其是一些新闻信息，多来自传统的媒体。传统媒体由于存在的时间比较长，内容权威，在人们的心中具有很高的威信。

2. 优质的内容

互联网中的信息量非常大，但有些信息无法辨别它的真伪。传统媒体具有很强的话题针对性，节约大众的阅读时间。

（二）挖掘社会化媒体的优势

1. 增强与消费者的交流互动

社会化媒体的优势是不需要经营实体，无须面对消费者，营销可以跨时间、跨区域，随时与消费者互动。相对于传统媒体，社会化媒体具有更大的整合能力，可以整合不同领域的消费者。通过社会化媒体平台，消费者与企业、消费者与消费者之间沟通、互动，提出问题，解决问题。企业借助社会化媒体的整合作用可以节省许多营销费用，通过社会化媒体营销还可以开发新客户、吸引新粉丝。在社会化媒体营销中，营销人员只要操作电脑便可以发布信息，与消费者互动，这是传统媒体营销无法做到的。

任何一位顾客都可以自由地在社会化媒体平台发表关于企业产品的言论，消费者所发布的产品信息会在社会化媒体平台上形成一个讨论群或者讨论话题，对于企业的形象塑造有极强的影响力。因此，要让消费者针对产品发布正面、表扬的言论，企业就必须以百分之百的真诚开发、制作产品。同时，企业也要懂得社会化媒体营销的方式以及策略调整，一旦网络中出现营销失误，企业营销团队要迅速进行公关处理，这也是企业营销团队的作用所在。

企业在做营销时，要以平等、真诚、开放的心态与消费者互动，满足消费者合理的要求，真诚地为消费者服务。传统的营销模式只是企业单向向消费者介绍产品信息，并未与消费者建立一种亲切沟通的渠道。而社会化媒体营销中的企业可以与消费者对话、互动，这是一种方便进行后期维护、有利于与消费者加强联系的营销方式。

社会化媒体营销中的企业可以利用平台与消费者长久地保持联系，在巩固老顾客的同时，可以开发潜在的顾客。企业可以通过鼓励新老顾客网上体验产品，向新老顾客合理、适度地推荐产品。企业还可以通过平台传播，寻找到更多的合作伙伴。

2. 通过消费者的体验提升产品的知名度

社会化媒体可以实现企业与消费者之间的互动，增加企业品牌或产品的黏性。如果消费者暂时不需要企业的产品，那么企业也应为其提供服务，耐心解答消费者的疑惑。营销人员要不断地将企业品牌的信念灌输给消费者，加深品牌在消费者心目中的印象，为企业提升知名度打好基础。

传统营销中的消费者比较分散，社会化媒体的消费者相对集中，在社会化媒体平台上聚集了一大批企业的忠实顾客，他们对品牌有多年的情感，在不断与企业营销人员的接触中，也会建立深厚的友情，为营销人员出谋划策，全方位地帮助企业更好地在网络平台上传播口碑。

社会化媒体营销在提升企业产品知名度方面起到了重要作用，消费者将好的产品向其他朋友或在网上宣传，这对企业来说是一种间接性的营销，可以为企业带来了更大的销量。

目前，市场已进入联合营销的模式，企业营销必须采取新兴的营销方法，由企业为中心转变为以客户为中心，实现资源共享、互补。

例如，"品味山东——全国名博齐鲁行"是一个集传统与社会化媒体营销为一体的活动。它由山东省网络文化办公室主办，邀请国内12位知名博主，包括人民网、新华网、山东省多家网站以及山东广播电视台等众多媒体参与，全程跟踪报道活动的内容。其最大的亮点是传统媒体与社会化媒体的有机结合，活动范围小、形式新颖、覆盖面广，各大新闻网站全天 24 小时实时报道，新闻广播热点追踪，网友和听众感受着视觉与听觉的盛宴。可以说，这种报道形式起到了非常好的宣传作用。

"品味山东——全国名博齐鲁行"展示了山东的特色，该活动强调消费体验，众多博主将自己的亲身经历拍摄下来，制作成视频传到网上，并在朋友圈传播，吸引了大量网民的关注和转发。同时，这一活动还在微博中传播，再次向众人展示山东的文化。另外，活动充分利用电视、报纸等传统媒体传播，起到了更加显著的宣传作用。新媒体与传统媒体的碰撞，吸引了更广泛的消费群体，使活动既赢得了营销口碑又取得了可喜的成绩。

第五章 贫困：一般分析及扶贫的主客体

第一节 贫困的内涵

一、贫困的内涵

贫困是一个动态的、历史的概念。贫困概念是由经济学、哲学、社会学等领域的专家学者，根据对历史和现实问题的系统研究，经历了不断深化、逐渐丰富和逻辑演进的历程总结得出的。根据贫困定义的范围不同，贫困的概念可以分为狭义贫困和广义贫困两种。

（一）狭义贫困

狭义贫困是指贫困的发生主要限定在经济领域，专指经济意义上的生存贫困或者物质贫困，即人的收入难以维持生活所需的最低限度的需求。早在1899年，英国经济学家布什和朗特里首次将贫困作为社会问题进行系统研究。他们在《贫困：城镇生活研究》一书中提出，贫困是总收入水平不足以获得仅仅维持身体正常功能所需的最低生活必需品（包括食品、房租和其他项目等），贫困线是指仅能维持生活支出的水平。汤森在他的《英国的贫困家庭财产和生活标准的测量》一书中指出："所有居民中那些缺乏获得各种食物、参加社会活动和最起码的生活和社交条件的资源的个人、家庭和群体就是所谓贫困的。"劳埃得·雷诺兹和保罗·萨缪尔森的研究都认为造成贫困的原因就是人们难以拥有足够的收入去维持基本生活。英国的奥本海默拓展了已有研究，认为，"贫困是指物质上的、社会上的和情感上的匮乏，它意味着在食物、保暖和衣着方面的开支要少于平均水平"。

坎贝尔·麦克康奈尔则在造成贫困的原因方面对贫困的定义进行了拓展，他认为，"贫困指的是个人或家庭没有必要手段来满足对食品、衣物、住房和交通等的基本要求的境况"。随着时间的推移，贫困的概念得到进一步深化和拓展。世界银行在《1981年世界发展报告》中指出："贫困是指某些人、某些家庭或某些群体没有足够的资源去获取他们那个社会公认的、一般都能享受到的饮食、生活条件、舒适和参加某些活动的机会。"世界银行在《1990年世界发展报告》中将除家庭收入和支出之外的社会福利、医疗卫生、受教育程度等都纳入贫困概念的界定中，将贫困定义为"缺少达到最低生活水准的能力"。欧共体委员会在《向贫困开战的共同体特别行动计划的中期报告》中也给贫困下了定义："贫困应该被理解为个人、家庭和人的群体的资源（物质的、文化的和社会的）如此有限，以致他们被排除在他们所在的成员国的可以接受的、最低限度的生活方式之外。"中国学者结合国内实际情况，从不同学科的角度出发，对贫困的概念进行界定。薛宝生从经济学的角度研究认为贫困是"反映人对资源的占有和利用受限制导致生活水平低下的状况"。江亮演从社会学角度研究认为，通常所称的贫困是指生活资源缺乏或无法适应所属的社会环境，也就是无法或难以维持其肉体性或精神性生活的现象。国家统计局《中国城镇居民贫困问题研究》课题组和《中国农村贫困标准》课题组通过调研提出，贫困一般是指物质生活困难，即一个人或一个家庭的生活水平达不到一种社会可接受的最低标准。他们缺乏某些必要的生活资料和服务，生活处于困难境地。

综上所述，狭义的贫困是可以用一系列经济指标衡量，能够直观反映生活水平，并随着时代发展不断变化的一个多维概念。对发展中国家而言，狭义贫困的概念更具有现实性和针对性。随着国际国内对贫困问题研究的不断深入，有的学者发现物质方面的贫困只是贫困的外在表现，而贫困的本质还具有更广泛的含义。

（二）广义贫困

广义贫困是指包括政治、文化、社会、人力资源等非经济领域贫困的总称。诺贝尔经济学奖获得者、印度著名经济学家阿玛蒂亚森首次对贫困的内涵从经济领域拓展到人自身发展的领域。他指出，"贫困最终并不是收入问题，而是一个无法获得某些最低限度需要的能力问题。能力不足是导致贫困的根源"。联合国开发计划署在1997年提出了"人类贫困指数"的概念，这个指标由寿命剥夺、知识剥夺和生活水平剥夺三部分组成。这个指标对贫穷的关注从经济方面扩展到了人的生活处境方面，认为贫困应包括政治贫困、文化贫困、社会贫困等非经济领域的内容。世界银行2001年发布的《2000年世界发展报告》指出，"贫困除了物质上的匮乏、低水平的教育和健康外，还包括风险和面临风险时的脆弱性，以及不能表达自身的需求和缺乏影响力"。将贫困概念拓展到人抵御风险的能力和自身发展空间。迪帕·纳拉扬将政治权利也纳入贫困的范畴中。联合国开发计划署在《人类发展报告》和《贫困报告》中有关贫困的定义认为，贫困指的是缺乏人类发展最基本的机会和选择（如长寿、健康、体面的生活、自由、社会地位、自尊和他人的尊重等），同时还包括个人收入水平、受教育程度、医疗卫生条件、不同性别社会地位和福利、全体公民是否拥有共同参与社会发展的权利和能力。

中国学者在充分考虑国家实际情况基础上，从造成农村和城市贫困的特殊原因出发，对贫困的内涵进行了拓展。董辅礽认为，除了生活需要造成困难的情况外，贫困还包括精神需求和社会需要不能满足的状况。童星、林闽钢认为，"贫困是经济、社会、文化落后的总称，是由低收入造成的缺乏生活必需的基本物质和服务以及没有发展的机会和手段这样一种生活状况"。康晓光和李军将是否拥有足够参与基本社会活动的机会纳入贫困的范畴之内。陈端计认为，"贫困既是一个经济学概念，又是一个社会学概念，它是经济、社会、文化等落后的总称，是由低收入造成的缺乏生活所需的基本物质和服务以及没有发展的机会和手段这样一种生活状况"。叶普万从造成贫困的制度性因素入手，指出制度和非制度因素是造成正常物质、精神需要无法满足的生存状态的原因。

广义的贫困是由经济、政治、社会、文化和心理等多种要素匮乏造成的，随着人类社会的发展进步形成的，具有继发性的一种影响人追求美好生活和发展的内在能力和外在环境的缺失。中外学者从非经济领域对贫困内涵的研究，使贫困的内涵日益丰富和完善，对各国扶贫实践的指导意义愈来愈强。

二、贫困的外延

（一）绝对贫困与相对贫困

一般来说，理论界与实践界通常根据贫困的程度不同，将贫困划分为绝对贫困和相对贫困两类。

绝对贫困的概念最早是由英国的朗特里和布什提出的。朗特里认为，绝对贫困就是低于维持身体有效活动的最低指标的一种贫困状态。这种最低指标"是勉强维持生存的标准而不是生活的标准。在确定这种贫困线时，运用的是最大限度节俭的原则。在对家庭生活做这种最低指标的估计时，应遵循这种规定，即除了为维持身体健康而绝对必须购买的物品外，其他一切都不能包括在内，而且所有购买的物品必须是最简单的"。鲁德斯研究指出，绝对贫困标准想要明确的是维持生存必需的、基本的物质条件。雷诺兹指出，"贫困最通行的定义是年收入的绝对水平，多少钱才能使一个家庭勉强过着最低生活水平的生活，这就是绝对贫困"。阿尔柯克认为绝对贫困是建立在维持延续生命最低需求基础上的客观定义。中国国家统计局提出，绝对贫困是指在一定的社会生产方式和生活方式下，个人和家庭依靠劳动所得和其他合法收入不能维持其基本的生存需要，生活不得温饱，劳动力的再生产难以维持，这样的个人或家庭称之为贫困人口或家庭。绝对贫困泛指收入难以维系基本生活，无法解决温饱问题，不具有再生产的条件。

相对贫困是相比较而言的贫困。鲁西曼和汤森德等学者对"绝对贫困"提出了质疑，根据这些质疑提出了"相对贫困"的理论。他们认为贫困源自对社会生活资源的占有，当穷人占有的生活资源相对较少的时候，他们就必然会丧失一些参与正常社会生活的权利，被剥夺一些常规的社会生活水平，这些权利的丧失和被剥夺，使得他们的生活水平远低于社会平均生活水平，就产生了相对贫困。马尔科姆·吉利斯将人们心理上对社会、政治、文化和权利的追求纳入贫困的范畴中，认为贫困具有相对性，穷人将参照群体向上层人物生活标准扩展，产生了相对贫困。阿尔柯克认为，"相对贫困是一个较为主观的标准……一个相对贫困的定义是建立在将穷人的生活水平与其他较为不贫困的社会成员的生活水平相比较的基础上的，通常这包括对作为研究对象的社会总体平均水平的测度"。世界银行也对相对贫困的内涵进行了界定："相对贫困是指某人或家庭与本国平均收入相比……相对贫困线随着平均收入的不同而不同。"童星等的研究认为相对贫困是能够基本解决温饱问题和维持简单再生产的生活状态，但总体上仍低于社会公认的基本生活水平，扩大再生产能力相对较弱。可以看出，相对贫困具有相对性、动态性、不平等性、主动性等特征，是根据不同层次人群的社会比较来确定，随着社会的不断发展而变化的一种状态。

绝对贫困和相对贫困并不是两个绝对割裂的概念，其内涵和外延均随着时代变化而不断发展。绝对贫困所依据的"维系生存需要"的范围随着社会的发展和进步在不断地扩大，这就使其具有了相对的意义。相对贫困则是在任何环境下都以相对社会平均收入的方式来衡量贫困，即生活普遍富裕的发达国家也会存在相对贫困——"丰裕中的贫困"。可见，绝对贫困是相对的，相对贫困是绝对的。

（二）能力贫困与权利贫困

能力贫困主要从贫困群体自身生存和发展方面的能力匮乏进行认识和理解，突出强调贫困群体在对物质资源或生产资料的获取和占有、经济发展机会的把握和成果的分享以及在整个社会中的生存地位、待遇等方面都存在"能力"不足的情况。阿玛蒂亚·森在1999年首次提出能力贫困的概念。他从一个人或人群应拥有的"基本可行能力"的角度出发,提出贫穷不仅是收入低下,而是对基本可行能力的剥夺;当一个人或人群拥有了发展和把握机会的能力,就可以发展和致富,反之则会贫穷。联合国在1997年的《人类发展报告》中指出,贫困不仅指低收入,也指医疗与教育的缺乏,知识产权与通信权的被剥夺,不能履行人权和政治权利,缺乏尊严、自信和自尊。世界银行在《2000/2001年世界发展报告:与贫困作斗争》中从能力的角度对贫困进行了新的界定,认为贫困是指福利的被剥夺状态。因此,经济领域量化的低收入只是贫困的表象,个体和家庭在财富创造能力方面的缺失才是造成贫困的深层次原因。国际、国内学者的研究表明,成长环境、受教育程度、经济环境和政治氛围都是影响人们创造财富的重要因素;能力贫困的发生又意味着困难群体营养不良、健康程度差、缺少受教育机会、政治权利难以实现、脆弱和恐惧的程度都将加深,从而形成恶性循环。

权利贫困主要从权利平等和社会参与条件平等的角度出发,针对社会中缺乏基本人权、政治、经济和文化权利保障的特殊人群提出的一种贫困状态。权利贫困的人群由难以享有与社会正式成员基本均等权利而被社会排斥或边缘化的人员组成。阿玛蒂亚·森是权利贫困理论的创立者,他突破了传统贫困概念的局限,不再将研究视野聚焦于经济领域,而是更多地关注到了政治、法律、文化、制度等因素对贫困的影响。他提出只有给予人们在行动上更大的自由,给予人们更多的选择,提供更多的机会,才能使人与社会自由地发展,才有可能从本质上消除贫困。权利贫困理论的研究将政治、心理、文化和制度等因素都纳入导致贫困的原因中,进一步拓宽和深化了贫困的概念,揭示了经济贫困表象下贫困的实质。具体而言,权利贫困理论更侧重于强调制度层面对社会部分人群的限制和歧视导致的贫困,即想工作和能工作的权利贫困人群难以获得相应的权利和工作机会。权利贫困的存在将导致部分具有工作能力的人无法得到公平公正的对待,无法正常参与社会生活,无法达到平均生活水平。只有让人们享有更大限度的行动自由,拥有更多的机会,做出更多的选择,才能从本质上消除贫困。

能力贫困和权利贫困都是贫困理论在非经济领域研究的突破和发展。能力贫困和权利贫困两者之间具有相互作用、相互制约的关系。能力贫困是造成社会绝对贫困和相对贫困的主要原因,而权利贫困则是形成贫困的根本和关键。只有从根源上改善社会环境和建立健全相关制度体系,从经济、政治和文化等方面进行高层次、多维度的水平提升和制度优化,才能有效打破阶层固化的现象,促进人的全面发展,有效实现困难群众长期脱贫。

第二节 贫困的标准

一、贫困标准

贫困标准即为测定贫困程度、贫困人口规模的衡量标准。我们反贫困需要有一个标准测定是否为贫困人口，是否为贫困地区，以确定是否给予帮扶措施或者判断一个地区的经济收入水平。这个评价标准在国际上又称为贫困线。

通常，我们理解贫困线为在一定的时间、空间和社会发展阶段的条件下，维持人们基本生存所必需的物品和服务的最低费用。在这个概念中，我们看到，它不仅体现在经济的绝对贫困方面，同样也体现在必需的服务方面。在这个层面上，可以认为，社会生活的各项基础设施服务、教育服务、基本医疗服务等内容都包含在内，也有学者称之为"发展贫困线"。由于各国、各地区经济发展不平衡，于是各国制定的贫困标准也不一样，这就使得在国际上各国实行不同的贫困标准。

二、国际贫困标准

世界银行所制定的贫困线分为绝对贫困线和一般贫困线两种，其中绝对贫困线为全球多数国家所认同而作为国际贫困标准。国际贫困标准的提出经过几次变化，最早可以上溯到1990年，由世界银行对34个发展中国家进行调研，并特别针对其中12个最贫困国家进行测算研究，综合多方面因素，提出人均日消费1美元的绝对贫困标准。

随着全球化的快速发展，各国经济水平、贫困状况都发生了巨大的变化，国际贫困标准自然也随之调整，世界银行在过去的20多年里，对其绝对贫困线做了两次修正。其中，2005年按照当时消费平均值和当时15个最贫穷国家的消费水平进行测算，将国际贫困标准提升到了人均日消费1.25美元。而2015年，世界银行考虑到通货膨胀因素又将该标准上调至人均日消费1.9美元。

由于实际情况不同，各国虽然较为接受和认可世界银行所提出的国际标准，但国际标准无法适用于所有国家，一些国家便根据自己的实际经济和社会情况，提出了自己的贫困标准，部分国家贫困标准如下表。

国家	贫困标准设定理念	贫困标准用途	具体标准
法国			每人每月 650 欧元,约合人民币 5760 元
越南			人均年收入 480 万越盾
巴西	有两条贫困线:贫困线和极端贫困线。这两条贫困线是根据 5 年的消费支出数据确定的,食品线根据食品价格指数调整,贫困线根据一般通货膨胀指数进行调整。极端贫困线是当前最低工资的 1/4。由于最低工资每年都变化,因此极端贫困线也就随之频繁变化。贫困线是按照最低工资的 1/2 来确定的	贫困线被用于许多项目	
澳大利亚	2009 年 1 季度墨尔本应用经济和社会科学院更新了贫困标准,该标准包括了住房成本		一个有 2 个孩子的家庭(指 2 个成人,其中 1 人工作,抚养 2 个孩子)的贫困线为每周 736 澳元。如果 1 对夫妇 2 个孩子,但是户主不工作,则包括住房成本的贫困线为每周 767.79 澳元。依据恩格尔指数计算,理论数值应为 3 倍的食品贫困线,即 $Z^{BN}=3Z^F$
美国	美国贫困标准设定更倾向于经济学统计,它所衡量的是某种特定的经济生活状态,是一种对最基本生存条件指标的量化	用于统计贫困人口数量、生存状态、人种、来源及其他社会、经济特征。不等同于社会救助标准	

三、我国贫困标准的不断完善

1986 年,中国根据自身国情首次制定贫困标准作为区分贫困人口、确定扶贫对象的重要参考依据,并根据经济发展水平和扶贫成效不断调整贫困基准。30 年来，由于扶贫工作不断取得重大成效，加之经济发展水平的快速不断提高，中国的贫困标准历经多次调整，逐渐向国际标准靠拢。中国贫困标准的制定和调整大致与国情变化相一致，充分考虑社会的承受能力和贫困人群的迫切需要。其变化过程总体可划分为三个阶段。

（一）第一阶段：优先解决温饱

1986年，中国政府运用恩格尔系数法，将每人每天摄入2100大卡热量划定为最低营养标准，结合当时的食品价格和最低收入人群的消费结构进行综合测算，确定1985年的农村扶贫标准为人均纯收入206元，当年全国农村贫困人口为1.25亿人。此后，依照物价涨幅不断进行调整，1994年调至440元。此后国家出台的《国家八七扶贫攻坚计划》，以此作为标准，测算出农村尚有8000万贫困人口，并提出力争在20世纪末基本解决这部分人口的温饱问题。到2000年，按照当时的贫困标准，全国贫困人口减少了4791万，贫困发生率降至3.5%，八七扶贫攻坚计划圆满实现预期效果。

（二）第二阶段：兼顾非食品需求

继《国家八七扶贫攻坚计划》取得成功后，我国的贫困形势发生了极大的变化，贫困人口大幅缩减。2001年《中国农村扶贫开发纲要（2001-2010年）》（以下称《纲要》）出台，明确提出要不断巩固现有温饱，尽快解决少数贫困人口温饱问题，为全面建设小康社会创造有利条件。同期调整了扶贫标准：一是将部分非食品需求纳入统计范围，考虑到贫困人口对于生活用品、医疗、卫生等实际生活的需要，在保留1986年标准的基础上，增加了低收入标准，并将2000年的农民人均纯收入865元定为低收入标准，共覆盖人口9000多万。二是实现了最低收入标准与扶贫标准的统一。将2008年1196元的最低收入标准确定为扶贫标准，并在2010年将其提高至1274元，2000年到2010年，贫困人口减少了6735万，贫困发生率降至2.8%，10年间基本实现了《纲要》对战略目标的设定。

（三）第三阶段：兼顾人的适度发展需要

继《中国农村扶贫开发纲要（2001-2010年）》战略目标的圆满实现，国家于2011年继续出台《中国农村扶贫开发纲要（2010-2020年）》。在新的历史起点上，综合国家经济发展水平、人的适度发展需要、政府财政供给等多方面因素，将扶贫标准上调至2300元，同2008年相比几乎实现了翻倍。伴随着贫困标准的上调，贫困人口也相应扩大到了1.6亿，贫困发生率也升至17.2%。截至2015年，按照当年的现价贫困线2855元来统计，7年间贫困人口减少了近一个亿，贫困发生率下降至5.7%，预计到2020年"两不愁、三保障"的预定目标可圆满实现。

纵观我国贫困标准的变迁历史，贫困标准在不断上调的同时实现了贫困人口的大幅减少。贫困标准的制定原则也由过去的确保贫困人口生存、保障食物供给向有助于发展、保证公民人格尊严的方向转变，且评估标准和手段均符合我国的基本国情和现实国力的承载限度。

第三节 扶贫的主体与客体

一、政府

扶贫，既是政府肩上必须承担的历史责任，又是政府发挥其社会治理职能的应尽义务。因此，政府在扶贫开发实践过程中扮演着十分重要的角色。就我国现阶段实行的扶贫体系而言，从中央到地方各级政府占据绝对的主导地位，在扶贫机构设置、扶贫专项资金划拨、扶贫项目设计与审批、农村基础设施建设等扶贫工作的各个环节中发挥着不可替代的核心作用。从制度层面上来看，目前我国所执行的多项扶贫战略都是在政府主导的基础上得以贯彻实施的，并逐渐形成"政府主导，社会参与"的大扶贫格局。因此，政府在扶贫工作中所处的核心地位及其所发挥的重要作用，决定了其必然是扶贫工作顺利开展的关键主体。同时，政府作为扶贫的主体之一，要掌控好扶贫工作中的"边界和力度"，避免出现管得过严过死的情况，充分调动其他扶贫主体的积极性和活力。

二、企业

各类企业是扶贫工作的重要主体之一，但明显有别于其他主体。企业作为经济组织，以盈利为出发点，以利益最大化为行事准则，企业参与扶贫工作是为了谋求自身利益。但是，谋利的目的性正是企业开展扶贫工作的最大优点。扶贫要求以项目带动贫困人口实现长效性脱贫，而企业为自身利益考虑，开展项目前会深入调研、多方论证，确保项目成功，为企业带来持续收益。因此，在企业的带动下，贫困人口也将获得持续的收益。企业为开发经济项目，会为项目承接地带来大量的资金、技术以及先进的理念，将有效推动贫困地区的基础设施建设，改善当地群众的生产条件和生活环境，创造大量就业岗位，进而盘活当地优势资源，并购买大量服务，促进贫困地区融入现代市场环境。在实现贫困地区和贫困人口与市场融合的同时，推动贫困地区人口在精神文化上融入现代主流社会，帮助贫困人口摆脱贫困，强化贫困人口的精神文明建设。

三、非政府组织

非政府组织以解决贫困群体所面临的最突出困难为切入点，以帮助贫困人口改善生产、生活条件为突破口，以特定贫困弱势人群为帮扶对象，帮扶措施具有极强的针对性，其作用在扶贫工作中日益突显。中国政府向来重视非政府组织在扶贫开发工作中的作用，早在20世纪80年代中后期就已正式出台政策，动员和组织非政府力量参与减贫斗争。目前，在扶贫领域比较有影响力的国内非政府组织主要有中国扶贫基金会、中国人口福利基金会、中华慈善总会、中国青少年发展基金会、香港乐施会等。此外，还有各民主党派的"智力扶贫"、全国工商联的"光彩事业"、共青团中央组织的"希望工程"、全国妇联的"连环扶贫"和"巾帼扶贫"。这些非政府组织为大量的贫困地区弱势群体提供了规模庞大的专项资金、物质、技术和专业人员，为贫困妇女提供发展资金，帮助大量贫困地区的学龄女童重返校园，为患有先天性残疾或其他重大疾病的贫困人口提供医疗救助等。非政府组织开展的各项帮扶工作，是扶贫工作的有效补充，是推动扶贫工作有效开展的重要力量。

四、贫困人口

贫困人口，一方面是扶贫工作的对象，是扶贫工作的客体，所有扶贫工作都要紧紧围绕贫困人口开展；另一方面，也是扶贫工作的重要主体，是扶贫工作成败的决定性因素。外因通过内因起作用，没有贫困人口积极主动地参与到扶贫工作中，扶贫措施和策略、扶贫政策和资金难以发挥实效，无法实现贫困人口的真正脱贫。贫困人口作为扶贫工作的直接对象，就要求扶贫工作的任何环节都不能脱离贫困人口的实际需要和具体情况，抛开贫困人口单方面制定的脱贫措施、开展的扶贫项目都难以取得切实的成效。贫困人口也是扶贫工作的重要参与者，他们既是各种扶贫政策的服务对象，又是脱贫项目的实际执行人，是脱贫帮扶资金的使用人；既是各种扶贫资源的接受者，又是多种独特资源和技艺的所有者。因此，在扶贫工作中，充分激发和利用贫困人口的主体作用，完善而详实地了解作为客体的贫困人口的实际情况，对提升扶贫工作的成效具有决定性影响。

实践探索篇

第六章　精准扶贫理论与落实

改革开放以来，在中国共产党的领导下，以政府扶持为主导的中国减贫事业不断取得令世人瞩目的成就，农村脱贫人口累积达 7 亿，实现了由单纯救济式扶贫向开发式扶贫及精准扶贫的转变，探索出了一条契合国情的具有中国特色的扶贫开发道路，同时为国际扶贫事业贡献了中国方案，获得国际社会的广泛赞誉。但是，辉煌的扶贫成绩背后，贫困依然作为困扰我国国民经济发展的恶性顽疾而继续存在，是目前我国经济社会发展中的突出短板，关系到 2020 年全面建成小康社会，两个一百年中第一个一百年目标的实现。截至 2015 年 12 月，根据最新国家扶贫标准的统计，我国农村现有贫困人口仍高达 5 575 万。这 5 000 多万贫困人口多分布于中西部特别是革命老区、民族地区、边疆地区等连片的特困地区，这些地区往往资源匮乏、交通不便，发展经济的基础条件特别差，其贫困程度、减贫成本、脱贫难度等相较其他地区都高出不少。中国共产党领导下的扶贫开发工作进入了啃硬骨头、攻坚冲刺的阶段。新的贫困形势、新的扶贫阶段还需全新的扶贫开发战略思想来与之相匹配。自习近平总书记在 2013 年 11 月考察湖南十八洞村时首次提出"精准扶贫"以来，多次对其思想内涵进行深刻阐释。"精准扶贫"在总书记治国理政的新理念、新思想、新战略下，在短时间内迅速丰富完善起来，成为当代扶贫开发战略新思想的核心内容。

第六章 精准扶贫理论与落实

第一节 精准扶贫概述

一、精准扶贫的提出背景

(一)精准扶贫的提出和发展具有深刻的历史背景

自1949年推翻三座大山,中国共产党带领全国人民建立起一个全新的中国以来,党领导下的政府长期致力于消减贫困,始终把老百姓的生存权、发展权放在第一位,努力保障和改善民生,不敢有一丝懈怠。改革开放以来,我国国民经济经历了由过去传统的计划经济向社会主义市场经济的巨大转变。与此同时,党领导下的中国减贫事业也迅猛发展。伴随着改革的不断深入,国民经济的持续快速发展,扶贫理念的转化,国家开始列支专项资金用于扶贫,并于1986年成立专门的扶贫开发机构,此后一大批卓有成效的扶贫开发政策和措施开始纷纷落地。30多年来,随着扶贫开发的不断深入,贫困地区贫困特征及扶贫形式的不断变化,我国扶贫经历了普遍贫困、区域贫困、片区贫困等多个贫困变化形态;经历了由区域瞄准到村民瞄准等扶贫瞄准机制四级动态调整。同时,坚持普惠政策和特惠政策相结合,先后出台了《国家八七扶贫攻坚计划(1994-2000年)》《中国农村扶贫开发纲要(2001-2010年)》《中国农村扶贫开发纲要(2011-2020年)》,在加大对农村、农业、农民普惠政策支持的基础上,对贫困人口实施特惠政策,做到应扶尽扶、应保尽保。基于此,习近平精准扶贫战略思想的形成、发展正是新中国成立以来特别是改革开放以来中国共产党带领全党全国人民向贫困宣战的伟大实践,具有深刻的时代意义。

(二)精准扶贫的提出和发展具有其内在的时代必然性

改革开放30年以来,我国扶贫开发取得了举世瞩目的成就,获得了世界各国的广泛赞誉。随着我国经济社会的不断发展,扶贫工作的不断深入,我国扶贫开发进入了啃硬骨头、攻坚拔寨的冲刺期,一些过去粗放扶贫下长期存在的隐性问题,如农村贫困人口底数不明、情况不清、瞄准性不强、扶贫资源渗漏等逐渐开始凸显。各级扶贫决策机构对贫困人口的规模数量、地区之间贫困发展的动态变化把握不够科学,制定的扶贫公共政策缺乏针对性。与此同时,作为扶贫具体实施主体的基层政府对贫困户、致贫原因缺乏足够的认识,更不用提针对性帮扶和帮扶效果了。全国尚未建立统一的扶贫大数据库,扶贫工作还存在许多盲点和漏洞,贫困人口难以获得有效帮扶。

过去粗放扶贫下的"大水漫灌"导致扶贫项目指向性不强，效果不明显，很多情况下是在扶农而不是扶贫，是在扶富而不是扶穷，缺乏精准度的粗放扶贫造成了国家扶贫资源的大量浪费。表面上看是由于扶贫开发中的工作机制、工作方法等技术性问题造成的，实际却是扶贫主体没有及时调整适应一直处于动态变化的贫困发展趋势，广大党员干部存扶贫理念上的偏差。要想解决这些问题，原有的扶贫体制机制必须得到进一步的修补和完善，加强其"精准度"，切实做到"真扶贫，扶真贫"。

"精准扶贫"是新时期、新形势下以习近平同志为核心的党中央针对当下扶贫存在的弊端，对各个阶段扶贫开发工作的继承、发展以及创新。同时，"精准扶贫"符合我国的基本国情，其提出和发展具有其内在的深刻的时代必然性，是解决当下扶贫问题的最优选择，是全面建成小康社会，实现第一个一百年目标的有力保障。

二、精准扶贫思想的形成历程

党的十八大以来，以习近平同志为核心的党中央把扶贫开发摆到治国理政的重要位置，从战略和全局高度，对当下脱贫攻坚进行全面部署。2020年，贫困地区的困难群众能否顺利脱贫，关系到全面建成小康社会和第一个百年目标的最终实现，关系到我党对广大人民的庄严承诺以及党执政根基的兑现与稳固。习近平总书记自上任以来，5年来多次远赴各主要贫困地区对贫困问题开展深入调研，并围绕扶贫开发发表了一系列重要讲话，在对当前我国扶贫开发严峻形势精准把握的基础上，深刻阐释了扶贫开发对全面建成小康社会的重要意义，形成了以精准扶贫为核心的扶贫开发战略思想。精准扶贫思想是总书记结合我党过去60多年扶贫开发的成功经验，对当前扶贫攻坚工作进行的深刻考量和顶层设计，并在长期的实践探索中得到不断检验、深化和完善。

三、精准扶贫思想的理论和现实基础

任何一种科学思想，都不是无源之水、无本之木，其产生、形成与发展一方面是在一定的理论沃土中的厚积薄发，另一方面则是适应了当时社会经济发展的需要。精准扶贫思想也不例外，其形成与发展具有深刻的理论渊源与现实基础。

（一）中国共产党不断探索的"共同富裕"理论命题是精准扶贫思想产生的理论源泉

"共同富裕"作为社会主义本质的核心内容，是社会主义的价值标准和发展目标，也是中国特色社会主义的共同理想。自新中国成立以来，中国共产党带领全党

全国人民，为实现"共同富裕"而进行的奋斗与探索就没有停息过。从毛泽东到邓小平，从江泽民到胡锦涛，党和国家的几代领导人对"共同富裕"的认识不断深化，其理论内涵也在不断发展和延伸。"共同富裕"也成为中国特色社会主义所坚持的根本原则，并融入中国特色社会主义理论体系当中，成为其不可或缺的一部分。众所周知，贫困不是社会主义，改革开放的起点就是要摆脱贫困，实现共同富裕。改革开放30年以来，中国经济不断腾飞，人民收入和生活水平不断提升。截至2016年底，我国GDP增速6.7%，经济总量达74.4万亿元，稳居世界第二大经济体。在综合国力提升的同时，如何让广大人民群众最大限度地共享改革所带来的巨大红利，是当代共产党人对"共同富裕"命题的探索与挑战。党的十八以来，以习近平同志为核心的党中央高度重视扶贫开发问题，并将其列为第一民生工程。习近平总书记指出，"消除贫困，改善民生，实现共同富裕，是社会主义的本质要求，是我们党的重要使命"。相对于过去的粗放扶贫，精准扶贫实现了过去由大水漫灌向精准滴灌的转变，将扶贫资源直接瞄准单个贫困个体，并根据贫困个体不同的致贫原因，给予其针对性的帮扶，每一名困难群众摆脱贫困，走向共同富裕。因此，习近平精准扶贫思想的提出是对"共同富裕"理论命题的不断探索，是对其进一步的丰富和发展。

（二）"全面建成小康社会的第一个百年目标"是精准扶贫思想产生的现实基础

实现中华民族的伟大复兴，是百年来华夏儿女、炎黄子孙心中永远的中国梦！为此，全国人民在中国共产党的带领下，在实现中华民族伟大中国梦的征程上，一路披荆斩棘。"两个一百年奋斗目标"首次提出于党的十五大，在党的十八大上，根据当前中国的实际，进一步重申并将其发展为"在中国共产党成立一百年时全面建成小康社会，在新中国成立一百年时建成富强民主文明和谐的社会主义现代化国家"。目前，距离2020年还有不到三年的时间，全面建成小康社会意味着要确保到2020年中国农村绝对贫困人口全部实现脱贫，时间紧任务重。2020年农村人口能否顺利摆脱贫困，不仅关系着第一个百年目标——全面建成小康社会能否顺利完成，还关系到我国的政治优势和制度优越性能否有效彰显。党的十八大以来，以习近平同志为核心的新一代中央领导集体从战略和全局的高度，带领全党全国人民审时度势，抓住了全面建设小康社会新阶段和社会主义新农村"贫困短板"这个最大的基本国情，对扶贫开发提出了更高的要求。精准扶贫思想正是适应了我国当前新阶段扶贫开发最大的实际，在习近平总书记近5年来遍布全国的扶贫调研足迹中，在反复论证与思考中凝练而成，具有深厚的现实基础。

四、精准扶贫的内涵特征

中国作为拥有全世界最庞大人口基数的国家，想要在对抗贫困的这场攻坚战役中夺取胜利，需要有超凡的胆识、谋略、眼光、措施，短短的几年间中国共产党做到了。"中国速度"也体现在扶贫脱贫方面，我们不但达到了脱贫人口量的积累，而且实现了扶贫脱贫成效质的飞跃。这一切在很大程度上归因于我们找到了符合现阶段中国国情的"扶贫"良药：精准扶贫。

精准扶贫贵在"精准"二字，就是要使"精细化"的理念贯穿于整个扶贫开发、脱贫攻坚的全过程，真正实践与实现"扶真贫，真扶贫"。与过去粗放的扶贫工作机制、方式、方法相比，精准扶贫具有以下显著的内涵特征。

（一）识别帮扶的瞄准性强

纵观我国的扶贫开发史，从新中国建立初期的宏观统筹，到改革开放以后的中观调控，再到目前的精准锁定，我们的扶贫开发工作在实践中不断推进，党对贫困的认识也在探索中不断加深。在经历了片区扶贫、重点县扶贫、整村推进扶贫，扶贫开发取得巨大成功的同时，扶贫瞄准的重心也在不断下移，特别是党的十八大以来精准扶贫工作的全面展开，其瞄准性之强远超历史上各个扶贫阶段。作为精准扶贫的第一大内涵特征，识别帮扶的瞄准性主要体现在以下两个方面。

一方面是对贫困户的精准识别。识别贫困范围、贫困户，精准锁定扶贫对象是有效实施精准扶贫的先决条件。要以国家最新贫困线为基准，结合当地的经济社会发展水平和贫困现状，科学制定贫困户有效识别评估体系，从家庭收入、消费水平、固定资产、家庭成员健康状况、生存技能掌握状况、思想观念、受教育程度、致贫原因等多方面进行评估，将评估结果公开，充分征求当地群众的意见，对不符合条件的要及时纠正，本着公平、公正、公开的原则筛选出真正的贫困户，确定帮扶对象，并对各贫困对象立卡建档上网，准确确定帮扶对象。

另一方面是积极找"穷根"。通过对贫困户的深入调研，对其致贫原因进行精准考量和精确锁定，在此基础上确定具体的帮扶方案，实现对贫困户帮扶的私人定制。习近平总书记强调："要坚持因人因地施策，因贫困原因施策，因贫困类施策，区别不同的情况，做到对症下药、精准滴灌、靶向治疗。"与传统的扶贫帮扶不同，精准扶贫在设计帮扶方案上更加注重贫困户"内部造血功能"的重建。了解掌握其生存技能，转变其劳动观念，给予其一定的生存技能培训，让其能通过自身能力争取到参与社会资源分配的机会，从而真正摆脱贫困。

（二）帮扶资源的集聚性高

贫困户的精准有效识别以及根据致贫原因详细精准设计的个性化扶贫方案，只是精准扶贫的第一步。从经济学视角审视，精准扶贫实质上是对扶贫对象和扶贫资源的二次优化，是实现帮扶资源配置有效提升的最佳途径。

过去粗放式扶贫的扶贫资源的集聚、整合和利用普遍不高，扶贫政策、扶贫资金和项目在实际操作的过程中指向易发生偏离，最后落实到基层时往往是天女散花、撒胡椒面儿似的，扶农而不是扶贫的尴尬局面时有发生，这种问题随着扶贫工作的不断深入开始逐渐凸显。面对新时期扶贫开发遇到的这些新问题，以习近平同志为核心的党中央适时提出精准扶贫，巧妙化解当前的扶贫难题。习近平总书记强调，"对扶贫对象实行精准化扶持，确保扶贫资源真正用在扶贫对象身上，真正用在贫困地区"。在精准扶贫的实施过程中，帮扶资源呈现高集聚性、高整合性、高精准度的特征。

精准扶贫能快速整合、集聚、统筹各种帮扶资源，妥善处理政府、企业、社会组织等多元扶贫主体之间的关系，引导各类扶贫资源有效对接贫困对象。在扶贫政策上实现普惠式政策与特惠式政策相统一，共同向扶贫倾斜；在帮扶资金上实现国家资金与企业及社会资金的有效兼容，共同向扶贫集聚；在帮扶项目上实现各种内部外部扶贫项目的合理搭配，共同向扶贫靠拢；在帮扶人员上实现国家选派与社会输送的优化整合，共同向扶贫对接，确保帮扶资源与扶贫对象之间的有效传递。

（三）扶贫管理的科学性优

精准扶贫的另一大内涵特征就是其扶贫管理的科学性优。识别帮扶与扶贫资源传递作为精准扶贫的重要组成部分，两者能否实现完美匹配，扶贫资源能否精准有效对接贫困户，对接后能否产生 1+1 大于 2 的效果，科学的管理，完善的扶贫机制就显得尤为重要。精准扶贫自落地以来，以习近平同志为核心的党中央对其高度重视，科学设置并创新了扶贫管理机制流程，并从顶层设计等方面做了详细的规制，不断推进精准扶贫的科学性。2014 年 1 月 25 日，中共中央办公厅国务院办公厅联合印发了《关于创新机制扎实推进农村扶贫开发工作的意见的通知》，明确提出建立精准扶贫机制，"制定国家统一的扶贫对象识别办法……对每个贫困村、贫困户建档立卡，建设全国扶贫信息网络系统"。2014 年 2 月，习近平总书记对河北省委的有关报告做了批示，指出"进一步增强责任感和紧迫感，坚持科学规划、分类指导，实施精准扶贫，增强内生动力"。

精准管理、精准考核既是精准扶贫的应有之义，又是精准扶贫的有力保证和保障，是精准扶贫科学管理的具体体现。精准管理作为精准扶贫的有力保证，贯穿于扶贫的各个环节，特别是针对贫困户的管理。一是建立台账制度，对农户信息进行动态更新和动态管理。二是加强对扶贫资金的监管力度，科学管理阳光运行，严防资金"渗漏"及"张冠李戴"。三是加大资金整合力度，统筹管理，扶贫项目的审批权下移至县。与粗放式扶贫下只管"撒钱"不论成效不同，精准扶贫特别注重精准考核，避免了绩效考核机制严重缺乏或形同虚设导致的权责不清、目标不明、浑水摸鱼等问题的出现。精准考核注重系统化、全程化，渗透到扶贫的每个阶段、每个环节。此外，精准考核还注重精细化，强调权责分明。早在2016年2月，中共中央办公厅、国务院就联合印发了《省级党委和政府扶贫开发工作成效考核办法》，《办法》对考核内容和考核问题进行了详细的阐述。随着精准扶贫的不断推进，精准管理和精准考核必将在实践中不断完善和发展。

五、精准扶贫的战略意义

（一）精准扶贫是践行党的根本宗旨的必然要求

中国共产党执政的根本宗旨就是为人民服务，其初心就是全心全意为劳苦大众谋福利，为广大人民群众谋利益。自改革开放以来，我国有计划、有组织地开启了大规模的扶贫工作，取得了使7亿农村赤贫人口摆脱贫困的瞩目成就，体现了中国共产党立党为公、执政为民的执政理念。随着扶贫开发工程的不断推进，我国的贫困局面较以前也有所不同：贫困地区与贫困人数虽在日益缩减，致贫原因和贫困结构却日趋复杂，脱贫攻坚战已成为部署全面建成小康社会决胜期的战略重点。习近平总书记指出："解决中国的扶贫现状，决不能让一个少数民族、一个地区掉队，要让13亿中国人民共享全面小康的成果。"目前，我国的主要社会矛盾已经转化为人民日益增长的美好生活需要和不平衡不充分的发展之间的矛盾，贫困问题就是"不平衡、不充分"矛盾的具体体现。在这种局势下，进行精准扶贫既是能进一步消减贫困、缩小收入差距、统筹区域协调、实现共同富裕的扶贫工作理念，又是关系我国能否实现全面小康社会和现代化建设的一场攻坚战。

（二）精准扶贫是社会主义的本质要求

社会主义的本质是解放生产力，发展生产力，消灭剥削，消除两极分化，最终达到共同富裕。当前，我国经济发展虽在稳步前进，区域非均衡发展格局却仍然存在。受自然资源与社会因素影响，东部沿海地区发展起步较早，经济发展水平和科技水平都相对处于国内领先地位，中西部地区在自然条件、基建设施、教育、医疗水平等方面与之相比仍有较大差距，这也是制约我国统筹区域经济协调发展、协调推进全面建成小康社会的最突出短板。习近平总书记指出，"小康不小康，关键看老乡。各级党委和政府要看真贫、扶真贫、真扶贫"。为此,党和国家采取了一系列措施和政策来推动贫困地区的经济发展,并从精准识别、精准帮扶、精准管理、精准考核四个环节入手提高脱贫成效,保持扶贫成果的可持续性,以求在最短时间内实现脱贫目的。扶贫攻坚事关能否体现社会主义制度的优越性,只有让贫困群体尽快摆脱贫困,才能达到社会主义的本质要求,使全体人民都能享受到社会经济发展的成果。

(三)精准扶贫是适应经济新常态的内在要求

目前,我国经济发展进入新常态,正处于增速换挡期,要保持经济中高速增长,推动产业结构调整,推进供给侧结构性改革,就必须实现新旧动能的平稳续接和协同发力。我国现存的贫困人口具有相当高的区域集中性,仅14个集中连片特困地区就占国土面积的40%左右。这些地区,不管是经济发展,还是居民收入都与其他地区有较大差距。但从另一个角度来看,这些地区的经济又具有巨大的潜力空间和回旋余地。从消费端的角度来看,贫困地区的经济收入增加能迅速提高"有效消费"需求,为正处于阵痛期的产业转型升级赢得宝贵的时间。从投资端的角度来看,加大力度改善贫困地区的基础设施和公共服务环境,既能催生新的投资需求,又利于消化过剩产能。推进精准扶贫工作,可以在经济新常态的局势下培育新的经济增长点,推动经济社会持续健康发展。我国贫困地区虽在不同限度上存在着影响经济发展的不利因素,但在自然资源、土地资源、劳动力资源等方面存在着不同的、未被充分挖掘的潜力,如一些贫困地区具备天然独特的自然优势,将该优势与科技产业相结合进行市场孵化,既有利于激活潜在的投资需求,又有利于区域经济的平稳发展。通过精准扶贫,有利于将贫困地区的各种资源最大程度地整合起来高效运用,也有利于孕育新的经济增长极与经济增长模式,促进我国经济社会健康发展。通过东中西部密切协作,促进产业向中西部转移,在实现经济增长的同时中西部贫困地区的劳动力也将实现充分就业。

(四)精准扶贫是化解民生问题的有效抓手

改革开放之初,解决人民的基本生存问题是最重要的民生问题,将经济发展的"自主权"交还群众就成为当时的主要解决方案。然而在今天,现存的贫困人口却面临着"巧妇难为无米之炊"的真实困境:由于历史原因、经济观念和个人发展能力等多方面的限制,在对不发达地区的特殊情况认识不足的情况下,贫困群体很难完全依靠自身能力摆脱贫困,因此不只在基本生活方面,在卫生医疗、教育资源、就业和社会保障等方面的需求也难以得到满足。习近平总书记高度重视贫困群体,他强调对困难群众要"格外关注、格外关爱、格外关心"。只有与贫困群众密切联系,"结穷亲""帮穷亲",才能更深入地站在贫困群众的立场上思考问题,真正做到急群众之困,想群众之事,才能实现精准到户,精准到人,使困难群众的基本生活更有保障,使之与全国人民一起共享改革发展的成果。

（五）精准扶贫实施成效显著

精准扶贫战略实施四年以来,成效显著。各地政府和广大扶贫工作者以精准扶贫、精准脱贫方略为思想武器和工作行动指南,积极探索、扎实推进,取得了良好的实效,涌现出一大批精准扶贫成功实践与创新的典型案例,逐步构建起相对比较完善的精准扶贫工作机制并不断创新与完善农村的贫困治理体系。总体来看,精准扶贫实施成效体现在以下三个方面。

一是贫困人口大幅度缩减,贫困发生率迅速降低。通过精准识别、为贫困户建档立卡的方式,建立了能反映全国贫困状况的大数据信息系统,为中央决策部署和制定政策提供了坚实可靠的依据。2014年4月至10月,共识别出12.8万个贫困村,2 948万贫困户和8 962万贫困人口。2015年8月至2016年6月开展的建档立卡"回头看"工作,共补录贫困人口807万,剔除识别不准人口929万。2017年2月,全国各地对2016年脱贫真实性开展自查自纠工作,245万标注脱贫人口重新回退为贫困人口。增派扶贫干部,加强驻村帮扶力度,截至2016年末,全国共选派77.5万名干部驻村帮扶,选派19.5万名优秀干部到贫困村和基层党组织软弱涣散村担任第一书记。2016年末,全国农村贫困人口由2012年末的9 899万人减少至4 335万人；村贫困发生率由2012年末的10.2%下降至4.5%,下降5.7个百分点。

二是贫困地区农村居民收入快速增长,且增速持续高于全国农村平均水平。精准扶贫实施以来,各地积极探索,不断创新,突出产业扶贫、易地搬迁扶贫,实施劳务输出扶贫、教育扶贫和健康扶贫,探索生态保护脱贫,开展电商扶贫、旅游扶贫、光伏扶贫,确保贫困群众获得持续致富能力,彻底摆脱贫困。以异地搬迁扶贫为例,2016年,全国近249万人搬离生产生活条件恶劣、改造难度极大的地区,实现了搬新家、就新业、去穷根的重大转变。据统计,2013年至2016年期间,贫困地区农村居民人均收入连续保持两位数增长,年均实际增长10.7%。其中,扶贫开发工作重点县农村居民人均可支配收入8 355元,是2012年的1.52倍,是2010年的2倍,提前实现翻番目标。

三是贫困地区基础设施日渐完善,公共服务质量明显提高,生产生活条件得到明显改善。在基础设施方面,贫困地区通水、通电、通路、通宽带、通有线电视信号、通客运班车的"六通"工程得到大力推进,实现"六通"的自然村数量明显增加；在义务教育方面,学校的办学条件得到全面改善,教育资源均衡配置力度加大，为贫困家庭学子减免的学杂费和提供的生活补助的资金规模不断增大；在医疗方面，贫困地区农村拥有合法行医资格的行政村比重明显提高，同时受益于农村低保和扶贫开发两项政策的有效衔接，针对贫困人口建立的以大病医疗救助体系和新农合政策为主的综合医疗保险系统开始形成，并日益发挥作用，有效降低了因病致贫的发生概率；在住房方面，累计解决了 2 000 万贫困户的住房安全问题，仅 2016 年，中央财政拨付的农村危房改造资金就达 266.9 亿元人民币，惠及 314 万户贫困家庭。

第二节　当前精准扶贫面临的现实性问题及困境

党的十八大以来，以习近平同志为核心的党中央审时度势，根据我国目前农村扶贫开发所面临的新形势以及产生的新情况、新问题进行精准研判，以大魄力大智慧提出了新时期以精准扶贫为核心的全新扶贫开发思想，做出了打赢脱贫攻坚战的决定，全面推行精准扶贫精准脱贫方略。精准扶贫的提出、形成、发展、完善也同样会经历这个过程。精准扶贫自推行以来开局良好，在全国 14 个集中连片特困区实施过程中取得了良好的实效。精准扶贫的实施是一个不断探索逐渐完善的过程，在总结成绩的同时不能忽视精准扶贫落地过程中暴露出来的一些现实性问题以及困境。

一、贫困户识别偏离

对贫困人口的有效精准甄别直接关系到国家扶贫资源能否顺利锁定和传导，是开展精准扶贫的先决条件。目前，在精准扶贫实施的过程中，贫困人口精准识别与退出环节存在偏差，精准识别、退出机制尚不完善，具体来讲就是识别主体的缺位、识别技术的有限、贫困户退出机制的有待改善。

首先，再完美的制度也是靠人来执行的，精准识别与退出机制的良性运行，离不开识别主体的努力，甚至在一定程度上，识别主体即人的因素是最关键的，起决定性作用。目前，我国负责农村贫困人口识别工作的主要是村干部及驻村帮扶成员，在精准识别的具体实践环节中，一方面个别地区自然、社会等复杂因素制约对贫困户的有效识别，导致识别工作无法做精做细使部分困难群众流落档外，另一方面个别农户贪图国家扶贫政策和项目资金，争抢贫困户指标，一些地方的村干部拿贫困指标为个人牟利，造成恶劣影响。

其次，国家在贫困线的划定以及贫困人口的测算上受技术条件的制约，只能是一个宏观范围的样本估量，很难有一个确切的数字。国家贫困户建档指标的分配目前采用的是自上而下层层分解的方式：由国家到省，由省到市，由市到县，由县到乡镇，最后到村到户。由于识别技术的原因，贫困地区贫困户建档指标往往陷入不是按需求分配而是按供给分配的怪圈。一方面一些地区贫困户建档指标有限，无法覆盖所有困难群众；另一方面一些地区贫困户建档指标远超实际贫困人口，个别非贫困户也被建档。

再次，贫困是一个动态变化的过程，有人会脱贫，也有人会再次陷入贫困。我们搞精准扶贫是为了精准脱贫，因此贫困户摆脱贫困或又陷入新的贫困也是需要考量的。2016年国家在这方面开始了实质性的探索，2016年4月由中共中央办公厅、国务院办公厅联合出台了《关于建立贫困退出机制的意见》，遗憾的是尚未形成完善的贫困户的动态进出机制。在扶贫开发过程中，一方面个别贫困地区贪图国家扶贫的优惠政策、专项资金，千方百计争戴国家级贫困县的"穷帽子"，另一方面一些地方扶贫建档中人情户、关系户、死亡户的长期存在和屡禁不止，再加上个别地方政府出于政绩考虑，人为控制贫困户再识别规模，导致贫困户建档立卡台账严重失真，精准扶贫演变成"电脑脱贫""数字脱贫""假脱贫"的儿戏，罔顾国家脱贫攻坚的大局，老百姓对此也严重不满，产生了新的社会不公。

二、帮扶资源投入失准

帮扶资源分为物质资源和人力资源两种。帮扶资源精准投入，一是指帮扶物质资源的种类和性质是否符合扶贫对象的实际需求，资源在数量上和种类上越贴合实际需要，就表明供需越趋于平衡，物质资源的使用精准度越高；二是指帮扶人力资源的综合素质是否符合帮扶对象的实际需要。帮扶资源在供需之间是否做到适当、合理的匹配最终会影响精准扶贫的整体成效。目前，绝大多数帮扶资源的总体供需情况是合理且高效的，但是在局部地区存在帮扶资源投入失准的情况，严重制约了其精准扶贫工作的开展。

具体表现为结对单位的供给能力和扶贫点的需求量难以精准匹配，派驻干部的综合素质与扶贫点的实际情况也难以精准匹配。一方面，单位性质、规模、层级不同，筹集资源的能力也千差万别。一些大的单位、部门能调集更多的资源，对扶贫政策的运用更为恰当、熟练，如财政局、交通局、民政局等单位，可以筹措到更多的资金、物资，或发动更多的、有长期合作关系的企业和社会组织共同投入扶贫点的脱贫攻坚工作当中。相对于结对单位的强势，扶贫点的规模相对较小，大单位帮扶小扶贫点，造成了部分扶贫资源的浪费。其他扶贫点由于结对单位调集资源的能力较弱，很难获得足够的资源。不能精准匹配扶贫物质资源的供给与贫困地区的实际需求，对资源造成浪费的同时延缓了当地精准扶贫工作的整体进程。另一方面，各单位选派的扶贫工作队员与贫困地区的实际需要脱节。各行政、事业单位的工作人员需要轮流离开本职岗位，前往扶贫点参加扶贫工作一年或更久时间。帮扶单位会安排一位副科级干部在结对贫困地区乡镇挂职担任党委副书记或副镇长，专门从事两个单位的协调工作，同时选派一名以上人员到乡村担任第一书记、驻村扶贫工作队员。这种结对扶贫的方式，将扶贫任务层层分解，有利于扶贫工作的推进。但是，随着时间的推移，这种方式的弊端逐渐凸显。比如，运用行政命令指派单位和工作人员开展扶贫工作，工作人员的工作积极性不高，或专业知识不对口、业务能力不符合扶贫工作的需要等问题不断出现。少数单位派出从事专业技术工作的事业编制人员，其工资待遇低于参公或公务员编制人员，被下派到基层做完全陌生的扶贫工作后，工作积极性非常低。很多公职人员的工作专业水平很高，本职工作的业务能力很强，但是组织协调能力不足，加之严重缺乏基层工作经验，在实际工作中面对各种情况疲于应付，工作成效很差。由于致贫原因不同，扶贫点对扶贫干部专业知识的需求也不同，如地区性疾病高发的地区，对医疗帮扶的需求非常大；部分地区生活条件艰苦，很难吸引并留住人才，对教育扶贫的需求十分强烈。因此，这些地区的脱贫不仅需要物质资源的投入，还需要大量符合当地需求的人力资源的投入。个别地区非常注重物质资源投入的精准性，却忽视了人力资源投入的精准性，导致精准扶贫工作进展缓慢。

三、扶贫观念与精准扶贫工作脱节

扶贫观念是扶贫工作者对扶贫工作主、客观的认识，用以指导扶贫工作人员开展与精准扶贫相关的调研、计划、决策、实践等工作。秉承正确的、符合时代要求的扶贫观念有利于新时期精准扶贫工作的有效开展，反之将导致精准扶贫走弯路，投入大而收效甚微。精准扶贫思想要求针对微观个体如一家甚至一人的具体情况，识别贫富、探查致贫原因、制定脱贫措施、投入扶贫资源。精准扶贫的本质要求是帮助贫困群众建立自主脱贫致富的能力。

在实践当中，个别地区扶贫工作人员的扶贫观念并没有跟上时代的步伐，对扶贫工作的认识仍局限于原有的整体推进阶段。制定的脱贫措施虽然覆盖面较大，但针对性不强。扶贫制度囊括的政策过多，少数地区将面向广大农民的支农、惠农政策也涵盖进扶贫制度之内。最终，扶贫观念、脱贫措施与扶贫制度之间出现脱节、互不协调的情况，无法形成合力。具体表现在以下三个方面。

第一，制定的识别标准机械、缺乏弹性。精准扶贫的首要步骤是精准识别，对被识别对象的各方面情况进行详细的了解后，判断其是否能成为下一阶段帮扶脱贫的对象，同时根据掌握的情况找出致贫原因，为精准施策提供事实依据。有些地方在制定识别标准时，机械地将收入线作为衡量贫困与否的唯一标准，不考虑实际情况，如有的家庭主要劳动力健康情况不佳，有效劳动期短，但由于具备一定的技术，在身体状况好转时能取得较多的收入，导致年收入超过了贫困线，虽然超过部分不多，但是被排除在扶贫政策之外。

还有部分省区不顾实际情况，不能透彻、完整地领会中央精神，强令基层政府对每一个贫困户开展产业扶贫。部分贫困户年龄较大，或身体素质较差，或有慢性病，有的甚至完全丧失了劳动能力，这些群体根本不具备参与产业扶贫的条件，属于政策兜底的对象。

第二，脱贫措施仍以财政资金补助为主，缺乏可持续性。精准扶贫是根据贫困户的收入与脱贫线存在的差距，利用帮扶对象的既有条件和实际情况，选择相应的帮扶政策、制定针对性强的脱贫措施，帮助贫困人群永久脱贫。但少数地区的脱贫措施仍与整体推进扶贫工作时一样，以"大水漫灌"为主要特点，片面强调扶贫措施的覆盖范围，或单纯依靠财政资金补助贫困，如低保金、养老金或集资捐款，赠送生产、生活物资等。这种会战式的脱贫措施无法为贫困群体提供持续的经济收入，政策退出后返贫率较高。

有的地区虽然把产业扶贫放在首位，帮助困难群众获得持续、可观、稳定的经济收益，但是在实际操作过程中只重视生产，轻视销售，导致产品生产出来后滞销，只好发动当地的干部职工来购买。这种情况既消减了精准扶贫工作的效果，又打击了贫困群体脱贫的主动性。

第三，扶贫制度囊括政策过多。个别地区将面向广大农民的支农惠农政策纳入扶贫制度体系，如小额惠农贷款、农村基础设施建设资金等，导致非贫困人员无法享受到这些政策带来的好处。或将资金投入贫困人员数量更多的村镇，忽视这些项目、资金正常使用带来的整体社会效益。

四、扶贫干部能力不足，责任感缺位

扶贫干部是精准扶贫的实际操作者，大量细致、烦琐的工作需要扶贫干部来完成，各种针对性强的脱贫措施需要扶贫干部来制定并实施。因此，扶贫干部能力的高低、责任感的强弱会对精准扶贫工作的成效和质量产生较大的影响。能力强、富有责任感的干部,是推动精准扶贫工作有效开展的关键因素,两者呈正相关关系。但是,少数地区存在主持和推动扶贫工作的干部能力不足、缺乏责任感,甚至两者兼有的情况。具体体现在以下几个方面。

第一,部分村、乡镇干部的文化水平较低,难以透彻领会和运用相关政策。特别是在中西部省区,许多村干部只有初中甚至小学文化水平,一部分乡镇干部只具备中专文化水平。这部分干部具有丰富的基层工作经验,但是难以透彻理解和运用政策,导致很多政策得不到落实和应用,使部分贫困地区和贫困人口仍在苦苦思索脱贫之路。

第二,综合素质较低,对贫困户档案资料的整理能力较差。部分扶贫干部的执行能力很强,但是收集、整理数据的能力严重不足,由于受教育年限较短,对数字不敏感,对数据的准确性不重视。在实际的收集过程中存在"大差不差、差不多"的观念,数据很粗略,甚至是错误的和前后矛盾的。很多地区经常出现身份证号码错误导致扶贫资金无法拨付的情况。此外,这些干部也不具备制定科学合理的脱贫措施的能力,很多措施多是凭经验制定,难以取得成效。

第三,缺乏责任感,扶贫工作流于形式。一部分市县驻村扶贫干部缺乏责任感,对扶贫工作态度冷漠,不作为情况时有发生。有些驻村干部把扶贫工作当成休闲度假,在扶贫点时散漫、不作为。借助扶贫工作,当离开原单位的监管范围后,每周五中午就离开扶贫点返回城市,每周一傍晚甚至更晚才回到扶贫点。少数干部甚至玩两头欺骗的把戏给自己放假,对单位说自己在扶贫点驻守,对扶贫点说单位有事需要自己回去,结果两方都以为该干部在对方那里,实际人已经出去游玩。还有部分干部混日子心态严重,认为在扶贫点工作事情少、压力小、生活节奏慢,而工资待遇不变。此外,很多市县单位对扶贫工作也存在敷衍、不负责任的态度,其选派的驻村干部多是单位内边缘化、临近退休、刚刚参加工作的人员,这些工作人员无法应对复杂的扶贫工作,或缺乏工作积极性,扶贫工作很难推进。

第四,侵占、挪用、贪污问题易发。由于很多贫困人口不识字,或年龄大,对政策不了解,或是怯懦,不敢维护自身的权益。这些弱点被村干部利用,侵占和贪污贫困户专项扶贫资金、低保金,甚至出现村干部骗取贫困人员的身份证去办理小额贷款,并将贷款据为己有的情况。例如,湖南省常德市三个村干部利用职权挪用和私分扶贫专项资金80余万元;福建省永泰县一名村报账员利用职务便利私自将19名低保户的低保款存折扣留不予发放,并将上述低保户的春节慰问金及低保款共计4.6万元予以侵吞,用于个人开支。

第三节　进一步落实精准扶贫的对策建议

精准扶贫开展四年来，成就巨大，成效显著，不仅每年帮助1 000多万中国贫困人口摆脱贫困，使之享受到国家发展、社会进步的甜美果实，还为世界提供解决贫困、战胜贫困的中国方案。但是，精准扶贫毕竟是一项艰巨的系统工程，任何一个环节出现偏差都将导致最后得到的实际效果与中央的要求、人民的期望相去甚远。因此，笔者提出以下几点建议，以期对精准扶贫工作中暴露出的瑕疵加以修正，进一步提高精准扶贫的实效。

一、优化扶贫标准运行机制

精准扶贫要攻克的首道难关是精准识别，这一环节的工作能否做好、做实，直接影响精准扶贫政策的整体效果。因此，优化精准识别机制、完善精准识别方法，对精准扶贫工作至关重要。

第一，制定综合识别标准。当前精准识别的标准较为单一，工作人员识别贫困者时，大多侧重人均年收入，对收入标准的把控也非常机械。应当尽量排除、物价因素、汇率变化等市场波动对困难群众收入的扰动，制定符合当地实际情况的、有一定浮动弹性的收入水平区间，以此作为精准识别的标准之一。同时，对识别对象的健康状况、劳动能力、技能水平等综合情况进行鉴别，作为精准识别的标准之一。

第二，消除贫困指标与实际贫困人口间的矛盾。在贫困指标的分配上，应当制定统一的标准，如按照贫困人口数量的比例进行等比例分配，避免或减少贫困指标分配数量与贫困人口数量负相关的情况出现，同时降低指标分配过程中的政治因素干扰。省、市层面应当对基层政府开展的精准识别工作进行抽查和复核，不断夯实精准识别数据，以此作为分配贫困指标的依据，减少不同层级政府之间争夺资源的博弈，减轻对精准扶贫工作的影响。

第三，建立完善、科学的贫困退出制度和监察制度。应当对扶贫对象开展定期或不定期的、以基层政府为主高一级政府为辅的长期跟踪，确保及时、准确地掌握扶贫政策并加以调整，更新扶贫对象总体经济水平的数据。最终目的是根据变化的情况，制定针对特定人员的帮扶政策。同时，来自更高一级政府的监察工作必须及时跟进，确保脱贫工作真实有效，避免基层政府为侵占扶贫资源而瞒报脱贫成绩，或是为自身政绩考虑而搞"数字脱贫"和"被脱贫"。

第四,制定扶贫政策退出缓冲期和脱贫人员观察期。扶贫政策取得效果后,不应当搞"突然袭击式"的退出方式,应当采用帮扶内容和力度逐渐减轻的方式,防止脱贫人员依靠帮扶政策而脱贫,又因为突然失去帮扶政策而返贫。此外,在政策退出的缓冲期内,对脱贫群体的跟踪了解仍然要继续保留,全面了解在政策退出期内,考察对象的整体经济变化情况,及时调整政策退出的力度。如果发现考察对象有返贫的迹象,应当考虑扶贫政策的使用和扶贫措施的制定是否得当。

第五,建立符合不同情况的精准识别方法、程序。中国地域辽阔、省份众多,各省、各市县的实际情况有较大差异。不同省份、市县之间可以互相借鉴对方成熟的精准识别经验和方法,但是绝不能照搬照抄,在借鉴和吸收其他地区经验的同时,一定要结合自身的实际情况,制定科学、合理的精准识别方法和程序。广西壮族自治区南宁市横县平马镇在精准识别程序上,制定了分片包干、明确责任、强化培训、交叉检查等措施,最大限度降低人为因素对识别工作的影响,提高识别工作的精准度和真实性。

二、提升精准施策与帮扶的效果

精准脱贫是以家庭或单个个体为目标,针对家庭或个人的实际情况施以个性化、针对性强的脱贫措施。精准施策、提高脱贫策略的实效必须建立在对致贫原因有充分、深入了解的基础上。过去的扶贫工作针对的是大范围的贫困地区,强调的是以整体的改善带动局部和个人,属于"漫灌"式扶贫。精准扶贫是在过去扶贫工作的基础之上,针对局部、小范围、个人开展的脱贫帮扶工作,秉承"滴灌"式的、精细化的扶贫工作方式。因此,明确贫困人口的致贫原因,对有效推动精准施策至关重要。

中国贫困人口由于居住地域、生产条件、所处的发展水平千差万别,致贫原因也纷繁复杂,但总体可以分为三类。

第一类贫困群体的生产生活条件较差。因气候条件、地理环境、自然禀赋较为恶劣,这些地区的困难群众面临较差的生产条件,不论自身如何努力发展生产,都无法摆脱贫困。例如,中国中西部大多数地区,常年气候干旱少雨,土壤贫瘠,畜牧业、农业均无法有效开展生产活动。在西南石漠化严重的区域,土层极薄,土地面积极小,几乎无法开展任何的农牧业生产活动。一些地区被高山大河围困,成为孤岛,交通条件极端恶劣。生产条件较差,甚至极差,导致生活在这些地区的人口很难开展有效的生产活动,部分地区受限于恶劣的交通环境,生产活动被限定在很低的水平上。针对此类贫困人口的脱贫措施，总体上应当运用生态扶贫、生态移民、改善交通基础设施等方法，改善生产条件，实现脱贫。

第二类贫困户人力资源质量较差。这类贫困家庭劳动力数量较少，部分或全部无劳动能力的人员较多，劳动力对市场规律的把握能力较差，缺乏专业技能和相关产业技术。这种情况，需要政府和农户共同努力。政府应在基础设施建设、市场信息收集与发布、小额信贷、产业扶贫、技术培训、农业保险等领域为贫困户提供帮扶服务；农民自身也要发挥主观能动性，主动接受农业技术培训或职业技术培训，掌握或提高相关职业技能或生产技术。同时，应当学习一定的经济常识，树立对市场风险的防范意识，提高市场波动的识别能力和应对能力。

第三类贫困人口主要是因患有疾病或残疾、孤儿、孤寡老人等部分或全部丧失劳动能力，或尚不具备劳动能力的人群。这部分人群即便有外力帮助，仍不具备生产能力，无法开展生产活动，无法获得经济收入。对此，只能运用财政资金，以社会保障和扶贫助困专项资金的形式，对其进行兜底保障。

三、完善扶贫干部精准培训与选配机制

基层干部是扶贫队伍的重要组成部分，这些拥有丰富基层工作经验的干部为扶贫工作做出了重大贡献。但是，受限于自身文化水平、眼界、价值观念等因素，部分基层干部难以胜任精准扶贫工作。特别是未经受过相关培训的干部，在开展精准扶贫工作的过程中，很难取得实效。因此，在选派干部的过程中，不仅要做到因村派人精准，还要做到因人培训精准，即按照帮扶对象的实际需要选配干部，同时对干部开展有针对性的业务培训。

针对上述问题，笔者提出两点建议。

第一，对广大扶贫干部开展精准培训。当前，对扶贫干部的培训存在滞后性严重和针对性不强的问题，培训内容多局限于对政策或文件的解读、本省或本市的宏观形势分析方面，重点多停留在思想动员、贯彻精神的层次，流于形式，忽视理论、规律对干部的思维启发作用。部分干部对市场运作的认识较为浅薄，对市场规律的掌控能力较差，一些地区仍大量开展以具体产业专题课为主的培训课程，导致受训干部在实际工作中时常出现重发展生产而忽视产品质量和销售的现象，最终导致农畜产品积压、损失，扶贫项目失败，扶贫资源浪费，贫困户境遇更差的后果。

此外，对基层干部相关能力的培养的重视不够。部分基层干部不会自主使用手机、电脑上网收集信息，不会运用互联网创造的便利条件促进生产活动的改善和提

高。培训工作也缺乏这方面的内容，使社会团体和结对单位捐助的电脑、智能手机以及网络沦为娱乐工具。

第二，施行以需定专业、以专业定人的干部精准选派机制。部分地区应付工作、完成任务的观念非常强烈，在选派干部下乡进村的过程中，"抓壮丁、充人数"的现象十分常见。很多单位不管扶贫点的情况如何，需要何种专业知识、技术、能力的干部，选派人员存在很大的随意性，导致开展教育扶贫的干部文化水平不高，开展产业扶贫的干部严重缺乏经济常识，开展医疗救助的干部对医术一窍不通。总之，扶贫干部的能力和学识与扶贫点的实际需要严重不匹配。

建立精准选派机制的第一步，就是根据不同地区的实际情况、致贫原因确定相应的结对帮扶单位。第二步，各个结对单位根据各自扶贫的具体情况，选配扶贫点需要的、业务能力强的干部下乡进村。精准选派要根据扶贫点的需求确定不同性质、不同层次、不同业务专长的结对单位，结对单位在内部挑选出能解决扶贫点主要矛盾的，具备相应能力和知识结构的干部。

四、构建多维精准考核机制

精准考核是检验精准扶贫实效的重要步骤，也是推动精准扶贫工作向更深层次、更高领域发展的重要力量，是精准扶贫工作的重要组成环节。因此，必须健全和落实精准考核制度，及时发现精准扶贫工作中的不足和弄虚作假问题，降低政府面临的风险，提高精准扶贫的成效。各级执政党组织和政府已然认识到精准考核工作的重要性和建立完善考核制度的必要性。2016年2月，中共中央办公厅、国务院办公厅印发了《省级党委和政府扶贫开发工作成效考核办法》，多个省、自治区、直辖市也在全省范围内开展以县级为单位的脱贫攻坚绩效考核。一些地区将脱贫工作列为一票否决的考核因素。然而，现行的脱贫考核制度仍处于初级探索阶段，尚需进一步完善。

第一，精准考核的测评以随机抽样为主，这种方法是通过对某个村的贫困户、某些乡镇的贫困村进行抽样调查，以此类推，层层递进。这就不可避免地存在统计学意义上的监测遗漏、区群谬误和简约论的不足，导致最终结果严重偏离实际情况。第二，考核指标的设定较为单一，仍以数字、经济论英雄，缺乏全面和可持续的发展观念。忽视生态指标和社会指标维度，不重视对脱贫具有推动作用的外部环境的改善，忽视脱贫的内生动力因素。同时，偏重成果验收型考核，缺乏阶段监督型的考核方式。考核往往在精准扶贫工作的最后阶段进行，受政治因素的影响，问题很难改正或难以及时改正，导致由于问题积累较多，纠正工作十分复杂、烦琐，严重影响了脱贫工作的整体效果。第三，不同层级的政府部门和同级政府不同部门之间的考核体系存在脱节和断层现象。体系脱节导致一些数据和情况被遗漏，应当统计和考核的却未被纳入，造成很多无用或无效数据和指标被纳入考核体系内，无法反映贫困的真实情况，误导高层决策以及相应的资源配置工作。纷乱的考核体系给扶贫工作人员造成了困扰，令其无所适从。第四，对在考核过程中掌握的情况和数据，使用目的单一。在考核的过程中，只注重数据的收集，而收集数据的目的或数据本身的意义仅用来衡量脱贫工作是否完成。这些数据没有经过科学的分析，脱贫工作完成后也不再运用。

为了避免地方政府出于政绩考量而忽视自身的考察职责，或以弄虚作假的方式在上级政府的核查中蒙混过关，笔者建议：第一，将全面普查和抽样调查两种方法有机结合，封堵精准考核的制度漏洞。这种方法可以概括为小普查和大抽查。在对某一层级地方政府脱贫工作的核查中，以地级市为例，抽查其中20%～30%的县区单位，此为大抽查，同旧的做法相比，抽查较大的行政单位；然后对其进行全面普查，此为小普查，同过去相比，普查较小的行政单位。

第二，改革核查程序。原有的考核多数在精准脱贫工作的验收阶段，检验考核对象是否按期完成了脱贫任务，是否按照计划帮助一定数量的贫困人口实现脱贫。这种考核程序不利于问题的及早发现和改正，且改正成本较大，甚至无可挽回。将考核运用到每个阶段，有利于及时发现和纠正问题，降低整体工作出现偏差的概率和相关风险，减少物资和时间成本。

第三，区别对待、分类考评。根据不同地区脱贫攻坚的实际情况和首要脱贫障碍，对考核对象实施符合自身情况特点的差别化考核。例如，生态脆弱但可以重建或改善生态环境的地区，应当将考核标准侧重于生态修复和脱贫相统一方面，以地区和脱贫工作的可持续性为考核重点；对禁止开发和限制开发的区域进行考核，应着眼于人与自然和谐共生、共存、共发展方面，以及特色农业、观光农业、民俗休闲等能保护和改善生态环境，并促进扶贫开发工作的原则和项目；针对自然条件良好，经济基础较为雄厚的地区，应当重点考核循环经济、低碳经济的发展力度，以及传统产业的绿色改造和新兴产业的快速发展对当地贫困人员的带动作用。

第四，明确、健全不同层级政府的扶贫责任、义务和考核机制。县级政府处于精准扶贫工作的关键节点位置，上级政府制定的扶贫政策、提供的帮扶资金需要县级政府传导和落实，并监督具体实施过程。乡镇提供的精准识别数据需要由县级政府汇总并加以分析，乡镇制定的脱贫策略也需要县政府把握方向。因此，用于考核县政府的机制不宜过硬、过死。由于县政府的资源和公职人员的能力有限，指标也不应制定得过高、过大。

对于省和地级市两级政府，考核制度应当侧重于两个方面，一方面是扶贫资源和脱贫人口的总量控制，但在数量上或脱贫时间上采取区间控制，尽量减少部分地区为突显自身成绩而大量、提前完成脱贫任务，导致精准扶贫工作不实不细。另一方面，考核体系中应加入省市政府对区县政府提供支持的义务和监察责任，避免分配任务变成单纯的分配压力，以及省市政府对脱贫工作只重结果和数据，不重过程和实效的局面出现。

第五，建立多维度监督体系。目前的考核监督体系主要由政府维系和运作，易受政治考量、行政体制等因素的影响，存在监督盲区。除去考核主管部门，还可以允许和鼓励不同系统的公共部门，如人大、政协，政府内部其他部门，以及新闻媒体、社会团体、公益组织、公民等不同层次的组织和个人，从多个维度完善监督体系，实现精准考核无死角、无遗漏。

五、构建多元主体贫困治理体系

当前，精准扶贫工作主要依靠政府推动、财政支持、公职人员实施的方式开展，虽然成效显著，但面对规模庞大的贫困人口、具体情况纷繁复杂的致贫原因、多种多样的自然条件和社会环境，仅依靠政府单方面的力量不利于精准扶贫工作的推进。因此，需要广泛而深入地动员包括政府、公私企业、社会组织在内的全社会的力量，打造不拘形式、主体多元的贫困治理体系，共同推动精准扶贫向更深层次发展。

2014年国务院办公厅印发了《关于进一步动员社会各方面力量参与扶贫开发的意见》，提出坚持多元主体，充分发挥各类市场主体、社会组织的作用，多种形式推进，形成强大合力。各类市场主体熟悉市场运行规律、了解市场需求、具有丰富的经营经验和专业知识，能熟练地把握经济活动的节奏，因而在产业扶贫当中可以收到事半功倍的成效。引入不同市场主体可以弥补政府物力不足、人力资源配置缺乏针对性的短板。同时，显著减轻政府的负担，有助于政府将主要精力投入到为企业和贫困地区"牵线搭桥"的工作中，实现社会资本与农业资源的有机衔接，从而提高贫困人口的脱贫效率，加快推动精准扶贫进程。

各类社会组织，如慈善组织、医疗救助组织、企业家联合会、工商联、农村经济合作社等组织，能根据自身的专业性、组织程度，根据不同的具体情况开展极具针对性的帮扶工作。

打造形式多样、主体多元的贫困治理体系应当注重制度的建设和完善，通过最后一公里，令不同主体轻装上阵，相互之间能形成合力，形成各展所长、各显其能的良好局面。为此，需要政府做好以下三方面工作：

第一，明确政府与非政府组织在贫困治理体系中的责任，清楚界定各方在精准扶贫工作中的主要任务和利益。政府的主导地位不能动摇，仍要在精准扶贫当中发挥统筹全局的作用。同时，要充分调动其他主体的扶贫开发积极性，切实提高参与度。

第二，政府应当在法律法规、产业政策以及相关行业准入制度方面，降低准入门槛，扫清多元主体共治贫困的制度障碍。当务之急是打破制度藩篱，将各类非政府组织引入贫困治理体系，令其能合理合法开展扶贫事业。

第三，遵照国家相关法律，在财税制度、社保费率等方面应当做出调整，鼓励非政府组织参与扶贫事业。在财政资金的使用方面，政府可以为社会组织开展的扶贫开发项目提供一定数额或比例的财政配套资金。在税收政策方面，应当建立扶贫投资减、免、退税制度，根据不同组织所开展的不同规模、形式的扶贫项目，以及不同程度的投资水平，对该项目或组织进行一定的减税、免税或退税，作为对社会组织参与扶贫开发的认可和奖励。在社保费用缴纳比例方面也应当做出适当调整，调动社会组织参与精准扶贫的积极性。

第七章 新闻扶贫实践模式

第一节 广播电视在扶贫攻坚中的作用

广播电视作为党和政府精神塑造、舆论导向的支撑,在扶贫攻坚的开展过程中,为了提升扶贫攻坚的整体效果,应引导广播电视在可持续发展过程中提高广播电视的普与质量,同时将广播电视扩展至县乡镇边远地区,从文化服务、新闻宣传等角度出发,传播扶贫攻坚信息,引导广大群众有效利用致富机遇,提升自身的生活质量。

一、广播电视与扶贫攻坚的关系

广播电视与扶贫攻坚的关系主要体现在以下两个方面。

第一,广播电视是扶贫攻坚的舆论导向,广播电视在可持续发展过程中应注重树立大局意识,在致富信息的传播过程中应坚守"扩大开放、保持稳定、促进发展"的服务理念,并对边远地区的发展做出正确的指导,实时监督扶贫攻坚状况,提升整体扶贫力度。此外,为了更好地发挥县级广播电视扶贫攻坚的作用,媒体工作者在实践宣传的开展过程中应坚守以经济宣传、扶贫攻坚宣传为核心的原则,最终提升整体社会经济效益,带动贫困地区的经济发展。

第二,广播电视作为电子类传播媒介,呈现出不受环境约束的信息传播优势,同时将音响、图像、动作、色彩等融于一体,因而广播电视节目宣传中文化新闻、致富信息、新闻稿件等的传播,有助于进一步推广"扶贫先扶智"理念,提升农民整体综合素养。

二、广播电视的扶贫作用

（一）增强群众小康建设信念

广播电视扶贫攻坚作用主要体现在有助于增强群众小康建设信念。部分广播电视在可持续发展过程中为了推动贫困地区经济领域的进一步发展，注重组织全县小康建设文艺调演活动，如《可爱的平定》《再创辉煌》《小康路上》等。云南省镇雄县在推广扶贫攻坚工作过程中，坚持每月举办两次县级电视台晚会的宣传理念，同时在文艺节目宣传过程中注重围绕"身边人、身边事"，以勤劳致富的真实形象提高了农民群众小康建设意识，达到脱贫致富的发展目标。镇雄县在文艺演出活动组织过程中，创办了"心连心、手拉手"艺术团，鼓励艺术团将文艺表演带到乡、村，甚至村民组，深入农村，深入基层大力宣传致富理念，同时通过巡回走村串户展演，如《明天更美好》《半个世纪的辉煌》等，为边远地区农村提供了致富希望，带动其不断提高自身生活质量。可见，广播电视宣传、展演、巡回演出等活动的组织有助于提高群众小康建设意识，因此应提高对其重视程度。

（二）增强群众脱贫信心

一直以来，党中央都把扶贫攻坚工作放在首位，各级党委政府非常重视。以云南为例，"十二五"期间，省委、省政府就将新农村建设工作作为考核各级领导干部的标准之一。"十三五"以来，党中央更是提出了2020年全国消除贫困，达到小康社会的战略目标。因此，各级宣传部门，特别是电视台，都将宣传工作的重心放在了"扶贫攻坚"工作上。为此，为了提升整体扶贫攻坚水平，电视台在宣传工作开展过程中，充分利用广播电视工具，从教育、文化、交通、公共卫生事业等角度出发，做出正确的舆论导向。例如，云南省镇雄县在扶贫攻坚工作开展过程中，为了打造良好的地区发展环境，该县广播电视台安排5名记者长期深入基层，体验农村贫困村生活，同时记录致富信息。最终的考察结果使扶贫方案更加完善，且以"人人为贫困村提供一条致富信息"的广播电视活动组织形式，引导全县65个贫困村，2万多个贫困户获取了325条脱贫信息及部分教学用具等捐献物品，由此提升了贫困村整体生活质量，并增强了群众整体脱贫信心。此外，部分广播电视在节目制作过程中为了迎合扶贫攻坚发展趋势，在广播电视节目宣传过程中将典型脱贫等作为节目宣传核心。例如，《穷山开富路》《他要富和要他富》等节目的制作，均将重点投身于贫困乡村，在一定程度上为贫困地区提供了大量致富机遇。

(三)增加群众致富机遇

增加群众致富机遇亦是广播电视扶贫作用的发挥,其主要体现在以下两个方面。

第一,边远贫困地区在发展过程中存在交通不便、信息闭塞等问题,致使贫困村居民人均纯收入仅维持在 800～1000 元/月的水平上,影响到了贫困村生活质量。为此,广播电视扶贫作用的发挥,可以采用"小点多布"或 MMDS(多点多信道分布系统)等规划方法,为贫困村群众提供致富信息,且突破信息闭塞问题的限制,强化人民群众思想观念,引导其丰富自身致富思想。

第二,广播电视亦可提供教育、科普、信息等资源,如种植、养殖信息等,以此来打造良好的信息共享空间,满足贫困地区致富需求。例如,山西省平定县广播电视在 16 个贫困村庄设置了"小点多布"广播电视,同时提供中央一套、平定台等 8 套节目内容,由此拓展了贫困村致富视野,达到了最佳的扶贫攻坚发展效果,且推进了社会的进一步发展。

综上可知,扶贫攻坚工作在开展过程中仍然存在着扶贫力度不足等问题,影响到了广大群众生活质量。为此,为了带动贫困地区经济水平的提升,县委、县政府等机构在扶贫方案推广过程中应注重发挥广播电视增加群众致富机遇、增强群众脱贫信心、增强群众小康建设信念等作用,打造良好的贫困地区发展空间,引导贫困地区在广播电视舆论导向下,为自身创造美好生活,达到高质量生活状态。

第二节　新闻扶贫报道

数字化时代猝不及防的到来,打破了众多行业的平衡并促使其被迫改革,传媒行业也无例外,媒介融合是行业改革和生存的必经环节。在行业中的生存是促使各种媒介积极进行融合的主要动因,但大众始终是媒体的终极服务对象。生存压力导致行业忽视了对大众需求的考量,令人眼花缭乱的媒体平台主导的"信息爆炸"现象,激化了行业竞争。

互联网走入人们的生活,极大地冲击了电视媒体作为影像传播平台在传统媒体中的垄断地位,目前来看,互联网媒体通过手机、电脑等终端,在信息的传播速度和便捷性上,确实大大优于电视媒体。虽然电视媒体短期内没有被彻底淘汰的风险,但其观众的显著流失,暗示了其亟待改革的严峻问题。深化内容是一个很好的改革切入点,独特优质的内容始终是新闻的核心,拥有真正吸引人的内容,就不会受到其他外因的影响。因此,从节目内容这一内因出发,以观众需求为本,顺应媒介融合的大趋势。在这一点上，广西电视台传统媒体报道精准扶贫在内容上进行了极大的创新和融合。

一、打造精准扶贫新闻报道矩阵

传统电视媒体在交互性上，与手机等新媒介可以点播评论的功能相比，它的缺陷是对信息一般是单向输出，与观众的互动基本为零。但在内容的权威性方面，其悠久的历史是新媒体无法比拟的，这也意味其坐拥海量媒体资源，尤其在主流内容上基本处于垄断地位。（如图7-1）

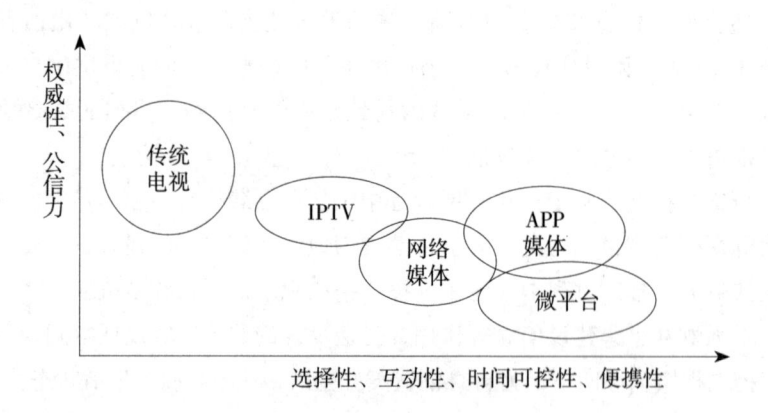

图7-1 新旧媒体特点坐标分析图

从图可以看出，新媒介的权威性和公信力不如传统媒体，但它的选择性、互动性等优于前者。

前者的实力不容小觑，电视媒体坚决不能放弃现有的权威性，同时发挥自身优势，坚守传播主流内容。作为传统媒体，广西电视台在广西壮族自治区的影响力和权威性是排在第一位的，但是传媒市场的竞争还是很激烈的，不仅区内有不可小觑的竞争对手，如广西日报、南国早报等，区外更是有如湖南电视台、浙江电视台、江苏电视台这些同级电视台的实力碾压。所以广西电视台急需对受众心理进行深度总结剖析，对症下药，争取在各大电视台的夹击中突出重围，分一杯羹。依托这个背景，广西电视台作为媒介经营组织者，融合互联网，根据自己的独特地位和主要内容打出了自己独特的口号——美丽南方，一带一路，发现广西，精彩绽放，推送新闻。而且将电视新闻节目与新媒体融合，吸收新媒体优点，增强与观众的互动，拓宽新闻资源与输出渠道。在宣传国家精准扶贫的战略方针上打造了一个以电视台生产内容为主，以新媒体生产内容为辅的精准扶贫的新闻报道矩阵。

在具体的生产上，精准扶贫新闻跟其他政策性新闻一样，都是领导下达选题，新闻中心的记者执行采访，素材拍摄回来再用大洋或者 edius 软件对新闻视频进行编辑，放在广西卫视或者广西新闻频道进行播放，然后广西电视台的新媒体部再对播放的精准扶贫新闻根据不同媒介的特色进行二次加工，进行传播。

（一）传统媒体精准扶贫报道研究

广西电视台1970年上星播出，目前全国覆盖人口过9亿，落地东盟各国，中国香港、澳门、台湾等地区。广西电视台目前有一个卫星频道、九个地面频道，即广西卫星频道、综艺频道、都市频道、影视频道、公共频道、新闻频道、科教频道、乐思购频道、移动频道和国际频道，并且有着自己独特的口号——美丽南方，一带一路，发现广西，精彩绽放。精准扶贫新闻报道以广西卫视和广西新闻频道为主，笔者在广西电视台实习期间，查阅了广西卫视和广西新闻频道的资料库，对精准扶贫新闻的新闻生产内容做了以下的分析。

1. 数量分析

笔者从电视台新闻中心海量资料库中搜索2014年2月份到2017年12月份精准扶贫的报道，总共找到1098条有关信息。经过统计，频道有《广西新闻》《新闻早汇萃》《新闻夜总会》《凡事说理》《新闻1230》《广西经贸博览》《新闻第一击》《新闻10：00》《新闻12：00》《新闻15：00》《新生活》《壮语新闻》《一周新闻综述》《新闻在线》《在线大搜索》《海案线》《新闻大通道》《经济新观察》《资讯大直播》《自治区两会特别节目》等栏目均有对精准扶贫进行报道，4年间每个频道的报道数量分别是550条、59条、2条、19条、7条、1条、25条、53条、58条、56条、65条、92条、12条、32条、7条、7条、4条、8条、20条、21条。并且每年的报道数量呈现递增趋势，2014年2月份到2017年12月份这四年的报道数量分别是42条、231条、400条、425条。

根据统计，2014年扶贫报道数量最少，在2014年精准扶贫这个政策提出来之后，广西电视台关于精准扶贫的报道是逐年递增的。2014年到2015年间的涨幅最大，2015年到2016年间数量处于一个缓和上升期，2016年精准扶贫帮扶活动在全省全面落地开花，到了2017年报道趋于常态，数量逐渐稳定。广西新闻（提供全面快捷的综合新闻信息报道栏目）是报道精准扶贫的主力军，占了报道数量的一半，其次是壮语新闻和新生活，新闻早汇萃、新闻夜总会、新闻1230、广西经贸博览这四个节目在最近两年关于精准扶贫的报道数量为零，笔者经过调查发现这四个节目已经停播。从数量上可以看出，在媒介融合的大时代下，广西电视台传统电视频道依然是精准扶贫新闻产生的主力军。

2. 内容分析

广西电视台新闻播报中关于精准扶贫报道的内容主要是广西地区扶贫地的扶贫现状、扶贫活动、扶贫成果、扶贫措施以及相关机构下达的扶贫政策，最能体现出媒介融合下广西电视台对于精准扶贫报道的倾向性。因为广西新闻播报量最多，最具有代表性，为了方便分析，笔者分别随机抽取2014年、2015年、2016年、2017年各20条，统计如表7-1所示。

表7-1 广西电视台2014-2017（年）内容统计

年份 主题	2014年	2015年	2016年	2017年	合计
扶贫现状	7	5	4	4	20
扶贫活动	1	1	2	3	7
扶贫成果	1	6	5	7	19
扶贫措施	1	2	4	1	8
扶贫政策	10	6	5	5	26

通过统计，我们可以看出近年来广西电视台精准扶贫报道内容主要围绕扶贫政策和扶贫现状。例如，广西新闻在2014年3月的一条报道就很典型，扶贫现状："2014年，广西将扎实推进扶贫工作，力争今年减少贫困人口80万，完成贫困村劳动力转移就业培训5万人，新建贫困屯级道路1000公里，全力打好扶贫开发攻坚战。但是，按照国家最新扶贫标准年收入2300元测算，广西目前还有750多万贫困人口，贫困人口的总量居全国第5位，仍有18%的农村人口生活在贫困线以下。贫困面大、自然条件恶劣、贫困人口素质低、收入低的现状，使广西扶贫工作任务十分艰巨。"广西新闻提供给观众一个综合全面的扶贫报道，让受众从各个方面感受到广西地区对精准扶贫的高度重视。

在媒介融合的大背景下，对于精准扶贫的报道，新闻中心18档节目联合发力。每个频道都有自己独特的扶贫新闻内容和播报风格，而且有些频道之间做到了资源共享，并且利用互联网内容资源，丰富了电视内容，做到了新闻内容价值的再创新，如准点直播间跟广西新闻播报的扶贫新闻有极大的重合，但是此节目每日10：00、12：00、15：00新闻时刻刷新，扶贫信息播报及时、迅速。壮语新闻以壮语形式来播报每天最新的新闻资讯，尽管四年来92篇的精准扶贫报道全部是从广西新闻或者新闻在线等栏目摘选,用壮语翻译出来进行新闻播报,但是扶贫的报道更加凸显地域化特色,主要展现了因地制宜,突出本土特色,这样报道可以让受众有亲切感。又如新闻第一击节目报道扶贫会配上网友的观点和新闻评论:在2016年6月,一个网友拍了自己村精准扶贫的产业扶贫项目果园大丰收现场的图片,得到的点赞量过万,节目针对这个事件对扶贫进行了及时的评论。新生活节目具体报道扶贫产业的加工运营和销售路径,例如在2017年8月6日播出的一期节目中详细介绍了汉林村桑葚的种植,一部分送到石埠乳业生产厂,另外的送到广西东盟经济技术开发区,利用电商平台销往全国各地。桑葚的种植,不仅增加了老百姓的收入,而且促进了当地经济的发展。自治区两会特别节目邀请代表委员走进演播室,讨论政府工作报告的热点话题,精准扶贫是老百姓密切关注的问题。主持人收集观众的后台留言和网友的疑问,向代表提出百姓们在精准扶贫方面的一些困惑。《凡事说理》是主持人代表广大老百姓发声,请两三个专家对精准扶贫政策进行深刻解读,在嘉宾和主持人访谈之外,节目会有百姓心声和编后语两个部分的总结,而百姓心声就是网络上网友对扶贫的一些看法。如在2015年11月22日的《把全面小康美好愿景变成现实》中,网友红萝卜说:"过去的扶贫工作虽然成效显著,但是容易出现方式单一重复帮扶的现象,也就是常常说的'扶'不到点子上。我们希望通过现在的精准识别工作,带给贫困群众更多针对性强且具有个性化的扶贫措施。"这就能很好地体现内容融合,编导在后期制作的同时,利用互联网对扶贫话题的讨论,转载网络平台资源,扩宽了节目新闻资源的渠道。

3.体裁分析

广西新闻中心这十八档节目除了《凡事说理》是专门的嘉宾访谈节目以外,其他的都是新闻播报,笔者经过统计发现报道大致分为三种体裁:消息通讯、新闻特写、深度报道。互联网时代是个碎片化和浅阅读的时代,受众的阅读越来越快速和精确,看电视新闻也通常是选择其感兴趣和重点的部分。广西电视台顺应时代的潮流,对精准扶贫报道消息通讯体裁量最多。

消息通信通常是指内容简短并直截了当地介绍新闻事件或罗列新闻中出现的数字,这类体裁是广西新闻频道在四年里占报道最多的,通常是扶贫政策、扶贫措施以及扶贫成果这三大类内容。这也体现了新闻频道报道精准扶贫的特点,积极传达政府的声音,履行了电视媒体的社会责任。而仅次于消息通讯的是新闻特写,一般是对事件和新闻人物进行特写,记叙事件的全部过程,篇幅较长。新闻设有扶贫人物专题,一般会对此类人物进行详细报道,号召大家向他学习,传达扶贫无私的精神。最后一种是深度报道，不但详细全面地记述新闻事件，而且更深入地挖掘事件的背景、成因和解决办法。篇幅最长通常是扶贫评议和扶贫活动，《海案线》《经济新观察》《凡事说理》《广西经贸博览》是新闻频道作为扶贫的几档深度报道节目，通过专家来解读精准扶贫的政策，解答扶贫过程中的疑问，让观众对精准扶贫有一个更加全面和深刻的认识。如《凡事说理》。最能突出的精准扶贫报道评议的特点，这是一档周播的嘉宾访谈节目，每期都是主持人代表广大老百姓发声，请两三个专家对近期社会上的热点事件或者现象进行深刻解读，如在2016年12月25日《决胜脱贫攻坚实现全面小康》中请了国务院扶贫办全国扶贫宣传教育中心主任黄承伟，解读新出台的全国"十三五"异地扶贫搬迁规划对于异地搬迁的新政策或者措施。这不仅仅呈现了政府相关部门所能提供的帮助，还看到了广西人民对于脱贫所做的努力，彰显了对社会主义建设宏伟蓝图的决心。

4. 形式分析

借助新媒体，广西电视台《广西新闻》《新闻早汇萃》《新闻夜总会》《凡事说理》《新闻1230》《广西经贸博览》《新闻第一击》《新闻10：00》《新闻12：00》《新闻15：00》《新生活》《壮语新闻》《一周新闻综述》《新闻在线》《在线大搜索》《海案线》《新闻大通道》《经济新观察》《资讯大直播》《自治区两会特别节目》播放的内容被编辑成文本报道在新闻频道和广西卫视各自的腾讯官方微信公众号以及官方认证的新浪微博上，在广西广播网络电视台的网站上，所有完整的节目视频均可被找到。在传统电视媒体上精准扶贫的新闻报道内容通过新媒体再次进行输出，不仅提升了自身节目的知名度，有利于广西电视台的更好发展，而且扩大了精准扶贫的影响力，让观众看到广西电视台作为省级媒体为响应国家扶贫号召所做出的贡献。

（二）新媒体精准扶贫报道研究

近年来，为顺应媒介融合的大趋势，在传统电视媒体的基础上，广西电视台紧跟媒体的发展趋势，设立了微信公众号、新浪微博账号、电视台网站、广西IPTV、靓TV等丰富的信息渠道，迎合了大众对于获取信息更为方便的诉求，真正推动新旧媒体的高效融合，实现媒体转型。

广西电视台的新媒体是新型宣传舆论阵地，构建了依托传统电视节目的资源，实现报道融合，体现新闻报道矩阵化的新型平台。（如图7-2）

第七章　新闻扶贫实践模式

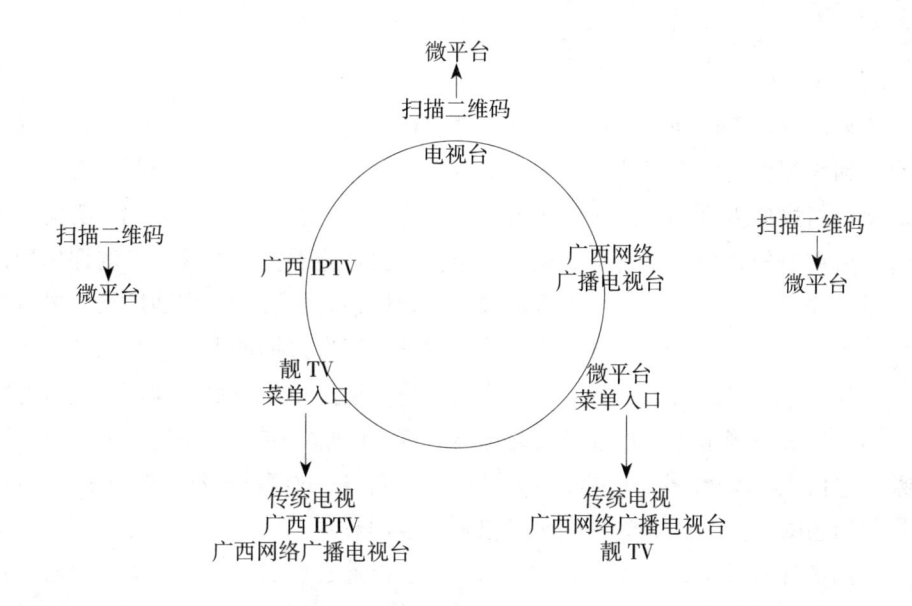

```
                        微平台
                          ↑
                      扫描二维码
                          
                         电视台
            
   扫描二维码                              扫描二维码
      ↓                                      ↓
   微平台      广西 IPTV      广西网络           微平台
                             广播电视台

              靓 TV              微平台
              菜单入口            菜单入口
                ↓                   ↓
              传统电视            传统电视
              广西 IPTV          广西网络广播电视台
              广西网络广播电视台    靓 TV
```

图 7-2　广西电视台新闻报道矩阵流程

　　电视和官方网站上对新开设的各种新媒体平台进行宣传，利用在电视节目和网页广告中插入二维码并赠送礼品等方式鼓励大家扫描，提高新平台在电视观众和网络用户中的知名度，加强互动。根据使用对象对不同终端进行编辑，突出内容特色。一旦人们对平台进行了"关注"操作，就会被该平台的内容和形式所吸引，成为忠实用户。

　　按照大众传播学的"使用与满足"理论来说，每种媒介平台都有自身的特点，满足受众的需求也不一样，具有该媒体平台受众特定的需求，如中老年是传统媒体的最大受众群，青少年偏爱网络社交各种直播平台。同一个媒介平台的不同受众又有着各自不同的个人需求，像老人和小孩一起看电视，老人就喜欢看家庭伦理剧，小孩就喜欢看青春偶像片。但笔者可以不夸张地说，没有人可以彻底的将自己与传媒隔绝。日常生活中，任何个体都或多或少、或主动或被动地受到传媒地影响，对于媒体的平台和内容，每个个体或群体都有其个性取向。作为一个优秀的媒体，广西电视台深刻认识到了这一点，以观众为本，对症下药，果断进行技术创新和政策调整，有针对性地开展平台拓宽和内容优化，为用户提供个性定制选择的机会。

1.广西网络广播电视台研究

（1）生产研究

广西网络广播电视台是广西电视台全媒体联动的核心平台，打通媒介之间的壁垒，网络被作为此次媒体改革的主要战场，既包含传统媒体的新闻内容，也存在海量的新媒体内容和形式。其中就包括大量媒介融合的产物，视觉、听觉完美结合，最重要的是增加了大量的互动内容，电视台能够实时接收用户的评价反馈和意见建议，增添了用户的使用乐趣和参与积极性。笔者浏览广西网络广播电视台的官方网站，除了有"今日焦点"等新闻外，还有近期的电视节目预告，用户可以轻松了解栏目内容，选择自己喜欢的节目。通过单击页面，即可一键直通特色网络广播和电视节目，广播有《北部湾之声》《风尚调频》《旅游广播》等，电视节目包括《广西新闻》《时尚中国》《健康老友道》《收藏马未都》等数十个版块。另设"话题调查台"发起投票活动，鼓励网友参与。

网站的优势在于，对同一个新闻内容，可以通过图文并茂的新闻、电台电视台节目和自制网络栏目等多种方式向用户进行展示，"精准扶贫"的报道就是其中一例。具体包括：网站上的电视和网络节目单，方便用户根据内容或时间任意点播往期栏目；滚动的直播报道与广西卫视新闻频道同步进行，避免网友错过实时动态；新闻报道对视频栏目和直播内容进行整理总结，让暂时无法观看节目的用户也能了解新闻内容；同时，有针对新闻中重点内容的短视频和新闻快讯，增加原本对该新闻主题不感兴趣的潜在用户。

播出时间固定是电视传媒的最大特点之一，这也给观众带来了时间不自由、容易错过关心内容等问题。而网络广播电视这一平台，就很好地补上了这个短板，将电视节目按照时间顺序同步到网络上，观众不再受到播出时间的限制，无须担心错过节目，为"精准扶贫"相关内容争取了更多关注度。

（2）内容研究

笔者分析网站的精准扶贫报道内容，总共有一万多条相关信息，分别来自三个方面：电视节目资源、转载其他纸媒相关的扶贫新闻稿件、大型扶贫活动专题报道。

其中电视节目资源是广西网络广播电视台报道精准扶贫内容的主要来源，其次是转载的各大报纸新闻，最后是大型扶贫活动直播。电视节目资源是广西网络广播电视台与广西电视台传统电视紧密合作，分别与每个电视频道联合，将其内容都集中在网站上；其他报纸新闻是来自《广西日报》《南国早报》《玉林日报》等扶贫新闻的相关稿件；大型扶贫活动专题报道是整合了广西电视台所有户外进行的扶贫电商活动的视频资源，总共有20条。电视节目资源的呈现、转载其他报纸相关新闻、大型扶贫活动专题报道都是利用媒介技术融合来丰富广西网络广播电视台网站的扶贫报道资源的，但唯一不同的是大型扶贫活动专题报道包含了原创成分。网站新闻专题通常是指围绕某一重大新闻事件或事实，在一定的时间跨度内，运用消息、特写、评论、调查等新闻体裁，同时补充背景资料、新闻分析，调用文字、图片、声音、视频等多种表现方式，通过专门的编排与制作，进行连续的、全方位的、深入的报道和展示新闻主题前因后果、来龙去脉的新闻报道组合。网站对精准扶贫的专题报道往往以一个报道角度为主、其他角度报道作为辅助，或者制作多个专题网页，从不同角度进行详尽报道。例如，关于扶贫活动——"党旗领航电商扶贫我为家乡代言"专题中，通过网站《头条》《视频报道》《图片报道》《本网专稿》等栏目，从扶贫准备、扶贫过程、扶贫成果等不同角度对电商活动进行了详尽的报道，并通过超链接的形式使读者能够观看电商扶贫活动一系列的节目；而在专题报道下方，有相关的信息链接，网友能够迅速切换到详细的扶贫特产介绍，文字、图片以及视频不同的报道形式适应了不同读者对于精准扶贫新闻内容的需求，加上精准扶贫活动本身更多的特色，从而增强其网络的外在形象。

通过报道来源分析可以发现，广西网络广播电视台依靠媒介技术，集合了传统媒体大部分新闻资源，但广西网络广播电视台的编辑通过台里的新闻资源或者前方记者的报道经过二次加工，用网络新闻的语言或其他形式表现出来的关于精准扶贫原创内容特别少，网站主要是充当传统媒体内容输出到新媒体的平台。

2. 广西电视台微博研究

为配合广西电视台进行的精准扶贫报道，广西电视台各频道官方微博也对扶贫内容根据官微的特点进行了二次创作发布，打造微博扶贫新闻报道矩阵，扩大广西电视台精准扶贫报道在微博上的声浪。

广西卫视微博官方平台目前有60万粉丝，截至12月1日，发布了17829条微博。笔者通过搜索发现：在这一万多条微博里，输入"精准扶贫"，只有少数关于精准扶贫的信息；《第一书记》官方微博目前近4万粉丝，从《第一书记》栏目开播的2014年2月21日到12月1日期间，共发布了1305条微博；广西新闻频道、广西影视频道、广西综艺频道、广西公共频道、广西国际频道、广西科教频道、广西乐思购频道、广西都市频道和广西移动频道，经过全网微博搜索，有关精准扶贫微博分别是：70条、62条、31条、8条、2条、0条、0条、0条、0条。

（1）发布内容分析

笔者经过分析发现广西卫视的官方微博主要是对传统媒体新闻用微博化的语

言呈现出来以及对《第一书记》节目官方微博的转发；《第一书记》官微主要是发布第一书记节目预告信息；广西新闻频道的扶贫微博主要是传统电视媒体——广西新闻频道报道的扶贫新闻，经过二次生产加工，用精炼简短的语言加上文字或者图片发给粉丝观看并与之互动；广西影视频道、广西公共频道、国际频道是为"我为家乡代言"扶贫活动做的微博预告和成果汇报；广西综艺频道是为"三月三赶大好"精准扶贫土货展发的活动微博。从广西电视台的微博发布内容可以看出，微博主要是针对传统电视的扶贫新闻、节目和扶贫活动，对内容进行精简、提炼，保留最重要、最具有吸引力的扶贫信息用适应微博的传播特色的方式，进行二次加工发布。

（2）发布形式分析

由于微博发布字数的限制，广西卫视微博发布的实时新闻消息也具有短小精悍、一目了然的特点。发布形式一般为文字加图片、视频、直播或者网页链接，博文表现形式丰富，不使用纯文字发布信息，使其具有强烈的视觉冲击力，用以烘托文字的重要性。图片和视频的有效运用补充了文字叙述的不足，给人以直观的视觉印象，同时赋予版面审美价值。

在节目和活动方面，主要用文字、图片、视频直播等发布形式。例如综艺频道为了"三月三赶大好"的《华南城第三届民俗文化商贸节暨精准扶贫土货展开幕盛典》，在间隔很短的时间段内连续发了5条微博，对当天的开幕用图片的形式进行公布，跟进现场报道，在活动过程中，还开通了微博直播观看功能，让观众能身临其境感受扶贫活动现场的气氛。活动结束后，通过话题微博的形式对当天的土货扶贫情况进行完整播报。

相对于扶贫活动和节目的预告性微博，扶贫新闻类播报是对传统媒体总结精简化的网络呈现。，新闻在微博上的呈现形式更为丰富，多为文字加多图、文字加视频、文字加链接的形式，标题相较于电视新闻更加通俗直观，内容也精当简练。

（3）发布体裁分析

在扶贫新闻类播报上，微博发布体裁上是以消息为主的。作为一种简练的新闻体裁形式，与微博的短、平、快的特点十分契合，如在节目和活动报道上，微博体裁主要是专题报道，专题是一种经常被运用在重大新闻事件中的报道体裁，其在微博上主要以话题的形式呈现，如@广西卫视#第一书记#以及广西电视台影视频道、公共频道、国际频道为#党旗领航·电商扶贫"我为家乡代言"#这个话题而发的广西区各地电商大集活动预告和汇报成果的微博条文，等等。这种形式可以将零散的微博报道串联起来，共同完成对扶贫新闻或者扶贫会议以及活动的报道。有些扶贫新闻播报结尾还加有简短的评论，吸引网友参与其中，进一步适应微博社交化的传播平台，转发和评论量大大提高。

3. 广西电视台微信研究

为配合广西电视台进行的精准扶贫的报道，广西电视台各频道官方微信也对扶贫内容根据官微的特点进行了二次创作发布，扩大广西电视台精准扶贫报道在微博上的声浪。

微平台报道精准扶贫的内容来源有五个方面：广西电视台自身节目、记者编辑的原创内容、广西网络广播电视台、微平台电商扶贫和扶贫活动直播。具体如表7-2所示。

表7-2 微平台报道精准扶贫内容

内容来源	内容介绍
广西电视台自身节目	包括各个频道的扶贫新闻资讯和节目视频
记者编辑的原创内容	原创扶贫稿件以及节目预告文章
广西网络广播电视台	链接广西网络广播电视台入口
大型扶贫活动直播	同步直播传统媒体的大型扶贫活动和回顾
微平台电商扶贫	链接扶贫产业电商渠道入口

融合广西电视台自身节目、广西网络广播电视台、大型扶贫直播活动以及电商扶贫内容都是通过媒介技术来实现的，不进行过多分析。这里具体分析一下微信平台记者编辑原创内容的文章。通过对广西电视台官方微信平台的搜索，发现广西卫视、广西新闻频道、广西影视频道、广西综艺频道、广西公共频道、广西都市频道以及《第一书记》官方微平台的相关扶贫文章分别是63条、203条、35条、6条、43条、3条，500条。广西国际频道、广西科教频道、广西乐思购频道，广西移动频道暂时还没有官方微信公众号。

（1）推送内容分析

广西卫视微信报道内容主要围绕着广西新闻频道，广西卫视《第一书记》节目。对精准扶贫报道周边的内容、精准扶贫活动直播、精准扶贫衍生的专题节目这些范围进行内容发布与传播。在单纯的扶贫新闻播报这块，注重吸收其他微信公众号上的优质内容，比如扶贫地的官方微信公众号，拓展了内容信息的来源，经过二次加工,进行整合和改造,将硬新闻进行软处理,使之符合移动互联网用户的接触习惯,有利于社交传播,使内容产品发挥出最大的社会效应。广西影视频道、广西公共频道全部的推送是为"我为家乡代言"活动进行的活动预告和活动总结。扶贫大型活动和《第一书记》节目的官方微信文章基本都是预告和总结性报道的,在节目或者活动之前,微信报道通过文字加图表加视频形式进行宣传,吸引受众定时观看。在节目或者活动之后,又合时宜推送出节目内容回顾和活动成果汇报的报道。以广西影视频道2017年1月17日发布的《4分钟了解"党旗领航·电商扶贫",2016年五大行动辉煌成就!》为例,运用文字+图表+视频的形式,先介绍了"党旗领航·电商扶贫"2016年五大行动,接着用了4分钟的一段视频回顾2016年电商扶贫的一系列成果,各单位共同努力,经过大走访,大培训,大公益,大促销活动打造了党建+电商+电视+扶贫综合服务的新模式,最后解释电商扶贫活动给精准扶贫插上了最快捷、最精准、最大限度整合资源的新翅膀。视频环环紧扣、条分缕析,完整展现了电商扶贫活动对广西地区发展的意义。

(2)推送形式分析

在报道形式上,微信在精准扶贫报道上呈现多种报道形式,包括文字、图片和视频,也涵盖了图表、动漫视觉元素等新形式。

无论是扶贫新闻、节目还是活动的微信推送,跟传统的电视媒体相比,微信的标题使用通俗、直白、有趣。文字+图片+其他形式在微信报道中得到了广泛运用,体现出微信报道的立体化,跟微博相比,微信在报道时更加注重新闻制作的精致性,这与微信新闻推送数量的有限性和信息传播的封闭性有一定的关系。

(3)推送体裁分析

在新闻播报上,解读式报道是扶贫新闻微信报道的重要形式。这种形式的运用依托于传统电视的新闻资源,通过对传统电视媒体大量报道的整合及要点提炼,最终以简练清晰的形式进行呈现,并且进行了深刻的解读。另一方面,新闻字数的无限制为深度解读式报道的呈现提供了可能。以广西新闻频道官微2017年7月11日推送的《精准扶贫决胜小康之南丹输血促造血村级集体经济活起来》一文为例,该报道综合了广西电视传统媒体的视频以及记者从前方发送回来的图片,通过图片和视频的形式将这一新闻内容形象直观地进行了重新深刻的解读,完整展现了精准扶贫对南丹经济发展的巨大影响。

而对于扶贫节目和活动的报道,消息和通讯体裁一般居多,其对新闻推送数量的限制则决定媒体需要讲求新闻质量,才能增加受众熟性。如果微博是传统电视报道扶贫新闻和活动的"预告片"与"剧情直播",那么微信就是"精华剪辑版"，是对新闻要点的梳理和总结。

宣传有关"精准扶贫"的栏目和新闻，是开通官方微信的主要目的。与此同时，电视台运营时发挥了创新能力，将公众号作为一个手机端的"微电视"，形成了品牌特色，加深了用户印象，收获了大量订阅，得到了更理想的宣传效果，成为群众了解"精准扶贫"内容的重要途径之一。例如，《第一书记》栏目设置了两个公众号，一个是用轻松的网络语言对节目进行预告，公众文章会用图片、文字、视频对最新一期的节目进行宣传；另一个是服务号，专门链接到传统媒体的电视节目以及在线购买扶贫产品的网站平台上。

微信公众号对"精准扶贫"新闻传播的另一个重要贡献，就是其高度互动性。无论是宣传账号还是服务账号，都提供给用户和节目最直接的互动机会，通过在微信后台或推送文章下方直接进行评论，便可收到官方的即时回复。与网络上的互动平台相比，微信与市民交流更为直接，省却了中间的复杂环节，而且活动更灵活多样和开放，如使用各类小程序和扫描二维码等。

二、推进全媒体式扶贫报道活动

随着智能手机和各网络公司开发的移动终端的功能同步先进，在手机终端上观看电视直播早已成为可能。由此，2015年广西电视台与腾讯公司展开协作，授予官方微信的电视转播权，用户通过手机微信即可实时收看电视直播。迄今为止，电视台旗下的以广西卫视为首的新闻、科教、都市、公共、综艺、影视、国际、交通9大频道已实现了"全媒体"平台模式，促进了媒体平台的多维融合、互助发展。在媒介融合不断发展的大环境气氛影响下，广西电视台报道精准扶贫主要利用5大媒体平台，即代表传统的电视台和代表革新的广西网络广播电视台网站、官方微博、微信公众平台、移动客户端、广西IPTV展开全媒体报道，其中以传统电视平台的报道为主，新媒体平台报道为辅。

广西电视台实行"全媒体"战略之后，制定策略和方向的重要性进一步受到重视，因为同一集团的新闻来源大体相同，所以信息的整理和报道策略就是集团中各个媒体部门拉开差距的关键武器。具体来说，全媒体新闻报道策划书是被各个子媒体编辑一起联合完成并向其新闻中心下"订单"的，活动策划书中包含采访时间、内容、方式（文字、图片、视频等）以及采访效果等要求。报道团队由全媒体新闻采集中心接到策划书后组成，报道团队的成员在文字、图片、视频上各自有所擅长。活动报道团队启程进行报道，同步电视直播，并发回文字，图片和视频的素材，通过传稿平台传到稿件库以供编辑筛选，之后需要经过内容整理、按需分类才能对文章细节做进一步润色，按照文章发表在报纸、网络或微信微博等平台的不同特色和受众，对文章内容的侧重点和语言、版面的形式和配图甚至发布时间等因素都要综合考量。受众反馈和参与成为广西电视台全媒体报道的重要组成部分，受众可以通过现场参与、电话、短信、网络论坛等形式表达自己的观点，这种参与可以贯穿整个报道全过程，报道团队应该密切关注受众的反馈，把反馈的内容融入后续的报道当中。

（一）案例回顾以"我为家乡代言"——浦北县电商扶贫活动为例

"我为家乡代言"活动始于2016年，至今已成功举办两届，由当地政府党组织、各市县的民间协会和电视台主办。为了促进当地民众积极开展电子商务创业的原创形式，鼓励有走上前台意愿的市民站出来，讲述自己对故乡的感情和故事，通过互联网起到带头作用，加速本地电商业务开展，对刺激广西经济发展有积极意义。

此活动是广西第一档大型全媒体联动农村电商服务平台的精准扶贫直播节目。"互联网＋扶贫"脱贫攻坚新模式是广西"党旗领航·电商扶贫"行动的重要组成部分，这发挥了党建优势，汇聚了电商力量，以"生态"为核心，整合旅游及当地特产的电商热潮，通过电商拓宽销售渠道，让贫困户直接受益，共推精准扶贫，从而走向共同富裕的道路。在第四届中国媒体创新论坛上被评为2016年度"影响中国传媒"最具市场影响力媒体活动，得到社会各界广泛好评。2017年，东兰、马山、鹿寨、融水、资源、博白、浦北、靖西、钟山、金秀、大新11个县（市）入选2017"我为家乡代言"活动承办单位。

整个系列活动的报道其实是分成三个要素的，即活动的组织者、活动的报道者及受众。活动的组织者分为主办方和承办方，由自治区党委和党工委、自治区商务厅、工商局、扶贫办和广西电视台主办，承办方是入选的县市的中共县市委、县市人民政府以及广西电视台影视频道。活动的报道者是广西电视台的影视频道、新闻频道、公共频道、国际频道、广西网络广播电视台、官方微博、微信、靓TV移动客户端、女神看世界花椒直播平台。受众即现场的观众、电视机旁的观众和直播互动参与的观众。事实上，"我为家乡代言"活动是这三要素之间协商进而形成了一档大型全媒体联动的精准扶贫直播节目，广西电视台新闻中心与新媒体中心合作，派出主持人和记者去活动地报道当天的电商活动。广西影视频道，新闻频道、公共频道、国际频道并机直播，广西网络广播电视台、广西IPTV、靓TV移动客户端，女神看世界花椒平台同步网络直播，另外，除了直播活动外，还通过官方微博和微信进行活动报道的预告和后续追踪来构建活动报道文本的外围，突出扶贫活动的意义。

广西电视台报道采用了全媒体的报道模式，利用5大媒体平台——电视平台、广西网络广播电视台网站，广西IPTV、靓TV移动客户端、官方微平台，展开全媒体报道。同时，在不同的媒体平台采用了不同的互动方式，并利用多种互动技术，最大限度地丰富受众参与互动的形式，满足受众参与互动的诉求。

（二）全媒体报道浦北县电商大集活动新闻生产分析

以2017年浦北县电商大集为例浦北县是2017年"我为家乡代言"11个县（市）活动承办地之一，位于广西，地产优美，物资丰富。2017年11月25日，广西影视频道、新闻频道、公共频道、国际频道并机直播，全程报道了浦北县"党旗领航电商扶贫"的完整活动及相关新闻。从报道的时间范围来看，广西电视台对于浦北县电商大集不仅仅包括25号当天的报道，还包括活动当天前后的报道。根据时间段的不同，报道的来源及其内容也有所区别。

1. 提前预热活动信息

广西影视频道、新闻频道、公共频道、国际频道以及广西卫视都对浦北县电商扶贫活动做了电视预告播报，报道活动的时间和内容，如广西卫视在11月24日利用电视媒体播报了一条相关新闻——《"党旗领航电商扶贫"——浦北县电商大集将于11月25日9：00举行》。另外，广西影视频道、新闻频道、公共频道、国际频道以及广西卫视利用其在新浪微博平台和腾讯微信公众平台官方认证账号"广西影视频道""广西新闻频道""广西公共频道""广西国际频道"和"广西卫视"，提前一天发布活动预告信息，详细介绍活动播出时间及信息，利用微博和微信新媒体提前告知大众。手机、平板和台式机都是能够轻松收到实时预告的3C设备，消息的获取轻而易举，不再受限且更人性化，对于增加活动参与人数十分有效。

如广西影视频道提前十天就发了这样一条微博：TA是"山间野货"红椎菌#党旗领航·电商扶贫"我为家乡代言"##山水浦北，常来长寿##浦北县电商大集#11月25日9：30将在钦州·浦北县举行!#中国联通第一书记创富商城+y匝路发农村电商平台#同步整点秒杀惊爆特价！赶快来围观!@广西新闻频道@广西公共频道@广西国际频道@我为家乡代言。在之后的十天，每天发布关于浦北县电商扶贫不同特产的消息告知大家。因微博字数限制，每条内容不得超过一百字。微信公众号因为没有字数限制，预告报道文字较长，视频和图片应有尽有，并且提前了很多天进行预告，并且到活动举办当天的这段时间里隔两天发布一次，承载了活动报道的宣传使命。

这表明普通观众通过各种媒体节目对某一新闻的不同切入角度和报道形式，

在头脑中进行信息汇总，形成自己对某一事件的最终看法。对新闻阐释更全面，与观众的理解习惯与需求相符的节目及生产媒体，就会获得更多忠实用户的关注。媒体需要安排好一切流程，用最人性化和最便捷的方式，引导观众轻松理解其正在观看的新闻。长此以往，观众就很容易接受并且对该媒体产生依赖。广西电视台以传统媒体和新媒体轮番轰炸的形式进行活动预告，让大众尽早接收活动信息，为活动当天的收视率做了有力的保障。

2.全媒体直播报道活动过程

电商大集的多个展位展出浦北县的各种特产，各代言人立足人文亮点，深挖产品文化，观众们纷纷到展区试吃体验。广西电视台影视频道、新闻频道、公共频道、国际频道对活动进行全程直播，并在电视屏幕下方贴出二维码画面，让电视机前的观众扫描屏幕下方的二维码，商家利用购买产品以及利用短信抽奖模式跟观众进行互动；广西网络广播电视台、广西IPTV、靓TV移动客户端、女神看世界花椒号、微信平台、央视网进行同步网络直播。因为这些平台都有连接直播的链接入口，在以上所有媒体平台都可以简单地通过点击内容文字，一键跳转到直播房间，提供流畅的用户体验，便于直播这种新形式的普及。

其中自拍女王利用手机网络直播在花椒平台上吸引了17.3万人在线观看，并且跟粉丝进行了线上线下的互动；粉丝们不需要下载花椒APP，直接进入广西电视台官方微信，通过直接链接女神看世界观看直播。微博方面，广西影视频道官微在活动期间连续发了三条微博向网民们报道活动的进程，每篇都是九张图片配文字。

从理论上来说，按照一个连续的方式报道事件并且把新闻活动进行讲述，事件本身的发展可以使播出更条理化，有秩序，这一叙述化的特点由于新闻活动报道直播而更显突出。广西电视台在此次的活动中做到全方位的播报，考虑到了受众的特点，针对受众人群进行了直播，很好地完成了党组织下达的精准扶贫任务。

3.紧追活动后续跟踪报道

广西影视频道、新闻频道、公共频道、国际频道以及广西卫视继续报道浦北县电商扶贫活动，多为总结性的内容。例如，在11月25日，广西新闻频道播出新闻《浦北县电商大集于今日完美落幕》，总结浦北县电商在11月25日的内容和成果；微博上#浦北县电商大集#话题的阅读量达到236.2万，讨论达到了9118次，广西影视频道在活动结束之后立刻更新了一条官微博，以扩大广西电视台报道精准扶贫在微博上的声望；微信公众平台在当天总结活动节目、利用前方记者发回来的图片和资料，运用平台编辑文章的功能原创了一篇"浦北县电商大集直播开卖'世界长寿之乡'特产引发抢购热潮，原生态品质获大众好评"的文章。

影视频道还在当晚的 22:55 进行了重播。广西网络广播电视台设置了"我为家乡代言"系列活动的专栏，可以无限制地重播观看浦北县这次电商大集活动。

广西电视台对于电商活动的报道编辑是呈累加趋势的，而且这种累加编辑的报道是非常重要的，因为人们从活动的中心不断向边缘靠拢。在整个报道过程中，广西电视台各媒介平台围绕着电商大集的活动，根据自身平台的特色，不仅有还原事件原貌的基本报道，更开拓了不同视角，挖掘事件中的潜在新闻，组成内容丰富的独家事件专题。

4.活动受众参与分析

电视报道活动一般都会给予观众身临其境的感受，给没有在现场观看的受众提供参与活动的互动平台和渠道，这相对来说是公平的。在媒介融合的大背景下，新旧媒体一起发展，共同融合，为受众提供了更为广泛、更易获得的互动渠道。微信订阅号、新浪微博等新媒体平台在举办这种活动时，不仅要负责推送新闻，更为参与者提供了除了电视台以外的另外两种参与报名通道，提供给大家更多的参与机会，同时对两种平台的用户获取活动信息起到了极大的宣传作用。报道新闻与宣传活动同时进行，密不可分。

此次电视直播，电视台提供了编辑手机收费短信、扫一扫屏幕下方二维码、现场观众直接参与这三种简便方法来体验互动的乐趣。一是编写节目评论发送到活动电话号码上，参与捐款或义卖奉献爱心，更有机会获得奖品。二是微信识别二维码，进入活动界面发表评论或参与购买节目周边内容。三是现场直接参与，就是主持人跟现场的观众以及买卖产品时商家跟顾客之间的互动。广西网络广播电视台使用时下流行的"弹幕"方式，这一词是对在屏幕上不断出现的像子弹一样密集的节目短评。具体方法是用手机在现场发送弹幕，即可实时滚动出现在现场直播屏幕和网络直播画面上，发送者更可以调节弹幕的文字颜色和大小，及其在屏幕上的位置，增加了互动的趣味性。广西 IPTV 通过互动版块和扫描二维码与观众互动。微信受众不仅可以观看整个活动的直播，还可以链接到花椒平台上看两个自拍女神在活动现场讲解直播过程，同样可以通过二维码扫描到农村电商平台购买产品，微博进行留言和转发以及进行微博热门的话题讨论，微信后台进行粉丝留言以及抽奖互动；靓 TV 通过直播观看，线上扫描线下购买，还有 UGC 互动，网友在网络平台发布自己的原创内容，有偿或无偿提供给他人，现场观众拍摄视频通过靓 TV 个人账号上传到社区供他人观看。

第三节 新闻扶贫影像建构

近年来,电视荧屏上掀起了一股扶贫潮,各类扶贫节目纷纷涌现。例如,广西台的《第一书记》、河南台的《脱贫大决战》、中央台的《决不掉队》、重庆台的《聚焦扶贫》、海南台的《脱贫致富电视夜校》、青岛台的《乡村合伙人》以及东方台即将开播的《我们在行动》等等。可以说扶贫在当下俨然成为一种电视现象。扶贫类电视节目通过形象、情节、价值观、仪式等要素建构起"召唤结构",动员社会力量参与扶贫。但这种结构存在对贫困群体的选择性遮蔽、批评性意见的暂时搁置、观众角色扮演的困扰、召唤与应答的失衡等问题值得探究。

一、扶贫与电视传播

古今中外,贫困现象从未绝迹,并且也是当今的一个世界性难题。但是,受特定历史阶段和文化传统的影响,人们对贫困的态度和认知并不一致。从我国的情况来看,至少在宋代以前,贫困在道德上是中立的,正所谓"死生有命,富贵在天"。贫困或者富贵,不是个体能决定的,而是上天安排,命运使然。一些拒绝富贵的"贫士"往往受到人们的敬重。但是随着商业发展尤其是资本主义的入侵,小到个体,大到国家,贫穷不再是命中注定,而是无能的表现。无能就会落后,落后就要挨打,因此,自清末至民国,在人们的观念中,贫困群体是可耻的,有罪的,是需要救济和改造的对象。而且,无论官方还是民间的慈善机构,其济贫活动的对象也是有选择的,类似节妇、孝子这样有德行的穷人会优先受惠,而职业乞丐、无业游民则不仅不应该得到救济,反而应该接受强制拘留和劳动。进入革命年代,贫困的原因被归结为帝国主义、封建主义和官僚资本主义的剥削和压迫,贫穷成为某种具有"悲情"的革命性力量而受到推崇。新中国成立以后,贫困,尤其是农村贫困,又一直被定义为"暂时的困难"和"牺牲农业,发展工业""牺牲这一代,富裕下一代"的"理性选择"和"神圣使命"。直到改革开放之后,人们才正视当时存在的普遍贫困现象,打破了"贫穷光荣"的思想。中国共产党提出"贫穷不是社会主义"的论断,强调生产力不发达是贫困的主要原因,并将带领全国人民脱贫致富奔小康作为一项政治承诺。在这一时代背景下,摆脱贫困不再只是个体和家庭的内部事务,同时也成为政府的责任和义务。

既然"贫"要"扶",那么,如何扶?不同的归因带来不同的工作思路,也使我国的扶贫工作呈现出不同的阶段性特征。改革开放之初，我们将贫困归因为生产力不发达，相应的主要任务便是发展科技，提高生产力。因此，扶贫的方式不再只是施舍和救济，而更多地表现为一种以县、乡、村为单位的开发式扶贫，致力于"造血"而非"输血"。但是，由于自然条件、个体禀赋和资源动员能力的差异，这种行政主导和"大水漫灌"式的扶贫开发并不能解决所有个体的贫困问题。因此，2015年，中共中央和国务院出台《关于打赢脱贫攻坚战的决定》，提出"精准扶贫"，将扶贫工作聚焦到贫困户，力争到建党一百周年时，即2020年全面建成小康社会，使中国现有标准下7000多万贫困人口全部脱贫。

电视媒体作为党和人民的喉舌，自然参与到了这项工作当中。由于人们对于贫困的理解以及扶贫工作的重心认知不一样，加之传播生态的变化，不同时期的电视扶贫呈现出不同的特点。早期电视节目谈富多，谈贫少，主要介绍各地的新技术、新经验，似乎谈"富"就是帮"贫"。如《金土地》《致富经》《乡村发现》等，这些电视栏目因为率先将镜头对准了农村而获得了非常好的社会效益和经济效益。但是，由于地域发展存在差异以及观众信息渠道的增多，简单介绍技术经验的做法难以持续赢得观众认可。在此背景下，2005年左右，一些电视栏目被迫转向"游戏化""娱乐化"。如《金土地》直接被《乡村俱乐部》取代，《乡村发现》也在制造"快乐"的名义下多次停播改版。荧屏上，欢声笑语遮蔽了现实的贫困现象，游戏娱乐代替了对贫困问题的讨论，这种局面直到2015年前后才发生改变。2014年2月，广西电视台率先创办《第一书记》栏目，聚焦农村扶贫工作；随后青岛电视台《乡村合伙人》、河南电视台《脱贫大决战》、中央电视台《决不掉队》等一系列电视栏目纷纷亮相，直面农村现实问题，以动员社会力量帮助贫困地区和贫困户脱贫致富作为首要任务。至此，一种新的节目形态——扶贫类电视节目基本形成。

二、"召唤"：扶贫类电视节目的影像建构

从意识形态层面来看，"召唤"指的是将个体纳入权力结构的过程。所谓"召唤结构"，是指文学作品中存在的不确定点或读者对作品进行艺术想象的空间。与召唤结构紧密联系的两个基本概念是"空白"和"否定性"。空白是一种动力因素，是一种寻求缺失连接的无言邀请，一个没有空白或者空白不足以引起填补冲动的作品是没有生命力的。所谓否定性，是指作品对受众"前意向"或"前理解"的否定。换言之，如果一件作品能够照亮受众意识中的阴影部分，让受众看到自己未曾看到的东西，这件作品也就具有了否定性。就电视扶贫而言，其主要目的便

是配合党和政府将各种社会力量"召唤"到脱贫攻坚的政治实践中来，因此，扶贫类节目的核心和要义就是要建构一种"召唤结构"，使之产生动员的力量，而不是仅仅停留在服务层面。这既是当下扶贫工作的客观要求，同时也符合电视媒体提升传播力的主观愿望。

形象召唤。在当今消费主义文化时代，社会公众人物尤其是演艺明星的参与能够保证栏目在短时间内迅速获得较高收视率。纵观当下荧屏，无论真人秀、生活服务类还是体育竞技类节目，明星都是不可或缺的结构性要素。他们或是节目的主要表演者，或充当嘉宾、评委对场上表演者进行评价，这些都是节目收视率的重要保障。同样，扶贫类节目也充分利用了这一要素资源，将其嵌入节目的召唤结构中。例如，在河南台《脱贫大决战》栏目中，节目组每期都会邀请一位社会名人深入河南农村贫困地区进行体验，央视主持人敬一丹、"老戏骨"张凯丽、"春晚常客"孙涛、河南老乡张泽群等名人先后应邀成为节目的体验者和观察员。同样，在中央台《决不掉队》栏目中，刘媛媛、黄薇、韩磊、徐涛、郭铁城、李晓枫和高广泽等社会知名人士也相继成为节目的体验嘉宾，实地体验贫困，为帮助贫困户脱贫致富奔走呼吁。脱离舞台和聚光灯的明星们在贫困的农村究竟会遭遇什么，这无疑是一个巨大的问号。名人形象的情境置换带来巨大的陌生化效应，产生了诸多的不确定性，从而为观众的介入创造了良好条件。

情节召唤。如何讲好扶贫故事，关系到节目成败。目前国内扶贫类节目的叙事策略主要有两种：体验式和竞赛式。所谓体验式，是以纪实方式记录下体验者在农村的所见、所闻、所感，采用的是第一人称的叙述方式，即"内聚焦"的叙述策略。所谓"内聚焦"，指的是叙述者在故事内，叙述者信息量等于人物信息量的叙述方式。除此之外，还有一种"零聚焦"叙述方式，其特点是叙述者在故事外，叙述者信息量大于人物信息量。相对于"零聚焦"而言，"内聚焦"能够做到短、平、快，非常契合电视栏目周期性制作和播出要求，同时也使得节目更加真实、亲切。更为重要的是，由于体验者与被体验的贫困户之间客观存在的经济和社会地位的落差，使得节目从一开始就产生了诸多悬念：体验者在农村将经历什么？他能够帮助贫困户脱贫吗？他会怎么做？贫困户会接受他吗？他们的命运会因为体验者的介入而发生改变吗？种种悬念和不确定召唤着观众跟随体验者一起进入节目当中。上文提到的《脱贫大决战》和《决不掉队》均采用了此类叙述策略。而所谓竞赛式，是移植了真人秀的情节模式，将参与扶贫的团队分成竞赛双方，设置扶贫任务和行动规则，竞争双方必须在规定时间内完成规定任务，最后按照扶贫成效评出优胜者。这类节目最大的悬念便是：谁将胜出？这一模式的典型代表作是青岛电视台的《乡村合伙人》。山东青岛与贵州安顺是结对帮扶城市。2014年，青岛电视台邀请北京、青岛等地的国内8位知名企业家来到安顺市天兴村，分成两个小组在村里居住考察、撰写商业计划书、募集资金并展开内部竞争。整个过程被完整记录和剪辑播出，被誉为国内第一档大型公益类扶贫电视真人秀节目。

价值观召唤。在现代社会"贫穷"并不是一个褒义词，无论从官方还是民间层面来看，贫穷都是需要被拯救的对象。在官方话语看来，贫穷不是社会主义；在民间话语看来，人穷志短，笑贫不笑娼。但在扶贫类电视节目中，这种"前意识"和"前理解"被颠覆了。在中央电视台《决不掉队》栏目中，我们看到了大量让人感动的鲜活案例，如福建永泰独居深山的一家人，或病或残，生活十分艰难，但无论扶贫干部如何劝说，不管当地政府给他们提供了什么样居住条件，他们始终不愿意搬离那栋风雨飘摇的老木屋。让人唏嘘的是，这看似冥顽不化的背后，却隐藏着兄弟三人对于智障养女的担心与呵护，承载着人与人之间朴素而厚重的情感和良善；陕西旬邑的徐淑玲，虽然身有残疾，丈夫去世，但依然孝老爱亲，用勤劳的双手和弯曲的脊梁硬生生地支撑着一家人的生计；还有四川昭觉那些因为没有食堂而只能端着饭碗成排地挤坐在墙角进餐却依然坚守足球梦想的孩子们。这些主人公虽然家境贫寒，但善良坚韧，虽身处险境却依然坚守责任、不忘梦想。更让人动容的是，安徽灵璧县的杨静，是一位普通的农村妇女，含辛茹苦16载，精心照顾因伤致残的丈夫和两个年幼的孩子，当面对镜头时依然倔强地说："这个十五六年我能受，下边再有十五六年我还能受，受到什么时候我都可以，就是不能放弃这个家。"可以说，他们所遭受的种种苦难以及他们对于苦难的理解和承担，需要我们跪下去仰视。这样的人生观和价值观在当今市场经济背景下无疑具有极大的召唤价值和意义，能够引起人们的强烈共鸣。

仪式召唤。从人类学的角度来说，仪式是一种文化表演，也是一个符号聚合体。英国社会学家吉登斯曾说，现代社会是一个仪式缺场的社会，现代人的成长逐渐失去了传统社会各种路标式的人生仪式和规则，不再是一系列程序化和可预测性的过程，而是一个不可预测的、充满风险和未知的过程，与之相伴随的则是浮躁、焦虑和迷茫。而仪式的意义则在于通过唤起参与者由道德力和道德信念构成的某种心灵状态，从而达到塑造与再造共同情感、共同意识的效果。因此，仪式在现代社会被大量征用。在扶贫类电视节目中，我们同样看到了仪式的存在——仪式化的场景和程序使得个体苦难升华为国家叙事，从而产生了巨大的召唤效应，如《决不掉队》《脱贫大决战》等栏目除户外体验实拍之外，均设置了演播厅录播环节。在殿堂般的演播大厅，华灯闪耀，群贤毕至，大家倾听体验者在聚光灯下的深情讲述，感受党、政府对贫困户的殷殷帮扶，在掌声中，主持人向参与扶贫者颁发公益奖杯和证书。仪式化的场景和流程彰显出集体的力量和社会大家庭的温暖，也重塑了"一方有难，八方支援"的社会共同体的集体意识和集体情感。《脱贫大决战》在首季扶贫节目结束后还策划组织了全省年度扶贫人物主题晚会，表彰脱贫攻坚中涌现出来的优秀人物。

然而"召唤结构"的问题需要认真反思。

在扶贫类电视节目中，电视媒体作为"中介"力量参与到扶贫工作中，与行政机构不同，电视的力量不在于强制或者命令，而在于动员和召唤。它一头连接着贫困户，一头连接着政府、企业、团体、个人等各种社会资源。通过电视媒体的聚光灯，一个个贫困户和贫困地区进入公众的视野，成为人们谈论的对象并得到各种帮助和支持，而参与扶贫者在这个过程中其实也受到了非常好的教育，得到了一次心灵的震撼和精神的洗礼。因此，电视扶贫无论对贫困者还是帮扶者来说，都发挥了非常好的整合和协调的作用。但与此同时，我们注意到这种"召唤结构"也存在一些问题和隐患，值得我们警惕和反思。

贫困群体的选择性遮蔽。有研究者认为，中国贫困人口正在呈现出类型化特征：一是因居住环境恶劣、自然资源匮乏、耕地零碎、土地贫瘠、交通闭塞等外在客观原因导致贫困的农户；二是家庭劳动力少、自我发展动力不足、市场适应能力弱、缺资金缺技术等能够经过帮扶实现脱贫的农户；三是鳏寡孤独、丧失劳动能力、无收入来源的特殊贫困群体。这三类贫困户在电视扶贫节目中都有呈现，但问题是，弱者并非天然正义，现实中既有矢志不渝、一心向善的弱者，也有自甘堕落、恶习难改的弱者。而作为大众传媒，电视媒体出于某种价值观召唤的需要，自然会凸显一些符合主流价值观的典型人物，屏蔽掉在道德上存在瑕疵和问题的贫困者，从而使他们进入黑暗的无知当中。同时，在贫困群体的选择上，目前主要集中在农村地区，但实际上，由于体制改革、市场风险和个人条件的差异，城市家庭也存在大量贫困人口，他们由于各种原因沦为困难群体，同样需要得到社会的关注和帮助。

批评性意见的暂时搁置。对于地方政府来说，扶贫工作其实也是"摸着石头过河"，在实践中存在诸多的矛盾和问题，如帮扶资源的非制度化供给带来扶贫工作的供需失衡现象，施政链条中各个主体不同的行动逻辑和激励机制导致扶贫靶向瞄不准以及客观存在的扶贫腐败问题等。这些现象和问题因为电视节目本身仪式化召唤的特点而被暂时搁置。在一些节目中，应邀参加节目录制的地方领导有备而来，应对自如，贫困户的问题只不过是其政策宣讲的由头和契机，贫困者的所有问题似乎都在政府的掌控之中，都能得到一揽子解决，现场观察团所起到的作用并非质疑，而是帮助宣讲者完善宣讲的细枝末节，导致被帮扶者所要完成的任务则是感恩。可以说，因为电视媒体的介入，脱贫的"将来时"瞬间变成了脱贫的"现在进行时"或"过去完成时"，而结构性和制度性的问题则被完美结局成功掩盖。

观众角色扮演的困扰。角色是一个社会学概念，最早由美国心理学家米德将这一概念引入社会学领域。它是行动个体与社会结构相联系的结点，是社会互动和社会关系的产物，既反映着社会对个体的要求和期待，同时也体现着个体的认知、理解和认同。不同的情境产生不同的社会互动和社会关系，自然带来不同的角色期待。如果说早期的电视扶贫还停留在简单的信息服务层面，观众只是一般的信息接收者，那么，近年来的电视扶贫则致力于召唤观众参与现实的扶贫行动。我们注意到，《第一书记》《脱贫大决战》《决不掉队》等扶贫类节目在其栏目介绍中基本都提到了"公益"二字。公益代表着一种伦理价值，这意味着节目其实是以这样一种价值观将观众召唤到节目中来，观众所扮演的角色应该是慈善家。但问题是，相当一部分节目展示的是脱贫致富的先进典型或者当地的土特产品。先进典型召唤的是学习者，土特产召唤的是消费者。而对于大多数观众来说，他们既不是来接受宣传的，亦非普通的消费者，他们是在公益的感召下参与扶贫的行动者，这种角色期待与内容传授之间发生了错位。

召唤与应答的失衡。扶贫类电视节目的产生，其实是政府与媒体之间召唤与应答的结果。作为一项政治任务，政府需要借助大众传媒动员和组织力量参与扶贫工作，而大众媒体针对现实中客观存在的贫困问题也有必要召唤地方政府切实承担起相应的责任和义务。在扶贫工作中，政府有工作部署，媒体有传播规律，两者相辅相成，不可偏废。但从目前的情况来看，电视扶贫存在两种倾向：一是扶贫类节目成为另一种形式的宣传。宣传的内容可以是地方政府的政绩、第一书记的功劳、地方产品的原生态，扶贫类节目变成了加长版的扶贫专题报道；媒体嵌入政府结构之中，成为宣传扶贫政策、扶贫成就的简单的传声筒和扬声器。二是电视媒体一味追求收视率，将娱乐元素引入电视节目中，制造紧张、刺激、有趣、搞笑的收视效果，而忽视扶贫工作的艰巨性、复杂性和长期性。在此类节目中，参与者似乎不是为了扶贫，而是为了赢得比赛；观众似乎不是为了体验贫困，而是为了寻找刺激；电视媒体的目的似乎不是为了扶贫，而是为了提高收视率，这些都是在扶贫工作中需要警惕的。

第四节 探索新闻扶贫路径

2018年4月26日至5月2日，湖南卫视《湖南新闻联播》推出7集系列报道《走进深贫村》，讲述扶贫人员如何开动脑筋、发动群众、精准施策、快速破题、赢得信任、打开局面的扶贫故事。讴歌了扶贫攻坚阶段，扶贫战士牢记总书记嘱托，不负党和人民的期望，千方百计攻坚克难，以善作善成的勇气和智慧，向深度贫困宣战的扶贫精神。这是湖南卫视继连续六年推出新春走基层现场直播《为了人民》和《十八洞村扶贫故事》之后，主动设置议题，在精准扶贫报道领域发动的又一波宣传攻势，思考与探索精准扶贫不同阶段的不同报道模式和规律，为助推精准扶贫工作提炼了方法论、鼓起了精气神、打出了组合拳，产生了良好的社会效益，持续引发舆论关注。

一、视听增强，以"可视性+"提升传播力和影响力，激活生产力

从作用于人的感性知觉的方式来看，电视艺术属于视听综合艺术。要通过视听语言系统来塑造直接诉诸人的视听感官的视听形象。主流媒体要把新闻功能真正发挥好，就要开发新的用户体验，凭借内容、手法和包装的创新，挖掘出更多更新的用户体验，开发"可视性+"。中央电视台《新闻联播》推出的《数说命运共同体》运用"一镜到底"的手法，让主持人欧阳夏丹"穿越"时空，营造出新奇的视觉效果，引起人们对这组报道的关注。为全国电视新闻媒体充分利用最新的电视技术，开发"可视性+"，提供了榜样的力量。对此，湖南卫视也在视觉增强方面进行了有益的探索。每年春节前后，湖南卫视都会在《湖南新闻联播》节目中连续5天，每天推出10分钟左右的新春走基层年度大型直播节目，将镜头对准武陵山片区和罗霄山片区的深度贫困地区，将这些穷得让人心疼，但美得让人心醉的地方璀璨绚丽的民俗风情、得天独厚的山水资源、韵味无穷的人文景致，在春节假期里集中放送。

（一）顶格配置资源，用晚会的品质直播乡野的情怀

湖南卫视从2013年的《直播汤湖里》到2018年春节前后的《直播奉嘎山》，连续6年的新春直播，在电视新闻与电视文艺的手段融合上不断探索。在确保新闻原汁原味、接地气、沾泥土、带露水的同时，充分调动一切电视元素，突出电视媒体优势，以超常规的投入，营造震撼人心的视觉效果，激活贫困村乡村旅游

资源，用电视新闻扶贫之力，助推脱贫攻坚战役。如今年的《新春走基层·直播奉嘎山》，湖南卫视组织80多人直播团队进驻国家级贫困县娄底新化的下团村，从前期踩点到最终播出，历时三个多月，以精耕细作的"绣花功夫"，践行精准扶贫的宗旨。为提高节目质量和开发"可视性+"，直播团队从"技术+艺术"，"新闻+晚会"两条路径展开创新探索，引入飞猫索道摄像系统、自媒体直播传输、无人机采集、延时摄影等最新电视技术手段，按照大型晚会的组织模式整合资源，并加以艺术加工、提升和包装，美轮美奂呈现油溪桥村抓团鱼、天门蔬菜歌、特色舞草龙等当地的特色民风民俗，原生态山歌舞蹈，全景式直播记录当地百姓脱贫致富的新气象和新风貌，推介新化奉嘎山的好山好水，特色风俗，为乡村旅游注入强大的文化内核，助力新化旅游文化产业升级和脱贫致富。

技术升级，增强节目的互动性和现代感，进一步提升用户体验。直播中运用了弹幕直播、无人机航拍、场景直播、新媒体直播等技术手段。比如，在芒果TV同步直播的过程中可以看到网友实时的弹幕反馈。2月15日直播"夜龙宴"中就多次运用航拍技术。2月17日"拳开新气象"专场，运用"一镜到底"手法，展现国家级非物质文化遗产梅山武术的年代感和厚重感。节目组还邀请4个国家、5家媒体的12名外国嘉宾来奉嘎山过大年，实地体验做新化美食雪花丸子、吃年夜饭、学唱新化山歌、参加"送春牛"等年俗活动，增加节目的趣味性和国际视野。

（二）深度"走转改"，以新闻人的情怀为扶贫英雄立传，为人民抒怀

无论是《新春走基层》年度直播，还是《为了人民》《走进深贫村》等新闻大片，前期策划团队都提前一个月以上，以行进式走访与蹲点式调研相结合，前往各个拍摄地考察构思，在多个备选方案中敲定当地参与热情最高、资源特色最明显、呈现效果最有保障、最具有典型示范意义的点，再开展深入挖掘和深度策划。采访中，记者将镜头对准精准扶贫的火热一线，以亲眼所见所闻所录，用质朴的表达、实打实的变化、生动的故事，挖掘贫困村千百年来沉淀的人文旅游资源，通过电视艺术的包装和整理，予以原汁原味的品质呈现。如系列报道《为了人民》8个摄制组近30名记者、摄像，分赴武陵山片区和罗霄山片区脱贫攻坚主战场，总计行程近万里，讲述了8位扶贫人的感人故事。节目团队坚持一贯的纪实手法，强调电影级的画面和极度真实的个案细节来叙事，把典型报道做成视觉增强的新闻大片，用真情实感和可视性+来增强作品的冲击力和感染力。

要防止新闻千篇一律假大空，关键在于充分掌握材料，挖掘事件和人物的个性价值。为此，湖南卫视的记者有一条铁律，那就是好人好事要隐拍，禁止摆拍。在开机拍摄前，记者必须充分融入群众，让群众充分熟悉记者和摄像机，无视摄

像机，达到零距离采访和隐藏式拍摄的境界，只有这样，群众面对镜头才能自然地说出掏心窝子的话，才能捕捉到大量鲜为人知的细节，记录到催人泪下的故事，让新闻报道"沾泥土、带露珠、冒热气"，有高度、有深度、有温度。

湖南卫视新闻扶贫报道创新还特别注重"电视+电影"的手法，即用电影级的画面来做电视。《为了人民》《走进深贫村》等扶贫报道在拍摄人物时，采用双机位甚至多机位，以不停机方式拍摄，同时配备专门的灯光师打造有格调的灯光视觉，确保画面的表达力和表情的述说力。后期编辑时强调精益求精，务求新颖震撼。为确保报道的精彩，每篇报道的文稿都要经过精雕细刻、反复打磨，细到每一个标点符号；台领导和中心领导坐镇编辑机房，从苹果系统到索贝系统，从非线到达·芬奇，一个画面一个画面把关后期制作，细到每帧图像、每一道色彩、每一线光影。有网友评价说，"富有带入感的配乐，高格调的导语，接地气又养眼的每一帧画面，亲切朴实的同期声，大气磅礴的评论"堪称湖南卫视又一现象级的新闻大片。

为了做好一年一度的新春走基层大型直播，湖南卫视的直播团队每逢春节就要离开温暖的家，前往偏远贫困的小山村，在四面透风的民居阁楼里打地铺，顶着寒风冷雨搭场地，甚至为跟家里报个平安，还要跑到山上找信号。但直播团队每次都能够变不可能为可能，克服交通不便、条件恶劣等诸多困难，一遍遍演练，一轮轮推敲，确保直播不出任何差错。如2018年春节的《直播奉嘎山》，首次采用"1+5"立体模式，主会场设置在奉家镇下团村，五个分会场分别是吉庆镇油溪桥村、天门乡土坪村、奉家镇上团村、坪溪村、水车镇锡溪村易地搬迁安置点。同时，为了打造南方"庙会"概念，让当地群众充分参与其中，直播现场不清场，不设围栏，让老百姓在自己家门口逛庙会、看大戏，营造出与传统佳节相融合的轻松愉悦氛围。其组织难度之大可想而知，但效果之好也是意料之中的。如2月15日，将老百姓在节目现场逛桃花铺、尝美食、品美酒的真实场景融入节目中；2月16日"幸福的山歌"现场，主持人现场抽选老百姓唱山歌，当地人个个张口即来，对山歌的热爱真实动人；2月17日"拳开新气象"现场，老百姓赶几十里山路跑来看节目，梅山武术展示期间现场喝彩声不断，现场互动环节、感染力极强。

除年度直播大戏，湖南卫视还持续推出精准扶贫新闻连续剧，2018年推出的新闻大片《走进深贫村》等，完全改变了新闻报道单人单机单条的"三单"模式，变游击战为大军团作战，从不同侧面讲述精准扶贫工作因地制宜、因人而异的方法、经验和模式。从事物的特殊性当中，为其他地区解决同类问题提供普遍性的方法论。

（三）久久为功，用新闻扶贫的星星之火，点燃贫困乡村振兴的燎原之势

"新春走基层现场直播"系列已渐成品牌，影响力逐年提升，形成了直播哪里火哪里的势头。如今，汤湖里、吕洞村、惹巴拉、香草源、苏木绰、奉嘎山，这些被湖南卫视新闻直播扶贫点燃了的乡村，都成为乡村旅游的热门景点。郴州宜章汤湖里直播点根据专业团队所做的新农村建设规划，重修了祠堂拓宽了马路，改建了广场，引进了星级酒店，成为华南温泉第一村；保靖吕洞村的开发保护，被列入全省第四批PPP示范项目；龙山苗儿滩镇的惹巴拉，土家族原生态风景区每个黄金周都是游客爆棚，2018年4月15日，西南民族大学土家文化研究中心落户这里，打造土家文化深度游目的地；春节期间，江华香草源接待游客近3万人，实现旅游收入2121万元，当地居民收入节节攀升；张家界永定区苏木绰的脱贫模式，更是从地方向中央媒体发散，由央视网、人民网等40多家媒体和40多名网络名博组成的采访团专程前来采风，微博话题"脱贫攻坚看湖南"阅读量超200万人次；张家界投资3.1万元，提质改造苏木绰旅游道路，2017年春节接待游客8万多人次，综合旅游收入1200多万元，富士康、山东东岳集团、中央美院等企业和机构也纷纷向苏木绰捐赠扶贫资金和物资；直播后，新化奉嘎山旅游持续火爆，下团村村民邹艳艳家的糍粑卖得特别火，"每天可以卖三四百个，做都做不完"。农家乐老板奉智平高兴得合不拢嘴："自打新春走基层栏目播出后，慕名而来桃花源的游客非常多，住不下了，每天都如此，生意非常好。"6年的坚持，是湖南卫视新闻人每年春节期间与家人分开过年，与团队奋战在冰天雪地里的无悔付出；是直播地翻开乡村振兴新篇章，脱贫致富奔小康的收获满满；6年的坚持，是政治方向的坚定不动摇，深入贯彻落实习近平总书记要求，毫不动摇新闻立台、政治家办台的宗旨；6年的坚持，是媒体人薪火相传，为英雄立传，为人民抒怀，是媒体人的使命、担当与责任。

二、讲好故事，以纪实性、思想性和文学性打动人心，增强感染力

讲好故事，事半功倍。习近平总书记曾指出：要充分反映我们党密切联系群众、关心群众疾苦的内容。要更多地采用群众喜闻乐见的形式，不断增强新闻宣传的生动性、可看性，努力提高新闻宣传的质量和水平。正如《为了人民·下乡新青年》一文报道的主人公陶品儒所言：发生在当下中国的这场"精准扶贫"行

动,是人类史上最伟大、最温暖、最美好的民心工程,还有什么比改变同胞们的命运更值得你去奋斗呢?

讲好故事是湖南卫视新闻叙事的显著特征。在《为了人民》系列报道中,记者沿用了《县委大院》《绝对忠诚》等新闻大片的叙事风格,刻画出十分鲜明的人物形象,烘托出"脱贫攻坚为人民"的时代主题。

陶品儒,1993年出生,刚刚大学毕业的海归,既没有资源也没有资金。大热天想去买些矿泉水喝的时候,他的口袋里,只能掏出皱巴巴的3张1块钱纸币。就是这样一个人,在10个月时间里,筹集到31万元,为磨老村投建了一个苞谷酸厂房。陶品儒喜欢带村里的孩子一起打垒球,他说垒球是一种"回家的运动",因为球被击出后,队员须绕场一周,跑回击球点本垒位置。教孩子们打垒球,是想从小告诉他们,长大以后都不要忘记哺育过自己的这片土地。

李世栋,因拆迁事件被撤职的原嘉禾县县长。按理说是一个有争议的人。但是,他用行动证明,无论职位高低,作为一名党员,为了人民的初心永远不会改变。这种信仰,不因个人命运的沉浮而动摇,也不因人生境遇的变迁而改变。在安仁县东桥村的632天,李世栋冒着脑梗死复发的危险,用绣花功夫穿针引线,筹集60万元资金,为村里修了座水库,解决了世代缺水的难题;请来市科技局、市科协提供"智库",帮助大伙把扶贫菜单里的20多个项目一一兑现。他用一颗真心,换来了村民的真情。李世栋刚下村时,村民们有些看不起他,叫他"姓李的";现在,"那个高个的就是'李队长'",这是老百姓发自内心的称呼。2018年推出的系列报道《走进深贫村》,聚焦攻克深度贫困这块硬骨头。年初,湖南省向深度贫困村和脱贫难度较大的村派驻新一轮两百多支帮扶工作队,开展为期3年的帮扶,确保在2020年实现所有贫困人口摘帽脱贫的目标,兑现"不让任何一个贫困群众在小康路上掉队"的庄严承诺。为了做好这个报道,采访组选取典型人物时煞费苦心。因为必须是导致深度贫困的极端案例,而且要具有的普遍性和代表性。众里寻他千百度,最终一个叫杨胜六的人出现在节目里。

《凤凰县·古林村:杨胜六扔"拐"记》讲的就是一个依赖思想严重的深度贫困户杨胜六。在扶贫队进村后,他一夜之间挂起拐杖装可怜,希望多得好处。然后引出深度贫困村深度贫困户普遍存在的一个问题:穷惯了,依赖思想严重,靠着墙头晒太阳,等着政府送小康。一根拐杖,就是为深度贫困户画的像,这像画得生动传神,把"穷根"都画到观众可以触摸到的程度。再如《城步·金童山村:扶贫还得防返贫》,讲述的是从广东打工的张子发一家回到村里,在马路边搭窝棚做临时住所的故事。该片触及一个非贫困户可能返贫的问题,具有一定的现实针对性和普遍性,在新一轮扶贫中值得注意。

讲故事,离不开生动的细节和鲜活的群众语言。在《凤凰县·古林村:杨胜六扔"拐"记》中,为呈现杨胜六的懒,记者抓住了一个具体的细节:"把豆腐放进锅里去炒,最后那个白豆腐放进去,我们没放酱油,就变成黑豆腐了。"说明杨胜六是一个连锅都懒得刷,破罐子破摔的深贫户。针对这一情况,扶贫队员开出了刷锅、检查卫生、安排工作等"处方",最后让杨胜六扔掉拐杖,成为自食其力的保洁员,并主动养鸡养鸭,参与猕猴桃产业,终于脱贫有望。个案生动有趣,在诙谐幽默中反映现实问题,展开戏剧冲突,展示扶贫队员面对严峻局面时善作善成的工作状态。再如《保靖县茶岭村:先富带后富不落下一户》,讲述保靖黄金茶主产区的茶岭村在采茶旺季,大家忙得焦头烂额,但黄皮组的人却无所事事。他们之所以闲,是因为懒。"龙爱成是黄皮组出名的懒汉,懒得衣服都不愿意洗"。为了治懒,扶贫队的方法是把懒汉们纳入产业发展的大潮,并动员当地能人石红真就地办厂,带领大家激发贫困户的内生动力一起脱贫致富。

讲故事还要讲方法论。在《走进深贫村》节目中,扶贫队员到了村里以后,能否得到村民们的信任,能否放下官架子和村民打成一片,是他们首先必须面对的课题。《通道县兵书阁村:终成乡亲"自己人"》《永顺县科皮村:扶贫"新兵"实训记》等片,就专门讲述了扶贫队员如何在身到的同时做到心到。如扶贫新兵拜农民为师,从最基本的农业技术学起,当农民的"小学生";县处级干部、省人大扶贫队长罗平像村民一样,直接用井边的木勺舀水解渴被村民看到,而当地刚好有"喝了这口井水,就算是我们村里人了"的说法,最终得到村民认同,大家愿意跟扶贫队员讲真心话了,愿意跟他一起干了。

三、挖掘需求,以新闻资源无缝对接扶贫资源,形成大合力

近年来,湖南卫视《午间新闻》持续聚焦湖南贫困地区特色产业,通过记者体验式报道向观众推荐优质土特产。同时,在新闻直播时挂出这些特色农产品网购平台的二维码,打通农产品和消费者供需通道。节目报道,芷江县禾梨坳乡四位大学生带领村民种植"兴梦橙",二维码在电视上只出现了短短几十秒钟,微信公众号关注人数就增加了1.2万,24小时内卖出"兴梦橙"8万斤,36小时卖出15万斤;五郎溪农户张成政等16户的野生蜂蜜有1 200多位观众咨询,1个小时内200多斤蜂蜜就卖光了,不少顾客只好订购来年开春的蜂蜜;永兴县油市镇田心村农户曹国华加工深山腐竹,节目播出不到10个小时,微信公众号就被观众加爆,滞销的优质腐竹也一抢而空。利用二维码推销特色农产品是《午间新

闻》新闻扶贫的一大创举，小小的二维码打通了"现场"和"市场"，架起了"互联网＋精准扶贫"的桥梁，是湖南卫视深化"走转改"，探索"新闻扶贫"的新举措。

　　黑茶产业是国家级贫困县——益阳安化县的脱贫支柱产业。但在经历起初的快速发展之后，进入瓶颈阶段，需要在关键时刻"拉一把""上一层"。湖南卫视及时挖掘这一需求，根据省委、省政府的指示精神，从2018年1月16—21日，连续6天在《湖南新闻联播》推出6集新闻大片《黑茶大业》。该片每集8分钟左右，通过《一片叶子飘香千年》《丝绸之路上的传说》和《老茶人与新茶人》等报道，生动而系统地讲述了安化黑茶的前世今生，挖掘了安化黑茶厚重的历史与文化。通过《解开"金花"的奥秘》，讲述了安化黑茶从单一边销转向行销全国、走向世界的复兴。该作品融纪实性、思想性、文学性于一体，气势磅礴，故事生动，既再现了安化黑茶的历史烟云，又勾画了美好的黑茶产业前景，体现了黑茶在促进民族团结，推动"一带一路"国际合作方面起到的巨大作用。节目抢在2018年湖南省两会前夕这个重要时点播发，社会反响热烈，对提升安化黑茶这个湖南特色经济品牌具有里程碑意义。值得一提的是，《黑茶大业》是以纪实手法创作的新闻大片，将好故事和好画面有机结合，将新闻性和艺术性有机结合，采用高清、高速摄影机、微距、时空凝结、一镜到底、延时摄影、GPRO等新技术与手段，并大量使用了无人机航拍。每集片头以精美的画面展开，伴随着优美的音乐和解说词"一片叶子飘香千年，一条古道脉动万里，一朵金华盛开荣光，岁月读懂坚守，杯水相遇世界"引出故事，将一个个与黑茶有关的人物、故事娓娓道来，以今人的视觉，以世界的眼光进行报道，短短几分钟容纳了多种电视表现元素和丰富多彩的画面信息，为打造、做大、擦亮黑茶金字招牌提供了一道强有力的新闻冲击波，为贫困地区稳定脱贫致富提供了精准新闻服务。

　　安化县黑茶产业领导小组组长蒋跃登来信表示：今晚收看了三代制茶传承的故事，娓娓讲述了安化黑茶的历史传承。文字美，画面美，耐看。报道充分体现了省委重视和发展湘品战略，鼓励安化做强做大特色产业的意图。整个安化县的反响都非常强烈。很多外地客商看到新闻后，精神为之一振，对安化黑茶充满信心，认为安化黑茶一定会从边疆少数民族的"生命之饮"成为全球"21世纪的健康之饮"。

　　时代是思想之母，实践是理论之源。湖南是习近平"精准扶贫"战略思想的诞生地，也是将精准扶贫思想用于指导实践的生动现场。习近平总书记强调，扶贫要"扶到点上、根上"。做好精准扶贫报道，以新闻精准扶贫对接产业精准扶贫，形成扶贫合力，为精准扶贫营造良好的舆论氛围，讲好扶贫故事，正是当代新闻人践行使命担当，将电视新闻扶贫扶到点上、扶到根上的生动实践。也正因为如此，才有《新春走基层·直播奉嘎山》《走进深贫村》《黑茶大业》等精准扶贫报道取得的成功。

第八章 扶"信息匮乏"之贫

除了维持市场竞争外，中国电视媒体还应该接受一定的公共服务功能，引入精准扶贫，赋予广播和电视为农业公共服务的新使命。然而，完成这项任务需要很多人力、物力和资本投入，这对于长期陷入困境的对农电视节目来说肯定更难。许多学者希望广播电视的公共服务能够通过媒体监管的转变来实现，但这种改变并非一蹴而就。当然，作为一名媒体学者，笔者希望媒体的监督和社会环境的改善可以推动媒体的发展，但在这一漫长过程中，媒体从业者不能被动地等待，不仅应在实现中国广播电视的公共服务方面脱颖而出，还应参与公共广播电视服务，以促进扶贫。因此，除了从宏观系统的体制、规制上进行研究，还可以从每一个媒体人都可操作的中微层面上进行探讨。

虽然有学者对中国的对农电视进行了广泛的研究，但没有人对触及农电视效用的主要问题，如何利用电视广播服务进行准确的贫困研究更为罕见。作为农民的电视节目或电视台，能否发挥自己的对农服务功能，主要在于三点。第一，实现对农电视节目内容的公益性，肩负起应有的社会责任。公共广播电视服务的公共福利和社会责任与电视节目的内容密切相关。公共广播电视服务的内容具有普遍性、多样性、高风格、非商业性、重视文化教育和信息服务的特点。从对农电视节目的内容来看，应该是有高度针对性的。起点和要点应该是满足村民的需要，必须根据村民的需要而有所不同。第二，电视广播公众要有公共意识。长期以来，监管机构在中国各个领域都发挥着主导作用，媒体领域也不例外。在一定程度上，中国的媒体监管实际上限制了广播和公共电视服务的实践。但是，任何规章制度都是由人制定的。因此，在讨论媒介公共服务时，宣传主体的观点、态度和行为不容忽视，特别是不应忽视建立公共服务意识。这些要素是具有公众意识媒体文化形成的基础。第三，对农电视人员是否正确认知了自己的身份。对农电视人员不仅是对农电视公共服务内容的制作者和概念者，还是大多数农民和农村地区的公共服务者。按照特里·库珀的说法，其身份"应该是被雇佣来作为我们中的一员为我们工作的公民……应该是那些'特别负责任的'公民，他们是公民这个整体的受托人"。

中国的贫困人口主要分布在中西部的农村地区，这也是中国实现广播电视公共服务均等化的主要阵地。中国是一个农业大国，农民占总人口的70%左右，农民的平均生活水平处于全国最低。在贫困人口聚集的农村地区，存在信息不对称、缺乏信息等普遍问题。这些问题严重降低了农民的生活质量，也限制了农业的发展。此外，农民信息的匮乏，使他们面临物质贫困和精神匮乏的双重困境。

相关机构的抽样调查显示，通过杂志了解相关信息的人数占受访者总数的7.2%，通过广播了解相关信息的人数占调查人数的17.1%，通过报纸了解相关信息的人数占81%，通过电视了解相关信息的人数达100%。在中国农村，电视是农民中最受欢迎的媒体。农民通过电视了解党的政策，掌握相关农业技术，知晓国内外的重大事件和市场信息，丰富他们的业余文化生活，这对利用电视公共服务精准扶贫带来了一定的挑战和难度。

2003年，中央政府实施文化体制改革后，广播电视公共服务理念逐步明确起来。按照公共服务均等化的原则，努力建设覆盖城乡的广播电视公共服务体系是国家建立公共服务广播电视系统的目标，实现这一目标的最主要和最艰难的地方正是农村和少数民族等经济欠发达地区。农村公共广播电视服务的建立是公共广播电视服务实践的关键，也决定了建立公共广播电视系统的成败。

虽然国家越来越重视建设广播和电视广播服务，但目前的形势并不乐观。由于城乡二元性的长期存在和服务理念的缺失，出现了对农电视节目资源不足、播放时间不足、内容结构不平衡、无利益等问题。利用公共电视服务还有很长的路要走，才能为精准扶贫铺平道路。

荆州电视台的《垄上行》栏目则脱颖而出，成为湖北乃至全国农业电视品牌。自2004年以来，该专栏多次荣获"省级电视节目一等奖"和"十佳栏目"称号。2006年，《垄上行》被选为"中国原创电视栏目20佳"之一。2008年，《垄上行》获得了"2007—2008年度中国广播影视大奖电视栏目大奖"，并被选为"新中国60年有影响的60个广播电视栏目"。2010年，《垄上行》创新服务模式被列入《中国广播电影电视发展蓝皮书》，成为全国广播电视行业唯一成功入选的电视栏目。在2012年全国广电局长会议上，《垄上行》被评为"2012年创新创优电视栏目"，而全国获奖的电视媒体只有12家，电视节目只有18个。

在对农广播电视普遍不理想的背景下，《垄上行》作为一个地方电视台的对农电视栏目，是怎样脱颖而出，成为全国电视媒体行业领头羊的呢？在大部分对农电视栏目自顾不暇的情况下，《垄上行》是怎样凸显自己的核心竞争力，实现突围，将对农公共服务落到实处的呢？最重要的是，它是如何利用公共电视服务来帮助农村地区精确扶贫工作的？

此外，虽然刚开始没有出现"精确扶贫"的概念，但《垄上行》在其发展过程中，服务农村和农民、扶持农业发展的"三农"理念一直是其宗旨。随着国家农业政策的不断调整，观众需求的不断变化，《垄上行》也随之对自己的公共服务模式进行相应的调整和改变，然而这些变化具体是什么？服务模式的变化来源于服务理念的变化，那么服务理念究竟是什么呢？除此之外，媒体工作者作为深入基层的一线人员，他们对自我的认知也会对公共服务效果产生很大的影响，具体到《垄上行》这一栏目，它的工作人员在对农服务时，对自我是怎样认知的呢？总的来说，《垄上行》这个长盛不衰的对农电视栏目在不同时期总能找准农村精准扶贫的路径，这一点他们是如何做到的呢？以上这些问题都值得深入研究和探索。

荆州电视台的《垄上行》栏目在其多年的实践中为上述几个关键问题提供了完美的答案。在发展壮大的过程中，《垄上行》栏目不断地在重新对自身进行定位，对内容进行提升，同时不断变革理念，与时俱进。因此，本书选择《垄上行》栏目作为深入研究的样本，希望总结其发展经验和模式，探索中国对农电视公共服务参与精准扶贫的路径，从而使电视这一媒介在帮助减轻贫困、在"新农村建设"和解决"三农"问题上发挥作用，为实现公共服务提供一些参考和借鉴。

农村公共信息服务是农村公共服务体系的重要组成部分。提供平等的信息服务，满足城乡居民的公共信息需求，努力实现普遍和公平的信息是公共广播和电视服务的使命。与此同时，在物质和精神上，改变不均衡的城乡信息、缩小城乡信息差距是精准扶贫的基础。但是，在娱乐和商业化的影响下，电视媒体"去农村化"的特点是显而易见的，农业信息长期处于匮乏状态，农民的信息需求得不到满足。

在2002年左右的开始阶段，《垄上行》栏目为了有效传播农业信息，满足农民的信息需求，为精准扶贫打下信息基础，实现信息的均等化，采取了简单有效的单向式传播信息的公共服务模式。

单向式公共服务模式是从单向传播模式延伸而来的。传播学中提出的单边通信是一种没有反馈机制和交互机制的传递方法，信息通过通信信道直接从信源到目的地。在这个过程中，信源和接收器之间的相对关系非常简单，只是单纯地发出和接收。在真实的环境中，基本上不可能出现这种情况。通常人们在传输不同信息时会从另一方收到一些信息。虽然发送和接收的信息量不相等，但传输是双向的。以传统的大众媒介为例，尽管在发送消息时很难从受众那里获得反馈，而且耗费的时间较长，但它仍然是双向通信，只是显示出较强的单向性。虽然单向通信缺乏交互和反馈，但通信过程简单快捷，便于普及知识和传递信息。

单向式公共服务模式是单向传播模式在电视公共服务领域的延伸和应用，即利用栏目资源向农民"提供"农业信息和农业知识，农民通过收看电视来接收这些信息。对于媒体而言，其核心是利用该栏目的资源来实现农业技术信息和农业知识单向传播；对受众来说，其核心在于有效获取信息。这是最快速和最有效的沟通方式，对缺乏信息的农村和对媒介接触有限的农民比较适用。

此外，《垄上行》栏目单向式的公共服务模式还体现在以下三个方面。首先，传播内容单一，主要提供农业信息，对其他方面较少涉及；其次，公共服务理念单一，因为农民的农业信息需求漏洞急需弥补，《垄上行》栏目便把为农民提供信息作为自己唯一的公共服务理念，在实践中为农民提供公共信息服务；再次，身份定位单一，《垄上行》栏目的工作人员作为一档对农电视栏目的电视人，其本身就承载着为农民提供信息的责任，是农民的信息员。

第一节 新闻服务——传递基本农业信息

为了实现农村信息的均等化，选择普遍性和有针对性的内容是一个关键。普遍性对意味着农电视上的节目应确保观看电视的每个村民都能理解和接受，这是公共广播和电视的基本原则；有针对性是指某一个频道或者电视节目针对的是其覆盖范围内的农民，并向其传递当下所需和具有实用性的信息。因此，对农电视节目的内容应具有普遍性和针对性。在2002—2003年期间，由于缺乏农业电视资源，农民最需要的是与农业生产密切相关的农业信息和农业知识。以农业信息和农业知识为基础，才可以更好地实现农业经济的增长。因此，在此期间，《垄上行》信息服务主要侧重于利用电视栏目为农民提供农业信息和农业知识，并利用公共信息服务为扶贫工作奠定良好基础。

一、栏目设置注重"针对性"

荆州是中国重要的农业城市和农产品生产基地，其农业在湖北乃至全国都占有重要地位。农林牧渔业总产值以及小麦、棉花、油和水产品等大型农产品的产量位居湖北省前列。2002年,农村人口为420万,占全市总人口的66%。

关注农民需求,积极了解农民和农村现状,是实现单向服务模式的关键前提。农民的需求是对农电视的发力点。在专栏的规划阶段,杨小龙带领记者到村里进行了一次小小的访问和调查。他们发现,虽然农民可以观看的电视节目很少,但他们非常愿意看电视,尤其愿意看到有关农业技术、农业信息和财富的信息,对此需求迫在眉睫,方向明确。这次调研无疑给《垄上行》栏目组吃了定心丸。

为了使信息具有针对性,《垄上行》栏目在节目的初始阶段办了4个子栏目,分别是《十里八乡》《王凯热线》《我的故事》以及《庄稼医院》,这些子栏目将信息进行分类,更加具有针对性,积极适应农民的需求。其中,《王凯热线》和《庄稼医院》的内容主要是提供农科知识和农技信息,满足了农民的切实需求,也让《垄上行》在荆州立稳了脚跟。

《王凯热线》是通过热线电话的形式与观众进行沟通,这在荆州电视台还是首次。之所以叫"王凯热线",是因为王凯是《垄上行》栏目最开始唯一的主持人,而且这个接地气的名字会让人有一种熟悉和亲切的感觉,更容易拉近同受众之间的距离。开办这个子栏目最开始的目的是了解农民对《垄上行》栏目的反应。根据王凯的回忆,在公布了热线电话的那天,村民们就打电话,有咨询农业信息的,也有咨询技术难题的,甚至有咨询购买农机和科技资料的。通过筛选,代表性问题将在节目中得到解答,或者将其制作成短片在节目中播放。当然,《王凯热线》还与《垄上行》的其他子栏目合作,对农民提出的问题进行分类,并将其置于相应的子栏目中做出回应。例如,当遇到季节性问题并涉及农业知识的广泛技术问题时,《庄稼医院》的专家将前往现场调查和解决问题。通过这个热线电话,《垄上行》可以更加有效和有针对性地满足观众的信息需求,并为他们提供相关的农事资讯。

《庄稼医院》是专门为农民提供农业技术知识而设计的子栏目,其将农业技术知识广泛传播给农民,帮助农民解决养殖和种植过程中遇到的技术问题。栏目定位是"专家田间把脉,解决技术难题"。《庄稼医院》栏目充分利用当地电视台的地理优势,将荆州平原的主要农作物和水产品作为主要内容,并让专家在现场进行实地考察,面对面地解决农民问题。这种把专家从讲台拉到田间的方式,既满足了农民的需求又显得平易近人,从而得到了农民的关注。

2004年春,荆州市弥市镇普兴村的西瓜种植农户王传海通过热线电话向《垄上行》栏目组寻求有关西瓜种植和防治病虫害的技术。接到电话后,《垄上行》即刻组织专家到当地进行了答疑和指导，并且在子栏目《庄稼医院》里连续两期播出了有关节目。这让王传海和当地的瓜民受益匪浅，在气候不佳的情况下，王传海的西瓜依然得到了好的收成。王传海为了表达自己的谢意，在西瓜的成长中期，在 6 个精挑细选的西瓜上刻了"感谢《垄上行》栏目组全体编播人员"等感谢的文字，并送到了《垄上行》栏目组来表达自己的感激之情。

在《垄上行》开始的第一年，总共接到了超过 10 000 个咨询电话，收到了观众的来信 5 000 多封。《王凯热线》最初只在工作时间使用，但是随着咨询电话的不断增多，这个办公室开通的座机已经远不能满足观众的需求。2004 年，《垄上行》将王凯热线放在一条单独的线路上——4114888，24 小时开通，随时为农民服务。此热线一开通，便受到了极大的欢迎，每天的咨询电话平均在 50 个以上。杨斌作为《垄上行》栏目的副总监在接受采访时说："到了 2004 年 5 月，也就是《垄上行》开播两周年的时候，每天打进《王凯热线》进行咨询的电话已经超过了 100 个，这说明农民朋友已经完全把《垄上行》传播的一切信息当成了权威。"

二、传播方式注重"普遍性"

无论内容有多好，如果没有适当的沟通方式，也无法达到良好的沟通效果。为确保所有农民受众接受和理解节目的内容，实现对农电视公共服务普遍性的基本规范，对农电视人需要了解和尊重村民的表达，并以此调整传播模式，使信息的传递更加完整和有效，有效地避免了单向传播"填鸭式"的沉闷和无聊。

（一）表达方式：用农民喜闻乐见的方式传播信息

《垄上行》非常注意避免僵化和刻板地传递信息，有意识地用一种"娱乐化"和"故事化"的方法来吸引农民的兴趣和关注。湖南卫视的《乡村发现》栏目继承了湖南卫视"娱乐至上"的理念，用娱乐化方式来报道农村的一些奇闻逸事，受到了观众的肯定，《乡村发现》也名噪一时。《垄上行》栏目组的王凯、杨小龙、王森深入研究《乡村发现》节目的表达方式和运行模式后，决定用这种娱乐化的表达来普及农业技术知识，把枯燥单调的农业知识普及融入娱乐之中，以便更好地为农民服务。

为此，《垄上行》在早期做了很多有意义的练习。作为最早的《垄上行》主持人，王凯是这种做法的开拓者。他在接受采访时说："我记得当时一期节目的内容是回答农民关于施肥的问题，我们用一个有趣的表达和故事化的方式来呈现它。当我录制这期节目时，我带着农业专家和村民去了田间。我假装自己什么都不知道，把肥料一把全撒光了。专家看着我，摇了摇头，告诉我这样把肥料撒到田里会烧苗，人们就会没有粮食吃。当时站在一旁的农民朋友们都被逗笑了，然后专家亲自示范并向农民展示如何施肥。录制节目时每个人都非常高兴，节目非常有效果。农民喜欢这种形式，气氛轻松，他们也可以在愉快的氛围里学到东西。"

最早的《垄上行》并没有固定模式。杨小龙回忆起当时的节目说道："当时，《垄上行》的人很少，经常一起学习、交流和沟通，编辑们有了灵感，就会马上用到实践中。那时候，我们的目的很简单，就是吸引农民，让他们坐到电视机前面来。我们的节目没有固定的形式，只看传递的信息是不是农民需要的，传递有没有效果，只要农民接收到了，明白了，那么我们的任务也算是完成了。"

直到现在，《垄上行》的领导和工作人员依然对贴合农民的表达方式十分重视。例如，在录制频道的形象宣传片时，《垄上行》栏目的总监桂质刚要求宣传片的工作人员一定要是农民熟悉的，并且要到田间地头去拍摄。笔者在调研时对拍摄宣传片的过程有一定的了解，《垄上行》节目组在整个过程中都十分贴近农民，主持人亲自和农民一起去劳作，拉近了节目同农民之间的距离。在语言表达方面，记者和主持人非常重视措辞。例如，他们从不称他们的观众为"观众"，将其称为"乡亲们"。一名记者在录制中使用了"流泪"这个词，随后他受到了桂质刚的批评。桂质刚非常认真地说："农民不会说'流泪'这种话，哭了就说哭了，不要用'流泪'。"

（二）编排包装：力求"接地气"

中国的农村有丰富的地方文化，对农电视针对的是农村地区，面向的是农村居民，节目应充分尊重当地文化，以农村为出发点，以农民和农业为中心主题。同时，为了与其他频道区分开来，对农节目的编排应该独一无二，并且应该打造独特的识别标识，吸引农村观众的眼球。基于此，《垄上行》栏目组在节目的编排和包装上可谓是绞尽脑汁，让节目既能凸显农村特色，又能迎合观众需求。

《垄上行》栏目组的"专家下田间"，其实就是把专家从讲台上拉到田间地头，让他们实地考察，为农民提供一对一的农业知识讲解。现场农民有任何问题可以及时提问，专家现场解决。这就避免了单向传播模式的以媒体为中心的弊端，也是栏目组对单向公共服务模式的创新。

在过去的电视节目中，农业专家坐在工作室里向农民讲授农业技术。这种方法使农业专家和农民之间的距离很远，很多农民认为这种形式非常"可笑"和"僵硬"。以这种形式介绍的农业技术知识通常是缺乏基础的，对实践中遇到的具体问题没有针对性的反应，也没有帮助到农民。

农民观众已经对照本宣科式的农业技术知识宣传的方法产生了免疫，许多农业技术问题不是通过专家在电视上说几句或者字幕讲解就能解决的。因此,《垄上行》栏目组的工作人员对农民提出的问题进行了整理分类,对于简单的案例或问题,通过主持人的解释来解决;对于当前的热点或更广泛的问题,通过带农业专家去地里实地解决,这也是《庄稼医院》子栏目在初期赢得掌声的主要因素。

王凯在回想他们第一次带专家去农村时的情景说:"我们的车刚停下来,许多农民就一起围了上来。他们不是来看热闹的,其中更多的是向专家提问。专家被农民里三层外三层地围在中间,我们本来是打算解决一个问题,但最后附带着把全村的有关农业技术的问题都给解决了。"

《垄上行》记者用镜头记录了这些场景并将其制作成电视片在栏目中播出,于是专家、记者和农民一起劳作的景象经常出现在电视画面上。这种充满参与感的节目形式既贴近群众又十分接地气,不但帮农民解决了困扰他们的问题,而且拉近了农民同栏目组和专家之间的距离,还能通过电视把相关的农技知识传播出去,帮助更多有此类需求的农民。

《垄上行》开始阶段是基于贴近"三农"的原则,让记者去村里了解农民的需求,让专家去农田传播农业技术,并用农民喜闻乐见的表达方式来制作节目。但是,为了进一步提高节目场景感,最大化拉近节目与乡村观众的心理距离,并为电视剧创作独特的标识,有必要与城市完全划清界限,让城市因素在节目中不出现或者出现得尽可能少,杨小龙认为,《垄上行》栏目组不应该在电视台大楼内,而应该在农民耕作的田野大地上。因此,在该栏目发布两个月后,即在2002年6月,《垄上行》栏目组取消了演播厅,所有的场景都在现场完成录制,然后合成再在电视上播出。换句话说,除了记者之外,主持人也必须走出演播厅,走进农村的田间来完成节目的录制。

这一举动从2002年持续到2009年,直到《垄上行》改为直播后,才开始有了室内演播厅。在这7年中,《垄上行》栏目组的主持人和记者奔走在农村的第一线。2002年夏天,在受血吸虫病严重影响的江陵县沙岗镇的排涝现场,赵东和摄像师为了完成节目拍摄在齐腰深的水里泡了一整天。

王凯曾说,《垄上行》栏目组的人为了节目付出了血与泪的代价,而这些付出也得到了回报,《垄上行》获得了成千上万老百姓的认可和支持。魏建明作为《垄上行》节目的主持人曾经在采访中说道:"我上学的时候,想象中主持人的工作就是在演播厅里特别帅气地工作,但在《垄上行》根本没有室内演播厅,我第一次来的时候,特别不习惯。每天结束工作后,都是灰头土脸的,也晒黑了,这跟我的想象有一定的落差。但是,后来我发现这些努力是有成效的。由于这些经历,我成了村民中的一员。农民把我视为亲人和朋友，我也是同样么看待他们。每个人都说我很亲切，有观众缘，因为我对农民是真心的，我愿意贴近他们。"

虽然《垄上行》是城市电视台的一个对农节目，但不论是记者、专家还是主持人，都在基层的第一线体验真正的农村生活和农村生产，在这样的体验中进行报道，在体验中帮助农民、为农民服务。该节目充满浓郁的地方气息，这里没有城市因素，广袤的乡间田野是栏目最为耀眼的标识。

第二节 新闻服务理念——为农民提供信息

城乡发展失衡和贫富差距日益加大是当前经济生活中的主要矛盾之一。当前，扶持农村发展的主要任务是缩小与城市的差距，统筹城乡发展总体规划，逐步实现城乡信息共享和信息对等，为消除贫困奠定坚实的基础。在未来，信息的价值远远高于某些物质材料，信息将逐渐取代其他生产要素，成为重要的交换商品。随着信息化带动工业化进程加快，农村居民日益成为信息服务需求主体。缩小城乡信息服务差距，逐步实现城乡信息服务协调，是统筹城乡发展和农村信息化的关键。这是保护农民基本权益，促进信息诚信的基本途径，也是政府实施基本公共服务均等化的重要内容之一，是广播和电视媒体的基本职责。对于农民来说，获取信息是他们接近媒体的主要动机之一。

《垄上行》之所以选择单向式的服务模式，是希望能够快速地向农民传递农业信息，实现城乡信息的均等。《垄上行》栏目组开始时认为，对农电视的公共服务是提供丰富的农业信息，满足农民对信息的需求。

一、农村信息需求悖论

在 2004 年 3 月 5 日召开的第十届全国人大第二次会议上，温家宝强调："解决农业农村和农民问题是我们全部工作的重中之重。"除继续规范农业产业结构，加大农业生产和农村基础设施投入，改革农业管理体制和经济流通外，更重要的一个方面是如何利用大众传媒准确地实现村庄现代化，向农民传播现代的思想观念，以他们喜欢的形式传递农业信息和农业知识，促进农业科学技术发展。

就媒体发展和到达率来说，城市远远把农村甩在了后面，城市居民可以接触到的媒介种类和数量与农村居民相比要多很多。现代大众媒体中增长最快的网络媒体对大多数农村观众来说都比较难接触到，各类移动终端对于农民而言更加陌生,他们所接触的大多都是传统媒体。

中国传媒大学的博士李升科认为,"作为农村第一大众媒体的电视,在频道栏目等电视资源配置方面出现了一种悖论现象:占全国总人口少数的城市人拥有着大众媒介,而占全国总人口绝对数量的农村人却远离大众媒介"。有人把这种现象称为"倒二八"现象,即占总人口80%的农村,拥有的信息量占总信息量的20%;占总人口20%的城市,拥有的信息量占总信息量的80%。换句话说,虽然整个国家离城市化还有很大距离,但媒体率先实现了城市化。

媒介率先完成了城市化,加剧了中国城乡信息服务的不平衡,导致农村信息匮乏,农民的信息需求无法得到满足。因此,电视作为农民最广泛接触的媒体有必要满足他们对信息的需求。

(一)获取信息有助于填平城乡"知识沟"

在20世纪70年代,蒂奇诺和他的同事们通过一系列实践和理论研究得出了一个重要的结论,被称为"知沟理论"。该理论认为,因为在社会上普遍拥有较高经济地位的人得到的信息比较低经济地位的人更快更好,在这种情况下,通过大众媒介传播的消息总量越多,两者之间的差距就会越大,最终产生鸿沟。由于地理差距和城乡差距,我国的公共广播电视服务存在不平衡现象,公共信息服务的不平等直接导致"知识空白"的出现。在高度发达的通信产业为特征的信息时代,受过良好教育的人们与普通大众之间,以及城乡之间的"知识差距"是严重的。"知识鸿沟"现象的存在是他们之间不平等的社会地位和经济地位造成的,而"知识差距"的扩张又反过来导致其经济状况的差异,直接影响国家的政治生活。

农民缺乏实用的农业技术和不同类别致富的信息,而技术和致富信息的最佳传递者是大众传媒。因此,对农电视应提供具有针对性的农业信息和农业技术知识,缩小农民与市民之间的差距。他们希望通过大众传播工具拓宽视野,学习先进的知识和技术,了解更多的市场信息,最终实现发家致富的理想,奔向小康。

强有力的农业科技推广是大众传媒着力于农村经济发展的另一有力抓手。农村经济的转型将不可避免地需要对其产业结构进行全面改革,因此农村对新技术的需求将会很大。为了满足这些需求,大众媒体和国家有关部门必须密切合作,通过广播和电视等更广泛的通信手段向农村地区传播科技信息。通过这种方式,农村的受众能够最快地接触到信息。通过看电视,农民可以了解与农业生产相关的最新技术和方法,利用新技术和新方法增加产量和收入,逐步变得更富裕,这也有助于加快农村地区的经济发展。根据调查,大多数农民对科技信息的作用持积极和肯定的态度。超过60%的农民认为科技信息对自身有很大帮助,并带来了很高的经济效益,即使是贫穷农民也有同样的看法。这表明,大量农民通过亲身经历或亲朋好友的成功经验,真正感受到了科技信息的力量,相信科技信息可以发挥重要作用,从而更积极地寻找有关可能改变其命运的信息。正如英国著名科学家培根所说:"科学的力量在于让大众了解。"随着农村生活水平的提高,经常看电视的农民数量正在稳步增长,特别是相对富裕的农民经常看技术信息节目的比例已超过70%。这种现象表明"经济收入和对科技信息的需求与关系的增长成正比"。

我国农村人口占全国总人口的比例很高,因此现代化进程中最重要的是加快农村现代化。由于农村面积大,传递信息的途径比较单一,因此有必要采用传统的措施来促进农村农业科技信息的发展,有必要加快农村媒体设施的建设速度。根据一些调查,农民在农闲季节获取外部信息的最重要方式是看电视,其次是阅读报纸。这两种大众传媒方式是农民获取外部信息的主要途径。农民每天接触电视和报纸的时间是 80 分钟和 9.5 分钟,接触广播的时间是每天 9.4 分钟。在这个频率上,70% 的被调查农民几乎每天都在看电视,这个比例远高于报纸和收音机的数量,后两者都不到 10%。直至今日都没有太大变化。毫无疑问,在对农的信息传播中,电视媒体可以说是处于核心的位置,责任重大。

(二)信息重要却被忽略

信息在现代社会中的重要性是显而易见的。有学者认为,"知识鸿沟"理论反映了当今社会的信息差距,能够理解信息的人在社会竞争中可以立于不败之地,农民也是如此。获取相关的生产信息和农业知识可以有效地增加他们的收入,加快其致富奔小康的步伐。但是,具有信息传递任务和教育功能的广播电视公共服务机构,尤其是大多数农村地区的电视广播,在很大程度上忽视了农民的信息需求。这也是《垄上行》在节目开办之初秉持"服务"理念,为农民传递信息的根本原因。

2002 年,《垄上行》栏目诞生了。这正是国家对农村建设还不够重视的时期。改革开放后的 1982—1986 年,为了稳定和巩固家庭联产承包制在农村的伟大成果,党中央发布了五个一号文件。然而,在 1987 年至 2004 年期间,却再也没有看到针对农村地区的一号文件。在这 17 年间,农民的收入增长极为缓慢。1997—2002 年,农民人均年收入仅增加 380 元,城镇居民收入增加了 2 500 元,农民收入增加不到城市居民的 1/6。2003—2005 年,农民人均收入增长不到 6%。研究表明,农民收入的增加不是依赖于农产品的种植和销售,而是外出打工。此外,人民网数据显示,2002 年北京城镇居民年均可支配收入超过 1.2 万元,同年农村人口年均收入仅为此数字的零头。大面积粮食生产区和大多数农民的收入维持不变或下降，农村各项社会事业也陷入低增长期。2002 年，当时的湖北省监利县棋盘乡党委书记李昌平面对农村问题，发出了这样的感慨："农民真苦，农村真穷，农业真危险。"

这个巨大的差距不仅体现在统计数据上，还体现在村民的现实生活中。王凯在回答"你怎么看待农民？"这个问题时说道："我曾在 2002 年采访过一位种油菜籽的农民。那时，他们的油菜籽大面积死亡，我带专家帮忙检查一下。专家看到之后，告诉他油菜没得救了，他只能改种其他农作物。那时，那个汉子就在地大哭起来。事实上，当时，他的油菜籽每亩地也就能够赚取一百来块钱。对于城市的人来说，一百元真的不是什么大钱，有时打打麻将就没了。这件事给我留下了深刻的印象，我真的感受到了村庄和城市之间的巨大差异。"

可以看出，当时农民需求最大的信息是有关农业技术的知识。尽管许多村民祖上三代都是以务农为生，但由于农村信息封闭，许多现代农业技术和养殖设备尚未在农村推广。大多数农民仍不清楚如何利用当代农业技术生产农产品以及如何使农作物获益更多，这些信息与农民的最基本需求有关。根据马斯洛需求的等级，这种基本的生理需求是农民最为迫切的。生理需求是人们行动的主要动力，如果能够满足这些需求，那么就可以使生命更好地延续。

地方的农业局虽然在每个村庄都设立了农业技术研究站，由农业技师向农家传播农业技术的知识，但是对数量庞大的农民而言，这种方式的农技信息传递无疑是粥少僧多。荆州市农业局总农业技师陈先锋在接受采访时说："早期的农业技术研究站基本上就是一个摆设。一个农业技师面对数千家庭的农民，即使把腿跑折，也没办法照顾到所有人。如果没有大众媒体的参与，即便我们投入再多的资金，结果估计也不理想。"

要获得信息，最好的渠道是大众媒体，但那时负责对农服务的电视节目仍然是稀缺资源，国家对农村建设和对农电视的投入并不是很多。例如，1998 年广播电视"村村通"项目的实施效果不大。到 2002 年，大多数农村地区仍然使用无线方式来收看电视。此外，还有"西部新工程""农村电影放映工程"等，也是对农公共服务事业建设的主要项目。所有这些都是在 2004 年中央一号文件出台之后，才提到了发展战略的高度。

2002 年，中国的电视普及率已超过 90%。然而，在全国注册的数千个电视台中，没有真正完整的农业频道。只有中央电视台、山东卫视和吉林电视台才有几个带有农业性质的频道。并且，就算是仅有的这几个频道也都是和其他节目，如军事、少儿、科技等一起合办的。至少三分之一的省级电视台和20%的地级电视台没有开办任何有关农业的栏目。在不同级别电视台的农业专栏中，广播的频率和持续时间也非常弱，平均长度为15分钟，最多不超过30分钟，广播频率仅为每周一期，导致内容少、信息不足。由于缺乏关注，电视节目的编排一片混乱，在较短的播放时间内，依然被其他电视节目所排挤，不断压缩时间，完全和农民观众观看电视的时间不符合。僵化刻板的传递范式也拉远了同农民观众之间的距离，其内容是照本宣科的说教，完全把农民当成教育对象，不免让农民感到失望。

从总体上来看，这一时期的电视媒体严重忽视和低估了农村这个大有作为的广阔天地。大多数媒体将他们与受众的关系等同于市场与客户之间的关系，而不是所有者与服务者之间的关系。媒体受顾客的需求驱使，只有经济链才能将这两者联系起来。农民又是经济实力较弱的群体，满足他们的需求和期望不会给媒体带来快速和明显的商业利益。媒体一方面承担着公共服务的功能；另一方面，它必须参与市场竞争才能生存和发展。因此，许多电视媒体受到市场竞争的压力和经济利益及广告商利益的驱动，放弃了农民观众。这直接导致农业电视节目缺乏资源，与农民信息需求的差距越来越大，形成恶性循环。

因此，为填补农民信息需求的巨大空白，《垄上行》初期基于为农民提供信息服务的理念，希望以最简单和快捷的单向公共服务模式传递农业科技和农业技术，将这些信息迅速推广到田间大地上去。这时，农民的主要需求与最基本的农业生产密切相关，只有温饱问题得到了解决，农民才会有其他需求。因此，满足信息的基本需求是对农电视得以展开公共服务的基础性环节。

二、满足信息需求是电视公共服务的基础

为城乡居民提供平等的公共信息服务是公共广播电视服务的基本职责。2002年，全国电视频谱调查结果显示，电视观众占城市人口的86.5%，占农村人口的92.74%。可以看出，与其他传统媒体，如广播、报纸、书籍和杂志相比，电视机的保有量在城乡之间的差距较小；在信任程度方面，超过80%的农村人口认为电视传播的信息是值得信赖的。因此，对农业电视应利用这样的优势，承担农村信息服务的最大职责。

（一）编织信息网络实现信息共享

《垄上行》在节目开始设立时就提出了自己的口号——"农家大小事，尽在《垄上行》"，只要村民需要，就可以在《垄上行》栏目中找到相关信息。作为城市农业的先锋部门，实践这一概念非常困难。为此，《垄上行》专门启动了《庄稼医

院》，以满足农民对农业技术知识的渴望，同时开通《王凯热线》，以便更好地倾听农民的需求。

然而，现代农业知识的专业性使《垄上行》的工作人员感到无能为力。他们可能是项目制作方面的专家，但终归不是农业专家，即使他们了解农村现实，但不了解农业，专业技术也在他们的研究领域之外。《垄上行》的记者王林娟曾写道："受众是媒体的上帝，上帝们有需求、有意见，我们一定要重视！要不然有一天，上帝被逼急了，就会收回他深情的目光。我们不可能奢求上帝来适应我们，只有时刻为上帝着想。"

为了践行"农家大小事，尽在《垄上行》"的口号，专栏组开始寻求荆州市人事局、荆州市农业局、荆州市科技局和荆州市卫生局的支持，希望通过他们的努力，形成一个专家服务团队，为农民提供有关农业技术的免费信息。当时，荆州市人事局办公室主任对《垄上行》给予了大力支持。他不仅介绍了人事局的退休农业专家团队，还组织专家到村里去参加农业活动和项目登记。在采访中，退休的艾局长回忆说，过去村庄的场景伴随着《垄上行》，他现在想起来仍然非常兴奋，在回答"到目前为止，您已与《垄上行》合作了多少个项目？是否有项目取得了令人印象深刻的成果？"这两个问题的时候，艾局长回答说："人事局有一个专门的专家团队，其中大多数是退休教授和专家，有一些是农业专家，一些是医学和法律专家。他们有太多的热情，但苦于找不到办法。所以，《垄上行》来谈合作的时候我非常高兴。荆州这么多的农民，可以为他们做点什么，让专家们发挥余热，这是一举两得的事情。"

水产专家张生是"大型农业专家组"中最老的专家之一。在《垄上行》的早期阶段，车辆经常不够用，张生就自己开车，领着记者前往乡间田野去帮助农民解决问题。在采访中他说："我已经和《垄上行》合作了将近10年。我学习农业一辈子，理解农民的困难，我了解农业知识，但我找不到办法告诉村民和帮助村民。现在，我和《垄上行》的工作人员一起去村里帮助农民解决农业问题，也可以告诉他们一些营销知识。我很开心，因为我学了半辈子的农业知识终于有了用武之地。"

2008年，《垄上行》的专家组已经达到100多人，包括种植、养殖、植物保护、农产品加工、卫生和疫情预防等30多个类别，最大限度地解决了国内农业技术部门人员不足、缺乏技术、缺乏资金和各种各样的技术服务等突出问题。并且随着《垄上行》的发展，医学专家团队和法律专家团队也在不断充实。《垄上行》整合了农民所需的资源，不仅可以弥补他们的不足，还可以提高他们的专业水平。最重要的是，这些资源的整合和使用大大降低了农民获取信息的难度。过去，农民希望收到相应的信息，不得不寻找各部门的专家。在信息资源整合之后，农民只需要找到《垄上行》，就相当于获得整个信息网络。

由于为农民获取信息做出了贡献，《垄上行》栏目组初期定下的"农家大小事，尽在《垄上行》"的口号也得以实现，《垄上行》节目的农业专业知识得到了保证，培养了公众的忠诚和信任，这不仅是该栏目发展的基石，也是对农电视公共服务的方向。服务就是提供信息，《垄上行》在农民信息来源的基础上，通过单向传播模式，将信息快速有效地传播给农民受众，使农民能够简单地接收此类信息，为实现基本公共服务的均等化建立了基础。

（二）突出地域性，提升信息接收度

要做好农业信息传递工作，除了需要建立相应的信息网络、建立农业专家团队作为内容分发的坚实支持外，还有一个关键点就是"接地气"。主题的选择应该是有针对性的、富有表现力的和精心策划的，必须符合当地农村的现实。结合当地的地方特色，并使用自定义区域内容和安排来吸引观众，可以实现良好的信息传播。

我国是一个农业大国，长期的耕作实践塑造了农民独特的思维方式、价值判断、生活方式和习俗，也决定了农村文化的共同特征是具有强烈乡村氛围的"地方文化"。

我国的土地和资源丰富，农村文化源远流长，文化底蕴深厚，不仅有农村历史文化资源、生产文化资源，还有名人故里与历史遗迹文化资源、农村民情民俗文化资源、农村景观文化资源、农村口述文化资源，以及农村饮食文化资源、农村传统工艺文化资源等。另外，还有极具地方特色和民族特色的民间艺术文化。以西部为例，有青海的花儿文化、四川的饮食文化、甘肃的敦煌文化、云贵的民俗文化等，这些都具有独特的文化价值和文化美。由于背景和条件的不同，各地区的文化资源也有很大差异，这是交流和分享文化资源的先决条件。中国几千年传统的农耕文化，渗透到现代生活各个层面的现代农业文化，表现在农民的生活方式、价值观、语言使用等和城市存在一定的差异。尽管文化全球化加速、大众传播普及、城乡文化差距逐渐缩小，但仍存在一定的差异，这成为对农电视差异化和个性化的基础。

基于荆州的地域特点，《垄上行》根据当地农民生产的需要设定，向农民提供的农业信息和农业技术信息直接针对荆州的主要农产品和水产品。与此同时，用独特的方法让农业专家进入乡间田埂，把演播厅设置到田间地头，创造自己独特的对农节目的标识。

此外，许多乡土文化还处于尚未开发状态，保留其原汁原味，这为探索农业广播电视的内容提供了丰富的资源。乡村文化是一种历史传承和心理维护,它代表了相同的文化背景、价值观、意识形态以及由此产生的同一性和亲密感。正是因为渴望挖掘、组织、展示和弘扬荆州农村的当地文化,《垄上行》在最初的节目中就打造了《十里八乡》和《我的故事》两个子栏目,这两个子栏目用方言播报,充分发掘了荆州农村的文化资源,成为具有地域特色的栏目。

这不仅可以使《垄上行》收获丰富而充满活力的素材,还能够维持忠诚的本地观众,有利于创建一个与众不同的、不可替代的专栏节目。杨小龙曾说过,农村的文化极其丰富,乡村的活动比较广泛,这些都还没有在电视节目中展现出来,所以更应该注重这些淳朴乡村文化的体验与宣传。

比较来看,各个级别的电视台在公共服务中关注点有所不同,最贴近乡村的地方电视台更注重在区域性方面进行挖掘。地方电视台相较于省级电视台,甚至中央电视台,在区域文化特色方面占据很大的优势,因为他们具有丰富的当地资源和区域特色,可为节目的顺利开办提供广阔的创意空间。空间上的接近也使当地农民对节目更加认同,从而心理上也更容易接受。这样电视节目也可以更好地为当地观众服务,有助于聚集忠实的观众粉丝,使信息的传播更加顺畅和有效。

第三节 新闻服务定位——农民的信息员

提供公共服务应该实现整个社会的均等共享。在国家体制的前提下,政府是代表全体公民的委托代理人,政府机构负责整个社会的公共媒体业,有义务保证所有公民都有权利享受到公共传媒所带来的服务。然而,就目前发展情况来看,在市场运行的过程中,大部分的媒体从业人员被利益引诱,把本应获得全部公共传媒服务的受众划分为不同层次,以实现媒体从业人员的利益最大化。公共传媒服务的公正变得不真实,有些人享有不完整的权利。从这个意义上说,公众很难接受。事实上,媒体从业者和受众之间的关系就变成了买卖双方。公共广播和电视服务应该向所有的公民开放,并应提供没有排除异己和没有商业竞争的产品。如果公共广播和电视服务只能够满足一部分的观众需求,那么无法有序地发展公共服务。这种将观众细分的方法将广播电视服务范围缩小了,排除了收入低的农民以及社会地位低的弱势群体,不利于城乡公共信息服务的平衡发展。目前,大多数的电视人作为信息的收集者以及发送者,的确没有多少人愿意深入农村,在农民的信息传递中发挥作用。

《垄上行》的单向式公共服务模式成功的关键因素之一是有人选择充当线人，在公共服务过程中向农民提供公共信息服务。有人问杨小龙："你怎么看待农民？"他回答说："一些媒体人认为能够在农民观众身上来获利，因为村民地位低下，比较贫穷。若无法从中获得经济利益，即使'三农问题'更为突出，他们也不愿意参与其中。但是，公共服务均等化的要点和难点在农村，我们是农民的电视节目，应该处在农民的位置上更多地为农民讲话。因此，我们有责任和义务去完成城乡公共信息服务的平衡发展。作为电视工作者，我们可能无法提供更多的物质上的支持，但我们可以使用我们的相机真实地反映农村的情况，可以利用我们的资源传递给农民迫切想知道的外界信息，提高他们的生活质量水平。"

因此，"《垄上行》人"不会扮演精英媒体、专家或高层领导，而是走出工作室，走向村民，去农田，为农民传递信息。但要发挥这一作用，需要"《垄上行》人"充分地了解村民的真正需求，才能实现信息传递的普遍性和有效性。

一、"精英"情结导致身份错位

想要实现农民接收公共信息的普遍性和有效性，就应该充分了解农民的需求，做好信息传播员这个角色。因为，单方面的信息传播缺乏公众的反应以及互动的开展，所以公共信息的传播人员应该采取主动接近农民的方式。另外，由于单一方向的信息传播形式仍然坚持着媒体中心理论，认为媒体占据主体地位，是主要的传播者，而观众群体占据客体地位，是信息的接受者。大众媒体是公共信息资源的传播源头，观众群体是信息传播的对象，只能被动地接收信息，从而失去了自己的主动性。

我国的城乡二元格局使大多数媒体出现了特权潮流和仰仗权势的心理。改革开放以来，我国在很多领域取得了显著的进步，但是城乡差异不仅没有缩小反而有所扩大，这反映在家庭登记系统、医疗、教育以及老年护理等政策和制度中，几乎涵盖了人民生活的方方面面。虽然相关法规正在努力缩小城乡发展不平衡，但打破这种城乡二元格局并不能一蹴而就，彻底将城乡差异的问题解决是非常困难的。这种二元对立的认知投射在媒介上就是媒介的权贵化倾向。

长期处于大城市中的媒体从业者或者电视媒体，通常会用一种居高临下的态度来对待农民。村民往往被大众媒体所忽视，处于被动接受的地位，这就形成了观众与电视媒体发展极大的不平衡。很多的对农电视台在制作节目的过程中有"疏忽"和"随意"的行为，他们不了解农民真正的信息需求，也不了解乡村的发展情况，导致农民想要得到的信息得不到，甚至被动接受大量的广告，这种现状让农民也很无奈，进一步造成了农民对电视媒介的抵制情绪。众多的电视媒体从内心深处抵触农村，认为农村是落后的，接收到的知识也是很浅薄的，所以他们不愿意深入农村，从而无法了解农民切实需要解决的问题。李晓云是中国农业大学的教授，他曾在央视论坛上表示，对农电视的媒体人员不仅要有出色的电视职业技能，还应该是"农民"。他们只有将自己视为农民，了解农民在中国的重要性，认识到农民对于中国无法替代的重要地位，从农民的角度看问题，了解农民想要看的电视节目类型，制作出的电视节目才能够满足农民的生活日常需求。

许多新闻专业的毕业生出生在城市、住在城市，他们几乎没有在农村体验过生活，更缺乏对农民、农业以及农村地区的了解。在选择就业时，他们希望在经济较发达的城市寻求人生发展机会。有些人因为自身条件不足等，被迫当了农业记者，但总会觉得农村的生活条件太艰苦了；有些人没有农村生活的基本常识，甚至连小麦和杂草都分不清。当山东电视台《乡村季风》刚刚成立时，就有一名女记者穿着华贵的衣服采访茶农，这让双手沾满了泥土的农民不知所措，记者提问的方式也非常死板，最终采访以失败告终。因此，可以看出自以为是的记者是很难在农村扎根的，也无法更近距离地接近村民，制作出的电视节目也非常不得人心。

王淼在回答"你怎么看待村民？"的问题时，告诉笔者："在《垄上行》电视节目制作过程中，也有过年轻的记者去村里采访村民失败的情况，可能是发生在节目开办一年多的时候，两个刚接触记者职业的大学毕业生，他们去江陵做采访，但是一天时间过去了，他们竟然没有找到愿意接受采访的村民。当他俩回来时，我让他们再次思考他们的言行，他们不知道自己在哪里做错了，感到非常不公正。我们的记者去到农村采访都会受到村民的欢迎，这种没有村民理睬的情况是我第一次见到，给我留下的印象非常深刻。"

可以看出，城乡二元意识形态已经深深地印刻在了大众媒体人的心中，甚至他们自己都没有意识到这一点，这种情况在年轻的记者中尤为常见。身份定位的失误将使对农电视踏入歧途，媒体人怎么看待他们与村民之间的关系，他们是否可以定位并了解他们在公共信息服务中的重要作用，是对农电视与农民良好对接的基础。

二、用深度体验消解"精英"主义

2002年，湖南卫视推出的《乡村发现》节目，在农村和城市中都得到了大众认可。这个电视节目的功能特点就是切实地深入农村，到田间取材、采访以及拍摄,记者与农民的关系相处融洽,这给《垄上行》的媒体人带来了极大的灵感,让他们懂得深入农村、体验农民生活的重要性。

对农电视节目的制作需要真正了解农民需求、能够在农村扎根的朴实记者。记者们只有对农村的发展状况、农民的生活需求以及农业的专业知识有所了解,才能够准确地掌握农民的真正需求,将有效的信息传递给农民。这要求对农电视的从业人员走到农民的身边,与他们同生产、共生活,利用自身的农村生活体验打破城乡沟通的障碍,了解和满足农民的需求,以便更好地为农民的信息需求服务。

《垄上行》节目在杨小龙的领导下,编导、纪实记者以及主持人都将在整个访谈过程中进行体验式的深入访谈,这样农民就不会认为他们正在做节目。因此,《垄上行》节目组提出了"不是我去拍你,我就是你"的宣传口号,以缩小受众与媒体从业人员的距离感,也使节目呈现更加真实。

体验式报道的电视节目很有吸引力,也很人性化,大多数体验式的报道主题都是农民们非常感兴趣的。记者根据自身在农村生活的体验经历来对这些主题进行报道,就是为了让农民群众获取更多的有效信息。整个记录的过程都是记者切身体会过的,观众群体在观看时会有强烈的画面感。由于个人亲身体验的因素,记者在报道农家生活时也可能会加入个人的看法与情感,以这种方式制作的电视节目充满人文情怀,能更加真实地反映农村生活状况,给村民留下更深刻的印象。例如,在湖北省荆州,一个村民成功养殖了大批可以吃的蚂蚱,收入可观,是村子里率先富起来的。但是,因为养殖食用蚂蚱,村民们还是第一次听到,所以很难接受,没有人愿意跟随他创业。为了让村民们能够理解,他专门求助了《垄上行》栏目组,《垄上行》栏目的工作人员随他进入村里,现场了解他养蚂蚱的技术,然后当着村民们的面,制作了一锅芳香可口的炸蚂蚱,每个人吃得都很高兴。经过《垄上行》节目的记录和报道,村民开始慢慢了解养蚂蚱这门技术,很多人来到村里学习养殖方法,这个村庄逐渐形成了完整的养蚂蚱的产销链。

记者们纷纷采用真实体验的方法记录农民生活,在访谈期间认为自己是访谈对象的成员,采访问答中与受访者保持密切联系,避免了受访者在以往传统的访谈中会出现的僵局,也减少了沟通过程中的隔阂,记者获得的访谈材料也更加真实和可信。同时,切实体验农民生活的方法非常重视记者的个人经历和感受,记者利用自身的个人经验获取信息,比通过受访者介绍更真实。之前传统的访谈方法可能会因为受访者自身的认知情况给出不同的描述,而切实体验农民生活的方法可以弥补这种不足,保证受访者所提供的信息是真实的、全面的,并且不会因为受访者个人的认知水平不同而有所不同。

王凯对记者这种切实体验农民生活的方法有深刻的理解。作为电视节目开播以来资深主持人，王凯曾经被用作栏目的标识符号来重点推广。王凯也非常重视新打造的这个农民角色，因为他是在城里长大的，所以特别注意自己言行，希望与农民能够顺利地沟通。记得在一次采访中，王凯用普通话问了一位60岁的老人：你的儿子多大年龄了？老人无法理解，他再次问道，老人看上去仍然听不懂。结果，当地一位干部用当地的方言重述了王凯的话，老人才明白问的是什么问题。从那以后，王凯就加强了荆州地区各地方言的学习，不仅会听，还要能说，他不希望语言成为与村民沟通的障碍。他相信，用村民们当地的方言与他们打招呼，可以让自己更贴近村民。

切实体验农民生活的报道方式是记者深入农村生活，提高自我修养的好方法。农村报道环境比城市困难得多，不但生活条件比较差，而且许多农村道路都是蜿蜒曲折的小路，记者通常要拿着沉重的大型采访器械走很长一段路。因此，对农节目的编导、记者以及主持人应克服各种困难，不遗余力地为村民们服务，组织好每一场活动，做好采访记录，将农民的真实生活情况反映出来。在传统的对农报道中，记者基本不会参与村民的实际活动，但采访要求记者能够及时并且准确地反映村民们各种社会实践活动，并对其进行判断和点评，这样将不可避免地流于形式，缺少真实性。"三农"电视节目的媒体工作者应该贴近村民，深入农民的生活实践，以切实体验农民生活的报道方式获取节目素材，能够更贴近农民的生活，更好地体现"三农"电视工作者的价值。这种报道方式能够使新从事电视行业的"三农"工作者迅速掌握专业技能，提高专业水平。

2005年，王凯到荆州市一个村庄进行采访，村里超过80%的村民都患血吸虫病了，患病程度有高有低，当地人告诉《垄上行》的工作人员不要进入水中。在采访中，王凯看到一位个子娇小的农村妇女背着沉重的东西，在齐腰深的水中困难地走着，其间有好几次差点摔倒。他顾不得可能会感染血吸虫病，跳入水中追上了她，与猪粪混合的脏水湿透了他的衣服，他也不在乎。他从农妇的肩膀上取下物品背在自己身上，坚持把妇女送到了家。《垄上行》工作人员将体验式采访发挥到极致，受到观众的一致好评。

《垄上行》的工作人员在深入农村、体验生活的过程中，每天都会发生各种各样的事情。他们感受着当地农民的困难和需求，并用他们的言语和作品来贴近村民，提高村民们对于节目的好感和亲密度。当地的农民在路上看到正在采访的王凯时，都会称他一句"凯哥"。还有村民看到在炎热的阳光下进行采访的王凯时，会默默地为他采一片荷叶遮阴，曾有村民为《垄上行》的工作人员打伞遮雨。村民们这些感人的举动，是对这些整天奔波于田间地头取材的《垄上行》工作人员的莫大安慰。

《垄上行》节目在刚开播的时候，热心村民朱业兵就给予了节目组积极回应。曾有人问朱业兵："你有没有与《垄上行》的工作人员接触过？他们给你的感觉是什么样的？"朱业兵是这样回答的："《垄上行》节目在刚开始播放时，我就非常喜欢，我也打过电话给他们，现在我作为我们当地情报局的站点工作人员，会经常向他们提供有关的信息。他们的工作人员对我们很好，王凯刚来这里不久就和我们相处得非常融洽，我们看到他也是发自内心的亲切。"

《垄上行》能在播放初期就很快地收获观众的喜爱，靠的就是这种低调的做事风格和深刻的亲身体验，避免了传统媒体自命不凡的缺点，使《垄上行》节目赢得了观众们很高的赞誉，成为荆州市农民最信赖的信息传递者。杨小龙指出："《垄上行》不是因为节目有多好而备受村民喜爱，而是所有的媒体工作人员都非常贴近农民，诚恳和谦虚的态度被农民观众所认可。"

其实，大众媒体在农村应该有很多工作要做，但由于经济利益的驱使，再加上众多媒体和市场竞争的压力，很多电视台只根据受众的消费能力水平和公众的社会地位来确定电视节目的编排，导致了城市和农村公共信息服务的不协调。农民们缺乏信息，也就阻碍了农业发展和农民收入的提高，所以扶贫工作很难进行。

《垄上行》在荆州电视台能够顺利开播并非巧合，是多种自然因素和社会因素共同的作用。农村观众越来越多、农民信息需求量日益增加以及电视人的责任感都是其诱发因素。在当时的情况下，媒体放弃城市，选择农村是一个非常困难和危险的决定，无论是激情还是一腔热血，《垄上行》的最初构想都是为农民提供他们需求的公共信息服务。在这个时期，公共电视服务可能只能够保持最简单的信息生产服务，然而这也是非常不易的，在这一点上，小范围的地市级电视台在接近性、覆盖范围、受众基础等方面有着先天优势。

把重点放在经济落后的农村地区，利用大众媒体的传播优势奠定扶贫工作的基础，本来就是缓解城乡二元结构和减轻社会两极分化的最佳做法。城乡之间实现信息的公开透明，有利于减少社会群体因经济社会所受到的不平等待遇，还有利于社会的民主和谐。

《垄上行》运用单向信息传播高效的优势，创新性地构建了单向信息公共服务模式。该模式具有单向传输信息速度快的优点，而且过程简单，还消除了单向通信可能会忽视公众需求的弊端。这种单向信息传播关注通信内容中的"客观性"，使信息贴近观众的需求；还注重传播方式的"普遍性"，试图使信息易于理解，并且可以被公众接受和了解。这些不仅体现了《垄上行》的单向信息传播服务模式的有效性，还提高了受众对于信息的消化吸收程度。

《垄上行》从一开始就确定了单向信息传播的服务模式，这也是为了响应"精准扶贫"的要求。在此基础上，密切关注农民的生活所需，向他们提供了生产急需的农业技术和农业知识信息，促进了农业发展，并增加了农民的收入。可以看出，《垄上行》栏目的工作人员有贴近农民的热情，因此他们得到了荆州地区观众的认可，并初步确定了栏目的可靠性和影响力。

第九章 搭"公共扶贫"平台

2005年10月，中国共产党十六届五中全会通过了《十一五规划纲要建议》，提出了"生产发展、生活宽裕、乡风文明、村容整洁、管理民主"的可持续发展的要求，加快社会主义新农村建设。

在社会主义新农村的建设过程中，最重要的任务是确保发展的均衡，缩小城乡之间的差距，特别是在文化知识建设方面的差距。在提供公共服务的过程中，应达到城乡公共服务的平等，统筹城乡文化服务共同进步，加强农民的常识认知教育，在广大农村地区加大力度推广宣传社会主义核心价值观和科学发展观，从而为参与后期农村现代化建设做准备，以便能够推动中国全面快速地建成现代化。

《垄上行》栏目了解农民的需求，观众对此栏目也有一定的肯定。正当《垄上行》栏目需要更大的发展空间、开辟更多的服务渠道时，国家新农村建设的背景为提高栏目的知名度提供了良好的机会。《垄上行》栏目大胆提出了多元化发展战略，将传统的单向式公共信息服务转变为多元化的公共信息服务，还试图在农村大规模地构建电视媒体传播平台，做好农民、农业的公共信息服务。这种做法正好符合精准扶贫整合和引导各类扶贫资源优化配置的要求，以电视节目为基点，建立公共扶贫资源的筹集平台。

《垄上行》节目采用多元化的公共信息服务模式，主要体现在：第一，多元化的内容呈现，《垄上行》节目为观众们提供了多元化且有效的公共信息服务，搭建了多元化的信息共享平台，使农民能够与政府、媒体、专家、农资企业高效沟通；第二，多元化的服务理念，随着农民日渐丰富的生活需求，《垄上行》节目组认识到除了肩负着向农民提供公共信息服务的责任外，还要为农民建立公共服务平台，仅靠《垄上行》节目是无法涵盖对农公共信息服务全部内容的，还要充分利用好当地对农电视大众媒体的影响力，运用《垄上行》这个节目聚集全社会的公共信息服务资源，为精准扶贫铺平道路；第三，《垄上行》节目工作人员身份的多元化，他们不仅为农民提供信息，还为农民做好公共服务，不仅要满足公众的信息服务需求，还要作为农业参与者进行实践，做一个质朴的农民，并与村民融洽相处。

第一节 提供多样化的新闻服务

《垄上行》节目为观众提供多样化的信息服务，一方面体现在节目内容的编排上，增加了栏目的容量，丰富了公共信息服务的种类，为农民提供更多的农业信息知识，从为农民提供基本的农业信息，转向对农民民生的关注，实现信息内容多样化；另一方面，运用"栏目+活动"的新形式，发挥对农电视公共服务的平台效应。

对农电视信息服务不仅依靠公共事务节目和新闻节目的开播，也可以在各种类型的服务节目和多数人感兴趣的节目中进行。例如，关注消费者问题或企业合法性，向公众提供好的建议，讨论健康主题以及促进社区服务优化等，这是切实为公众提供信息服务的有效途径。通过此类活动，可以将电视公共信息服务和公共的需求紧密结合起来。因为在某种程度上，公共电视信息服务离不开公众的生活需要，所以要探讨用不同的方式更多地为受众提供有用的信息。

针对农民不断变化的日常需求，对农电视认定为农民更好地提供信息服务是自己的责任。在这个认知下，对农电视台提出了公共信息服务多元化的模式。《垄上行》节目采用单向公共信息服务模式，主要做的是农业技术和农业知识信息的简单传播。随着新农村建设的推进，社会越来越关注"三农"，农民物质文化和精神需求日渐增长，单一的信息生产服务已经远远不能满足农民的日常信息需求。

《垄上行》节目开播3年来，经历了很多磨炼，已经在荆州地区得到了大众的认可，对农民的日常信息需求也更加了解，逐渐地从为农业生产的基础信息服务拓宽到为农民的生活提供信息服务。《垄上行》节目提出了"农家百事通"的口号，不但丰富了节目的内容编排，而且开始走入农村，走向田间地头，在当地开展大规模的电视直播活动，营造了每个人都参加的和谐氛围，采用"栏目+活动"这种新型模式为受众提供多元化的信息服务。

一、信息种类的多样化

2006年1月，《垄上行》节目经过修整后与观众见面，主要是在内容和表达形式上进行了大量修改,以自身的优势特点,在更广泛的领域和更深层次上关注农民日常生活和农业生产情况。

第一,节目的内容扩展和节目时长的调整。将"2+1"(故事、服务加《王凯热线》)改为"4+1",即故事、服务、娱乐、维权加《王凯热线》,每个模块内容之间既存在着差异,但又有着密切的关联,并将一些娱乐的表达方式融合到农民生活的内容中。时间从之前的每期20分钟更改为每期30分钟,频率从一周3次增加到5次。还重点提出除了要反映农业的生产情况,还包括农民的日常生活。

《垄上110》是新增的一个版块,侧重于农民的维权问题,这在以往很少被关注。2006年8月,有部分农民告诉《垄上110》栏目组,公安县麻豪口镇存在任意摊派和收费的问题。《垄上110》栏目组赶到当地进行深入调查,记者听取了农民反映的情况后,尝试着联系有关部门制止不合理的乱收费现象,将农民辛辛苦苦挣的血汗钱要了回来,当地的村民对他们的举动非常认可。后来,一些观众给节目组寄来了感谢信,杨小龙说:"多亏了乡亲们的支持,关于农民维权的问题,《垄上行》栏目正在尽力地将内容扩张,以便在今后增加关乎农民切身利益这方面的报道。"

《农家乐》也是新增的一个版块,它通过传播先进的文化、发布新的农村趋势,为农民建立一个充满生机的"农家乐园",正好呼应了《十里八乡》和《走村串户》这两个子栏目。龙维华是一名小品演员,家住在荆州区川店镇,就因参加过《农家乐》的活动,成了当地小有名气的喜剧演员。后来,他也以自己的名气成立了一个农民剧团,全年都在附近的乡镇里演出,丰富了农民的文化生活。

第二,主持人从之前的1人增加到3人,形成了"三人《垄上行》"的新模式。彭萌专注于讲故事,王凯侧重于体现服务的主体,李芳主要做的是"农家乐"。虽然三个人负责的重点不尽相同,但是与村民交流感情以及当地村庄的乡土乡情是一模一样的。

第三,突出创新的特征。新改版的《垄上行》试图突出其独特的个性,如《庄稼医院》和《王凯热线》都是24小时为农民提供服务的,它直观、真实且权威,使《垄上行》栏目成为没有阻隔的农业技术学校,王凯成了一位值得农民朋友信赖的好老师和好朋友。工作室从广播电视大楼搬到了农村现场,深入挖掘农民生活实况,将《垄上行》做成了一个没有演播室的电视节目。这些做法都体现了《垄上行》栏目的创新之处,也使《垄上行》栏目深受农民喜爱。

2005年4月,《垄上行》栏目作为全国唯一一家对农媒体,在北京出席了全国广播电视服务"三农"的高层论坛。当时的国家广播电影电视总局(现为国家新闻出版广播电影电视总局）副局长张海涛在大会上高度赞扬了《垄上行》栏目的创意之举。

第四，加强了表现"三农"的做法。过往的《垄上行》栏目中更多的是站在"三农"的服务层面上，改版后考虑到了"三农"的表现和"三农"的服务两个方面，尤其更加注重"三农"的表现。采用了一些新的宣传方法，传达了中央一号文件的精神，宣传了最新的利民政策。例如，在宣传时将当地流行的民谣和民歌加入其中，还表彰了社会主义新农村中好媳妇、好村嫂等，以发挥她们的榜样作用。《垄上行》栏目组创作了大量的新曲和新歌，赞美在建设社会主义新农村的过程中有突出表现的村民，这种形式对农民来说很容易接受。

二、大型活动的平台化

广播电视公共服务一直以来有三个主要任务：教育、信息以及娱乐。其共同目标是运用有吸引力的活动方式，让民众了解各种问题并获得新知识。利用各种创意活动为农民服务是实现这一目标的一种新方式，自2003年以来《垄上行》栏目一直在探索。几年来，《垄上行》栏目已经有了自身常规化的活动，就是将节目做成户外直播的形式，确保每个月都有乡村户外活动，每一个季度都会有一次电视直播活动。

维持这些活动的顺利进行就是一种非常有趣味的传递信息的方式。在观众观看以及参与活动的过程中，可以传达出与农民生活紧密相关的信息，使农民获得新知识。最重要的是，《垄上行》坚持了十几年的大型电视户外直播，开展了农民与媒体、与政府、与专家的面对面交流。

2003年3月，《垄上行》栏目借助荆州电视台的力量在公安县江南新区组织了一场超大型的电视户外直播，主题是"春天垄上行"。把舞台设置在了乡村田间，将农业技术的普及作为重点，反映"三下乡"的现状，以便更好地服务"三农"。活动现场布置了垄上集市区和舞台文艺表演区，垄上集市区为农业部门和厂商推广产品，还有农资产品推介区、田间演示区、劳务交易区等，诸多项目集合在了《垄上行》搭建的舞台上，很好地实现了农民与专家的直接交流。

在"春天垄上行"活动开展的第一阶段，《垄上行》节目组就组织了数百名农业专家参加了此次活动，向农民分发了数万份的材料，有超过30 000名的农民参加。这是《垄上行》栏目历史上的一件大事，甚至是荆州电视台发展史上的一件大事，荆州电视台全程直播，活动持续了大约4个小时。

第一次大型电视户外直播成功后，于同年10月，在监利县程集镇，《垄上行》

再次组织策划了"金秋垄上行"乡村活动，完美呼应了"春天垄上行"，形成了春华秋实的活动新模式。于是，《垄上行》栏目在乡村每年组织两次大型户外活动的核心框架也就确定了下来。

在采访的过程中，《垄上行》栏目组的每个人在谈论到"春天/金秋垄上行"大型电视户外直播时都充满自豪感，也会提到许多农民都特别支持"春天/金秋垄上行"活动。不管活动是在哪里举行，总有一些忠实的观众跟随过去。为了准时参加活动，一些农民会在活动几天前到附近的亲戚朋友家停留几天。"春天/金秋垄上行"的主导演方荣曾在一次采访中说："事实上，每次举办活动都非常困难，几乎电视台里的每个人都需要动员起来。特别是在栏目刚开始举办活动的那几年中。其一是没有大型活动组织和策划的经验，其二是还要克服许多实际的困难。早起和晚归都是常态，甚至还要凌晨3点或4点起床，到活动地点搭建舞台，有些活动的举办地离电视台非常远，工作人员必须前几天就到那里驻扎，如果没有居住的地方，还要住在村里的老乡家中。因为我们全程都是户外的活动，如果遇到恶劣天气也会非常苦恼。有一次活动当天就下了非常大的雨，被迫将活动时间推迟。其实，我们的努力并不重要，主要是因为我们看到这么多友好的农民朋友淋着大雨还来参加这次活动，感到非常感激和惭愧。"

在2003年一年中，《垄上行》的年度广告收入只有25万元。那个时候，很多人都不明白为什么这个专栏组还要花费数万元去举办这么大规模的活动。但恰恰是这赔本的活动，建立了电视台与服务"三农"的联系，荆州电视台也因此获得了广大受众的信赖。《垄上行》栏目组一直秉承着初心，连续举办了多届"春天/金秋垄上行"大型电视直播活动，受众突破了数百万。松滋市斯家场镇、洪湖市老湾乡、荆州区李埠镇等地都留下过《垄上行》的足迹。

第二节　坚持多元化的新闻服务理念

坚持多元化的服务理念，主要是因为此时《垄上行》栏目不再局限于仅使用自己的栏目资源为农民提供公共信息服务，而是期望通过对农电视发挥大众媒体的平台，聚集一系列的公共服务资源，为农民提供更丰富、更多样化的公共服务。

公共广播和电视都是公共社会服务的一部分，不仅具有文化服务的属性，还具有媒体的属性，是社会、经济、政治和文化等电子信息传播平台和服务平台。农村广电公共服务是政府有关部门以及社会组织提供给村民信息需求服务的总称，目的是让村民通过覆盖农村地区的广播和电视来收听广播、看好电视，为村民提供文化教育、农业信息和生活信息，保障和满足农民的文化信息需求。这符合新农村建设中明确规定的"生产发展、生活宽裕、乡风文明、村容整洁、管理民主"的要求。

可以看出，对农电视除了利用其媒体的身份来实现公共服务外，还可以作为农村信息的传播者或者农业服务的平台。该平台包含许多公共或非公共的服务活动，还包括电视媒体本身的公共信息服务，唯一的目的是满足农民在生产和生活方面的信息需求。

农村的经济在不断发展，农民的收入有所增加，农民的需求也在向着多样化拓展。除了生产之外，在生活和情感等方面，农民也越来越多地向《垄上行》栏目组寻求帮助。与此同时，大众媒体对农村民生这方面的忽视，使《垄上行》栏目组坚定地走上了建立公共服务信息服务平台，试图为农民提供多元化公共服务的道路。桂质刚在接受采访时说："既然我们致力对农电视的公共服务，就要想方设法在各种层面上帮助和关怀农民，用多种服务方式去满足农民的需求，而且只有我们关怀还不够，我们还希望能够用自己的影响力和号召力让全社会都来关注'三农'，我们来搭台，让全社会都能参与到对农公共服务中去。"

一、农村民生在"民生"新闻中的缺位

民生与公共服务是不可分割的，基本公共服务正是立足民生、强调分享，是社会稳定、和谐发展的必然选择。在党的十七大上，提出了中国社会主义建设改善民生的六项主要任务，规定了必须首先发展教育，扩大公民的就业领域，增加城乡居民的总收入，建立全社会范围内的保障系统，完善基本卫生保健制度和社会管理制度。这六项任务与建立公共信息服务平台的要求非常相似：如果农村的生活没有达到中等水平，那么整个国家的小康社会就不能实现；如果占据国家大多数人口的农民的民生状况没有改善，那么整个国家的民生水平就不可能提高。

很长一段时间，出现在媒体中的农民形象是非常刻板和严格的，甚至还带有一些歧视。例如，农民和市民在城市里共同生活和工作，市民是"工作"，农民是"打工"；甚至还有娱乐节目内容设计让农民出丑，鄙视和讽刺农民。农民占我国人数的80%左右，这么一个庞大的群体已经被大众传媒定位为"他者"。每个人都清楚，农民不是"其他人"，与市民享有一样的权利，他们更应该是最大的媒体受众，他们更需要情感上的照顾，需要社会关注他们的生活日常。因为一部分农民的文化程

度较低，他们需要更多的指导和大众媒体帮助，重塑他们的社会形象和日常的情感表达。因此，大众媒体应该成为他们梳理情绪和解决问题的有效平台。

但是，村民的生计问题长期以来都被忽视了。许多新闻媒体学者都非常关注民生，许多民生新闻无视村民在村里的日常生活，在新闻报道中缺乏村民的声音是令人担忧的问题。中南民族大学的郭晓红在其论文中说："现在的所谓民生新闻都可以归结为城市民生新闻，而关注农民生活状态的新闻少之又少，呈现出一种'重城轻农'的倾向。"

对于对农电视来说，它植根于村庄，主要就是为农民服务的。因此，就应面向农村全体受众，需要媒体工作者融入村庄，"知农、为农、爱农"，为村民们解决生活中遇到的问题，解除农村民生困境，将对农民的关注从生产转向生产和生活的方方面面，丰富电视节目的内容，切实为村民提供服务。

地域广阔、人口众多的农村地区实际上是人们日常生活新闻中的"富矿"。特别是2005年前后，农村正处于一个巨大变化和转型的特殊时期，不同的话题纷至沓来。例如，农民工的工资、农村地区教育和消费、农民情绪状况、邻里的吵架拌嘴甚至法律问题等。这些问题往往被人们所忽视，也就说明具有巨大的开发潜力。

然而，在农村地区做出来的民生节目与城市的大不相同。我国城市的发展速度远远超过了农村，社会规则也相对清晰，基本上遇到的问题都能够按照规则和部门要求顺利解决，城市居民的文化素质也高于农村居民，当他们遇到问题时基本上可以自己解决，不必非得求助大众媒体。农村地区长期落后于国家整体的经济、文化、教育和其他相关领域的发展水平，小规模的农村经济及其狭隘的观念充斥着农村，人与人之间复杂的关系和缺乏社会规则都已成为民生问题频发的诱因，想要解决这些问题是很困难的。此外，农民的知识水平不高，维护其利益的方法也很少，当遇到问题时大多数人会选择忍气吞声，更甚者是大打出手，很难找到解决问题的有效方法。张映雪在接受采访时说："许多农民遇到问题时都不知道怎样合理解决，如遭受家庭暴力的妇女在事后只知道沉默不作声，妇女联合会的同志上门拜访时，遭受家庭暴力的妇女也不愿意说明事情的原委。一些农民没有达到法定年龄就结婚，也不去合法取得结婚证书，在离婚划分财产的时候又矛盾频频，类似这样的民生问题很多。"尽管存在困难，《垄上行》栏目组坚定地认为更应该重视农村的民生问题。杨小龙说："只要农民找到我们，我们就要为他们解决问题，如果我们解决不了，就帮农民找到能够解决问题的人，我们甘愿做牵线搭桥的一员、做中介，这就是我们对农服务的方式和决心，也是公信力的体现。"

二、搭建丰富的公共服务平台

农村的生活环境比较复杂，对农电视节目除了要对农业科技知识进行传播，还应该担负更大的责任，在农村地区实现多性能、多角度的信息服务，为农民的生活带来公共信息服务的快捷体验。然而，通过一个电视节目为荆州地区的400万农民提供信息服务是非常困难的，因此有必要发挥对农电视公共服务平台的重大作用。《垄上行》栏目就是找到了关键，旨在全面收集社会信息、社会资源，引导各行各业对农公共信息服务，探索适用于社会主义新农村的多元化信息服务模式。《垄上行》栏目为农民提供了众多的生产生活信息，以满足农民的日常生活所需，打造了一个服务农民的信息平台。

（一）搭建多方信息沟通的平台

为了建立一个服务农民的信息服务平台，《垄上行》栏目组在内容编排上增加了农业生产方面的指导，突破了被动解答问题的不利局面，主动为农业生产的产前、产中和产后提供全程化服务，帮助农民解决购买种子、施肥和销售农产品的许多问题，特别是能够推进农业科技的进步，关注新技术的推广普及和农业生产的新方法的宣传，产生了良好的影响，并有效地调动了农民创新农业发展的积极性。

2005年春，《垄上行》栏目为了帮助推广"水稻机械抛秧"新技术，充分利用了其在农民中的认可和声誉，还让备受农民喜爱的主持人王凯在监利县汪桥镇蔡湖村进行直播，专家们应邀来直播现场为农民解决技术疑问，现场的农民可以在专家团的指导下进行这项新技术的试验。无法前往现场的农民也可以通过观看电视直播了解这项技术。这项新技术的推广难题因为这个节目的播出迎刃而解，人们在不到一个月的时间内就已经接受了它。这成为荆州农业发展过程中的重要事件，与此同时，节目主持人也因为这次节目的成功收获了褒奖。

《垄上行》将电视节目与现场活动对接是一次突破传统节目壁垒的行动，节目良好的效果证明了这种模式能够将公众平台的公共服务作用充分发挥出来。《垄上行》自2003年起就开始举办"春天/金秋垄上行"活动，直至今日，这个活动已经成长为一个现代化大集市，集合了社会各界的助农力量，为农村送去科技、物资、通信服务和医疗资源，同时为农村贫困、弱小者送去帮助，也为农民送去了文化娱乐，丰富了农民的精神生活。这个活动也成为传统农村集市现代化的代表，极大地满足了新农村建设的需求。

"春天/金秋垄上行"活动不仅有益于农村的建设和发展，也有益于电视媒体的创新发展。电视台以服务农村为核心，以电视媒体为基础，整合社会各界资源，建设了一个从政治、经济、文化多方面服务农村的媒体平台，节目本身在内容、方式、模式上进行了创新。这个节目的出现不仅满足了当地农民的精神需求，也将新的农业技术带给了农民，帮助其发家致富，拉近了自己与受众之间的距离，使电视节目除了观看的作用外还增加了拓宽视野、学习技术的作用，使电视节目更加贴近农民生活。

为了进一步挖掘媒体平台的助农潜力，荆州市农业局与《垄上行》节目的合作日益加深。荆州市农业局工作人员陈显锋说："从2004年开始，我们就组织成立了荆州市农业专家委员会，筛选了粮油、棉麻、经作、蔬菜、畜牧等专业的36名专家，参与《垄上行》的节目和活动，每次春天/金秋垄上行活动他们都会到现场面对面地回答农民提出的各种问题。"

2006年，《垄上行》节目改版后，增加了关注农民生活的内容。这次改版抓住了新农村建设和农村发展的新需求，为农村以及农民提供了更多更全面的服务。2008年，《垄上行》为农村人才培养和农民就业做出了巨大贡献，节目方与教育部门及20余所职业高校合作，开展农业生产技能培训，并举办了大型春季招聘会，搭建了农村剩余劳动力与企业之间的桥梁，招聘会上农村求职者超过3万人，解决了超过1.8万人的就业问题。除此之外，节目方还与相关部门和200多家当地企业共同建立了劳动力市场，拓宽农民就业渠道，增加农民就业岗位和就业机会，力求为农民提供社会化就业服务。

同时，节目方也与荆州市各单位合作，为农民开通农村医疗、农业政策、法律咨询等方面的信息通道，方便农民获得最新的政策消息，为农民的生活提供帮助。

（二）搭建全社会共同扶贫帮困的平台

《垄上行》节目有很强的影响力，凭借自身的影响力，节目组发动社会各界人士以及当地企业、各级相关部门，聚集社会的力量关注"三农"问题，帮助农村贫困人群，为农民解决实际问题，为新农村建设助力。

《垄上行》一直在用实际行动为农民提供帮助。这些年，节目组在对贫困学生、贫困户、残障人士的帮助上取得不错的成果。在某次活动中，参与节目的湖北惠民农业科技有限公司为6名农村贫困学生提供了3万元助学金。在《垄上行》农民艺术团的某次巡演过程中，荆州市鑫隆达农资有限公司向5名弥市镇天保中学的学生提供5 000元捐款。湖北宜化集团与节目组合作，为花基台的贫困农户免费提供了13吨化肥和2万元捐款。"春天垄上行"在公安县进行直播时，公安县歌手王伶俐为残疾女孩黄蓉送去2.2万元救济金。

除此之外，荆州市包括荆州中心医院在内的5家医院加入了《垄上行》的医疗服务队，在节目制作过程中组织医疗人员为当地农民进行义诊，并免费赠送药品，这一活动获得了当地人的赞扬。在为农民送医送药的过程中，荆州中心医院参与了历次义诊活动，从不缺席，累计送出约 8 万元的药品，还为花基台地区建设了 3 个卫生室，花费高达 20 万元，其中陈榨村卫生室已于 2008 年投入使用。

《垄上行》节目通过大型直播活动持续为农村贫困家庭提供生产生活物资，每次提供的物资价值在 5 万～8 万元之间。截至 2018 年初，《垄上行》节目组的"春天/金秋垄上行"活动共获社会各界资助约 100 万元。节目始终坚持联合社会各界各部门，集中社会资源对农民进行帮扶。节目开办之初，节目组就已着手组建专家团队并依靠网络建设信息通道，获得了荆州市各级农业部门和农业专家的帮助，为农民提供了咨询渠道，解决了大量农业建设、农民生活的相关问题。

经过多年发展，《垄上行》节目已经获得大量农民观众和农业相关部门与人员的支持，影响力和公信力都非常高。在此基础上，节目方从实践出发，积极参与新农村建设，不再局限于通过媒体平台为农民提供服务，而是致力搭建一个社会各界参与的新农村建设服务平台，并让农民也参与其中，成为活跃的一股力量。节目组还关注农民的精神娱乐需要，联合文化部门、电视频道、企业以及知名文艺工作者，共同为农民带去新颖好看的娱乐节目。

《垄上行》在自身发展过程中，把握助力农村发展的核心，突破传统电视媒体的壁垒，联合相关部门与社会各界，汇聚整个社会的力量为新农村建设助力，搭建了贴近农民生活的助农平台，实现了对农多元化服务。这不仅为涉农电视节目的发展指明了方向，提供了优秀案例，也为各地新农村建设、农业现代化提供了方法，其意义重大。

社会主义新农村建设是一项复杂的工程，其目的是实现"生产发展、生活宽裕、乡风文明、村容整洁、管理民主"，让农民过上富足的生活，让农业生产不再是苦累又收入低的工作。为农民、农村、农业发展服务，加入新农村建设和农业发展中，也是各级政府和媒体的责任。实现对农服务多元化不是媒体一方能够完成的，因此需要积极寻求相关部门和企事业单位等的帮助和支持，利用自身的优势，打造多方参与的对农服务平台。只有将社会各界有意服务"三农"的力量联合起来，才能让助农力量发挥最大的效用，形成助农富农的合力。

第三节 注意新闻服务的双重定位

新闻媒体人在对农服务工作中应当不断调整自己的定位，以便切合农村的实际需求，为农民提供全方位的服务。《垄上行》最初仅为农民提供单向服务，媒体人将自己定位为农民的信息员，为农民提供了解信息、解答问题的平台。媒体人深入农民的生产与生活，致力于为农民提供全面、精准的信息服务。但是随着农村不断发展以及新农村建设的推进，对公共服务提出了更高的要求。简单的信息传播已经不能满足农民需求了。于是《垄上行》节目组工作人员顺应新要求，改变自己的定位，在信息传递员的身份中又加入了公共服务者，为农民提供多元化服务。

一方面，《垄上行》节目组仍然保持最初的构想，通过自己的媒体影响力整合社会助农资源，为农民提供信息普及和咨询服务；另一方面，由于农村问题复杂多样，节目组本着对农村民生的关注以及做好"农家百事通"的目的，必须为农民提供除信息之外的生产、生活方面的帮助，这也是节目组对自己工作的新要求。

一、拒绝公共服务"条块化"

为农民提供生产、生活等方面的帮助，已经超出电视媒体的传统本职工作。对农电视媒体通常只是传播信息的媒介，为农民提供一些与生产生活相关的信息和政策解读等。《垄上行》节目组对农帮扶工作已经远远超出这一范围。但是如果媒体只是负责自己的本职工作，仅传递一些基础信息，对农民的实际生产生活并不能起到大的作用。媒体人只把自己当成一个传播者，仅关注信息传递方面的工作，这样的理念是落后的。

事实上，"三农"问题牵涉农村发展的方方面面，会影响农村的发展和建设，因此对农公共服务工作者必须关注农村发展的各个方面，而不是为自己的职责设置界限，否则对农公共服务的效果必定大打折扣。而且，职责的分割还会导致对农民部分问题的忽视，阻碍农民寻求帮助的道路。例如，全国农业系统公益服务统一专用热线12316能够在线解答农民的生产技术问题并提供最新的农业资讯，24小时在线，但是不能为农民解决消费投诉和维权问题，这些问题只能通过12315解决。大部分农民因为文化水平较低，对电子产品和各种客服电话的了解不够，根本无法分清各个专线的作用，因此在维权过程中饱受困扰。

针对这个问题，陈先锋曾经这样说："在2002年之前他们就设有一个热线电话供农民咨询，但是效果并不好，一直到他们同《垄上行》形成联动之后，他们普及农技知识的想法才初见成效。"承担公共服务的机构应当全面开展工作，让农民省去向不同机构反映问题、拨打各种电话寻找解决办法的麻烦，简化农民解决问题的步骤，为他们提供更加全面、更贴近实际生活的服务。不过，媒体人要接受这种理念并不容易，仍需漫长的实践。在《垄上行》节目组工作了6年的记者朱劲松曾说："作为信息员，我们只向农民提供他们关注的信息就可以，归根结底这是媒体人的传统工作。但是我们不仅要传播助农信息，还要切实帮助农民解决问题。这对做了多年传统媒体工作的人来说是个挑战。例如，有些农民离婚了，但是财产分割不明确，产生矛盾，向我们寻求帮助，解决这个问题涉及法律知识，但是我们不能简单地直接将相关的法律告诉他们，因为他们可能不明白这些法律知识，依旧无法解决问题。所以，最好的办法是带着法律专家跟他们面对面沟通，详细了解情况，然后一点点告诉他们这个问题应该怎么解决，并且随时为他们解决新出现的问题。有时候情况比较复杂，可能一天解决不了，我们就要待几天或者更长时间。而且农村里这样的琐碎事情很多，农民们根本搞不清楚需要找什么人解决。比如，家里牛被人偷走了、妇女遭到家暴等，他们很难想到找民警或者妇联等部门解决，而是来找我们。如果我们不能为他们解决问题，那么这些问题可能永远也不能解决，农民们也会遭受伤害和经济损失。所以，无论如何我们也有责任为他们解决这些问题。只是这些问题过于琐碎，一件件解决起来十分耗时耗力。"

不过节目组编导程成对这个问题的看法却比较乐观，他说："媒体人为受众服务本是应该的，无论是作为信息员还是作为服务员都应当尽心尽力，而且服务员的角色更能贴近受众，为受众提供更多更实际的服务。面向城市的民生类节目也是这样的工作思路，为农民提供服务的节目就更应当全力为农民提供服务和帮助。不仅如此，通过直播节目不仅能为农民解决实际问题，也能告诉其他农民遇到类似问题如何解决，帮助了一个农民就相当于帮助了千百个农民，慢慢地他们遇到的难解决的问题就会越来越少。"

杨小龙认为在对农公共服务工作中，"有求必应"很重要。他认为《垄上行》节目一定要全力为农民解决问题，不能推诿。即便遇到难解决的问题，也要与农民一起寻求解决办法，不能拒绝农民的请求。这不仅是公信力的体现，也是节目组回报农民的信任和看重的方法与途径。

在新公共服务理论中，政府人员对群众需求的"回应性"是十分重要的。政府官员和公共管理人员在面对群众的问题时不能只简单地回应"可以"或者"不可以",而应切实为群众解决问题,或者帮助群众寻找解决问题的方法。这也是公职人员面对工作时应有的态度和应当肩负的责任。对农电视节目的媒体从业者也应如此,他们拥有媒体从业者和公共服务者的双重身份。为农民提供服务的对农电视节目不仅要为农民带去所需要的信息,还要看到农民的实际需求,回应农民的合理要求,尽力为他们解决问题。

二、从听取"专家意见"向重视"常识"转变

对农公共服务工作并不好做,要想搭建为农民解决各种困难、疑问的平台,对于很少接触"三农"问题、不了解农村真实生活的媒体人而言是十分困难的。而且,在我国对农电视事业获得较好发展的今天,培养精通"三农"问题、了解农村生活的优秀电视人仍然比较困难。农村问题复杂多样,农业生产问题具有很强的专业性,农民与城市居民生活和认知上的差距以及农村采访生活的艰苦都给对农电视从业者带来了挑战。他们需要更多的专业且系统的知识、个人禀赋以及专业素质。同时,新农村建设的发展也使农村、农民发生了巨大变化,对农电视节目的受众向纵深化和多元化方向发展,这也成为对农电视从业者的新挑战。要想将对农电视节目办成功,受到受众的欢迎,对农电视人应当积极与农民沟通,了解农民的日常生活与思维方式,并且从内心认可农民,了解农民在社会中的重要性,尊重农民。同时,虚心接受受众的意见和建议,了解他们的需求,并据此不断改进节目,丰富节目的内容,使节目更加合理,更贴近农民生活。

对农电视节目的编创者更应当认识到"三农"问题的复杂性和多样性,明白深入农村生产生活的重要性,尽力了解农民的真实需求,为农民解决实际问题。如果不能做到这些,就无法制作出受农民喜爱且对农民有帮助的电视节目。农民才是最具发言权的专家,他们最了解农民的真实需要和喜好,最明白农民喜欢什么样的节目形式和内容。只有虚心向农民学习,才能制作出切合农民喜好和农村实际生活的电视节目。

农民的生活和生产智慧对很少接触农村生活的媒体人来讲具有非常高的价值。杨小龙在自己的文章中表达过这样的观点:"不要小看农民的智慧,农民比我们有智慧得多,向农民学习,不是一句口号,而是一个真理。向农民学习的本质是向实践学习,离开了实践,我们媒体还能做什么呢?"

我国农村地域广阔,地区间差异明显,如果没有深入了解过农村的真实生活,就无法触及"三农"问题的本质,更无法找到解决"三农"问题的良策。因此,

电视媒体人应当积极主动地了解农村的真实状况，时刻关注农村基层问题，与农民进行深入的沟通与交流。

在访谈过程中，大部分《垄上行》工作人员都持有这样的观点。帮扶类节目工作者张映雪对如何成为好的对农服务员有以下看法："我刚来《垄上行》的时候，连大白菜和小白菜都分不清楚，我都不知道自己怎么可能做到为农民服务，带我的老记者都不大愿意跟我说话，觉得我什么都不懂。但是我胆子大，不懂的我就问，农民笑我，我也要问清楚，增加了好多农业方面的知识，觉得自己比以前真实、接地气多了，跟农民也更加亲近了，做节目的想法也丰富了起来，为农民提供帮助的时候也觉得更能使得上劲了。而且深入农村以后才知道农民真正需要的是什么。他们希望也需要有人去帮助他们，为他们普及知识、普法、维权等，在遇到困难的时候，也需要有人为他们提供一个出口和途径。这些事情以前我根本不知道，也没有办法去想象，现在深入农村我才真正了解和认识到了，这对节目的选材、编导和表现形式都有很大的启发作用。"

对农电视工作者的专业知识和特长只能作为为农民服务的工具，而不是用来炫耀学识和教育程度的资本。正是因为媒体工作者拥有这些知识资本且具有一定的影响力，才更有责任为农民提供优质的服务。对农服务工作者要保持谦虚态度，积极向农民请教，深入了解农民的真实生活，了解农村的特点和现状；要认真听取农民的意见和要求，认识到"三农"问题的迫切性和重要性；要主动融入农村生产与生活中，切身体验农民的真实需求和偏好，从中寻找改进节目、利用节目服务农民的有效渠道，并将对农服务作为电视节目制作的出发点和落脚点。

自2004年起，国家不断提高对"三农"问题的重视程度，解决"三农"问题。发展现代化农业、建设新农村已经成为经济发展与民生中十分重要的一部分，与此同时，新农村建设也在不断加快步伐。国家给予农民减免农业税、增加农业补贴等优惠政策，农民的生活水平不断提高。在国家政策的引导下，社会各界越来越多地将目光转向农村，为农村建设和农业发展助力。

但是之前社会对农村的长期忽视导致农村基础薄弱，农村扶贫工作依然任重而道远，对农电视事业的发展也并不顺利。农村地域广阔，难以面面俱到；地域差异明显，许多模式不能照搬照用；城乡差距不断加大也拉大了农民与工作人员之间的距离，这些成为制约对农电视事业发展的重要因素。因此，许多对农电视节目仍未搞清楚农民的真实需求。

而《垄上行》节目则比其他同类电视节目先行一步，他们比其他同类工作者更了解农民和农村的变化。同时，借着自己的影响力，《垄上行》逐渐肩负起更多、更重的责任，致力于为农民搭建公共服务平台，让有意参加助农事业的各界人士都能参与到对农服务工作中来，共同为农民提供服务，促进农村、农业的进一步发展。为此，他们对节目进行了大幅度调整，不仅使节目内容更加多元化，还扩大了队伍，让更多的人为农民解决问题、提供帮助，扮演好农民的信息员和服务员的角色。除此之外，他们还举办了许多不同规模的活动，丰富了节目形式，成为农民身边的帮手。

《垄上行》节目组对农村民生的关注值得赞赏和学习。许多城市民生类节目一味注重娱乐性和可观性，而《垄上行》深入田间地头，扎根农村，为农民提供切实的服务与帮助，并且一直致力于"有求必应"，为每一位遇到问题的农民提供帮助和解决办法。他们关注农村民生，切实为农民解决困难，不仅实现了精准帮扶，也有力地推动了新农村建设。《垄上行》人用自己坚持不懈的努力和为农民解决问题的真心实意，践行着对农电视工作者为农民服务的职责，也为他们日后参与扶贫工作打下了坚实的基础。

第十章　开启全方位的脱贫公共服务模式

扶贫工作的重点之一是"扶志",精神上的贫困是贫困的主要原因。精神贫困体现在精神生活简单、缺乏参与意识等方面。因此,扶贫工作中首先要让贫困的人树立致富的信心,营造致富的周围环境,让他们对自身形成准确的认识,找到自己的优势,发挥自己的主观能动性。乡村教育是精神脱贫的重要体现,除了农村的义务教育之外,广播与电视节目也承担着重要的教育责任。

通过广播电视节目实现农村教育功能,丰富农民的精神生活,提高农村群众的参与积极性和创造能力,鼓励农民参与公共生活,是实现农民精神脱贫的重要途径和不二选择。也就是说,要通过广播电视开展对农服务,使广大人民群众由被动的接受者转变成积极的参与者和创造者,提高他们的政治觉悟,增强他们的权利意识,以实现精神脱贫。

2009年,《垄上行》节目有了巨大的转变。2009年1月8日,由《垄上行》衍生而来的垄上频道正式开播,该频道致力于全心全意为人民服务。《垄上行》成为垄上频道中最重要的栏目,也是实现频道功能的主要途径。

垄上频道延续了《垄上行》的全方位服务于农民的模式,加强了面向农民生产生活的信息资讯供给工作。在这方面,垄上频道推出了更为多样化的节目形式,增加了栏目内容,为农民提供了更多、更全面的涉农资讯,同时不断开发新的信息获取渠道,让农民更方便、更及时地得到自己想要的信息。此外,垄上频道在尊农的基础上,致力于通过为农民提供帮助增强他们的权利意识和主体意识,提高他们维权的主动性和能力,拓展他们的知识面,提高他们的精神素养,引导农民积极参与公共文化活动和公共事务,实现并保障农民的话语权。

垄上频道将工作重点放在帮助农民完善自我,培养其主人翁意识,使其成为懂得维护自身权益、享受公共服务的新时代农民上。同时,他们也将最基础的为农民提供资讯的工作坚持了下来。

垄上频道的全方位公共服务模式体现在以下几个方面：

一是服务内容与传播方式多元化。垄上频道成立之后，依靠产业链、信息链与服务链共同作用，使自己提供的服务更加多元化。垄上频道将原来的公共信息服务发展得更全面和丰富，同时增加了对农公共文化服务，极大地丰富了农民的精神生活。除此之外，他们还增加了农民获取信息的渠道和参与互动的形式，让农民拥有和市民同等的享受公共信息服务和文化服务的机会。

二是服务理念的转变。之前《垄上行》节目中的公共服务大多以向农民提供公共服务为主要目的，而在垄上频道的策划中，制作方更注重农民本身，致力于引导农民成为精神生活丰富、具有主体意识和权利意识的现代化新型农民，并且为他们提供文化服务、信息服务、精神引导、生活和农业指导等全方位的服务。

三是对农电视工作者身份定位的整体化。在之前的节目制作中，对农电视工作者的身份定位较为功能化，工作者简单地将自己定位为信息员或者服务员。但是在现在的全方位公共服务模式中，这样的定位显然不符合要求，对农电视工作者要将自己变成农民的一员，与农民一起完善自我。

第一节　优化从物质到精神脱贫的多层次公共服务

垄上频道的多层次公共服务主要体现在以下几个方面：第一，通过垄上频道这样的大平台，制作方扩大了频道和栏目的信息服务覆盖面，不仅包含了基础的农业信息和生活信息，还尽力囊括了有关农民精神生活和农民权益保障方面的信息和知识，完善了信息传播链条；第二，制作方设置了更加多样化的活动，为农民提供参与文化活动和公共事务讨论的机会，极大地丰富了农民的精神生活，并且通过电视平台，汇集了多方社会力量共同为农民提供公共服务；第三，利用《垄上行》节目的品牌和影响力成立了实体企业，开展对农公共信息服务，让农民能够多渠道、多方式地轻松获取自己想要的信息，培养农民获取信息的意识。

一、用垄上频道完善公共信息传播链

2009年1月8日，在《垄上行》的基础之上，全新的为农民服务的电视频道垄上正式登陆荆州电视台。垄上频道致力于为农民发声，帮农民解决问题，为农民表达情感。垄上频道成立之后，推出了一系列改版栏目和子栏目。这些栏目的

推出是为了为农民提供更加全面、多层次的信息，关注农民的精神生活，保障农民的权益。

第一，垄上频道不断丰富自身对农公共信息的种类和数量，保留了《王凯热线》等之前受欢迎的农业信息服务节目，并增加了《垄上消息树》与《走四方》两个子栏目，前者主要为农民提供一些报纸和网络媒体上与农民相关的新闻和信息，让农民能够方便、及时地获取信息，后者则通过记者的镜头向农民展示荆州之外的农村风貌，让农民了解不一样的风土人情，开阔视野，丰富知识。

第二，垄上频道侧重于农民的精神生活。《垄上行》栏目中增加了关注农村人情世故及农民情感诉求的情感类节目，从农民的角度关注农民的情感生活，丰富了农民的精神文化生活。垄上频道也增加了全新的节目《垄上故事会》，让农民自己上台用方言讲述农村风俗、乡情故事。任何一个能讲故事的乡亲都可以成为节目的焦点。节目开播后的一个月内，获得了许多农民的喜爱和支持。甚至有些农民收获了不少"粉丝"，并开始代言农资广告。

第三，垄上频道更加注重农民的维权问题，《垄上行》增加了《突发事件》等子栏目，为农民解决维权路上的障碍以及事关自身利益的其他问题，包括农村公共设施损坏问题、农户在养殖过程中遇到的各种问题、农村贫困儿童和孤寡老人的生活问题等，保护农民的权利。

除此之外，《垄上行》频道还增强了节目方与观众之间的互动，积极调动农民参与节目的积极性，让他们对自己的主体性和自身权益有了更深刻的认知和理解。节目方鼓励农民勇敢地为自己说话，向社会表达自己的需要和情感。以《垄上行》的子栏目《垄上土记者》为例，该子栏目包含两个版块，一个是"今天我发言"，让农民说一说村里生活中发生的各种事件，表达自己对农村生活的期望和对农村建设的意见；另一个是"我拍新闻"，让身在农村的农民作为节目方的记者，拍下自己身边值得关注的事情并进行报道。其目的是给农民一个展示日常生活、发表意见的机会，同时拉近节目组与农民之间的距离，加强两者间的互动。

另外，《垄上行》还将节目由录播改为直播，增加了主持人与场外记者的互动，让节目更生动、真实，贴近生活，也增强了节目的参与性。

二、频道活动联袂公益行动：服务链的巩固

（一）频道联动丰富活动

垄上频道成立后提出了让品牌节目增加效益、让栏目变成节目、让全年都举办的活动变为系列活动的目标。2009年和2010年垄上频道将自己的各个栏目联合起来，

举办了80多次各类活动,并且协助其他部门举办了约40场活动。

1. 大活动凸显社会效益

经过一段时间的发展,垄上频道的各种活动已经遍布荆州各地。2009年,垄上频道举办了"百里仙洪涌春潮——2009年春天垄上行""江南葡萄交易会""2009垄上明星乡镇评选"等多个大型媒体活动和极具娱乐性又为农民提供帮助和借鉴的"垄上创富英雄"等活动。

2009年,垄上频道运用自己的所有资源为农民举办了一场专门的联欢晚会,这场春节联欢晚会还获得了许多奖项。2010年,垄上频道与CCTV-7联合举办了"垄上农民春晚",展现了荆楚人民的独特风情,加入了荆楚地区独特的虎座鸟架鼓、龙船调、民歌等元素,展现了湖北农村的新风貌,饱含乡土气息,深受农民喜爱。在晚会录制过程中,节目方还邀请了300多位农民上台表演,这是一场名副其实的农民春晚。

2010年秋季,垄上频道组织策划了"湖北石首东升西瓜节"等与农业相关的活动,在当地农村产生了巨大影响。这使垄上频道的各个节目之间的联系更加紧密,进一步加强了节目方与乡镇之间的合作,为农民提供了信息、文化、娱乐等方面的服务。

2. 栏目活动更注重服务性和功能性

让栏目转变为活动,让活动转变为节目是节目与活动融合的常用手段。垄上频道各个栏目在不影响常规节目收看的前提下,结合自身特点推出了大量活动,使得垄上频道的各个栏目更具观看性和实用性。

"《垄上行》周末大擂台"是一个兼具娱乐性和服务性的小活动,2009年和2010年每年都举办大约50次,定于每周日播出。其宗旨是紧跟农民朋友的生活脚步,与他们一起度过农闲、春耕、收获的阶段,为他们提供适时的帮助和服务。可以说,"《垄上行》周末大擂台"为农民提供了全面、细致的服务。

"唐媒婆相亲会"是一个以相亲为主题的活动,2010年上半年一共举办了4场,赢得了观众和参与者的喜爱。之后,活动方又推出了主题相亲活动,更加亲切,针对性更强。

2010年,《有么子说么子》栏目富有创意地将以前流行的网络游戏"开心农场"融入节目中,创造了《有么子说么子开心菜园》,让活动更加富有趣味性和娱乐性,活动现场气氛十分火热。

2010年春节期间,《垄上故事会》还策划了许多喜庆的贺岁活动,有故事表演、民间曲艺、拜年等。此外,还制作了系列节目《故事贺春》,共播出19期,让观众在春节期间每天都能看到精彩的故事。2010年春耕之际，栏目组还组织了故事巡讲活动，先后到虾湖村、西湖村、霞光村等村镇进行巡讲，共制作节目15场。

（二）媒体行动聚集爱心

唤醒社会的良知，汇聚社会的爱心，关注老弱病残群体，帮扶困难家庭，这是媒体肩负的责任。垄上频道自成立起一直保持对弱势群体的关注。

2009—2011年，《垄上行》连续推出了系列节目，前往广东等地关注农村外出务工人员，了解他们的辛苦和困难。2011年暑假，他们又推出了关于乡村孩子的系列报道，从孩子暑期的安全、学习状况等角度关注暑假农村孩子的生活。随后又策划了暑假探亲活动，让留守在村里的孩子们利用暑假与外出务工的父母团聚，满足他们团聚的愿望。

2011年夏天，荆州发生重大旱灾，《垄上行》及时发起了"抗旱保收成"的救援帮扶活动，为社会各界及时报道旱情和抗旱行动，并整合社会各界资源支援抗旱。在此期间，《垄上行》播出50多期节目，为受灾农民送去约302万元的物资。同时，节目组与垄上频道的其他节目形成联动，共同播报抗旱情况，呼吁社会各界支持抗旱，共同帮助受灾农民，并组织"抗旱专家团"与农业专家共同指导农民学习抗旱技巧，进行生产自救。节目方还联合《垄上故事会》为受灾群众送去慰问演出。

2011年4月，全国蔬菜行情不佳，部分蔬菜难以卖出，荆州菜农也饱受困扰。《垄上行》节目组对此十分关注，积极进行市场调查，为农民寻找销路，搜集供求信息，尽量减少菜农的损失。

此外，农民的维权问题一直是垄上频道关注的重点。2011年10月起，《垄上行》节目方收到许多农民反映购买吊车被骗的投诉。据统计，共有十多人被骗，金额高达20万元。对此，《垄上行》开展了特别行动，亲赴焦作、鹤壁等地进行维权报道，最终将被骗的定金追回。2011年下半年，垄上频道的《有么子说么子》栏目策划了关注农民通过法律途径维权的系列活动，为多名遇到困难又不懂法律的乡亲提供法律咨询服务，并进行追踪报道，为他们的维权行动提供保障，同时密切关注进行法律援助工作的律师以及受援助者的心理感受。

（三）组建"《垄上行》农民剧团"，丰富农民精神文化生活

《垄上行》的工作人员长期与农民接触，了解了不少农民的真实生活，也发现了许多"身怀绝技"却苦于没有展现舞台的民间高手。因此，节目组于2008年举办了大型的农民选秀活动，为农民提供了一个展示自我才艺的舞台。通过这个舞台，《垄上行》海选出了"《垄上行》农民剧团"的演员，让农民为乡亲们表演节目。这个活动最开始饱受质疑，工作人员不认为整日与土地为伴的农民能够挑起剧团的大梁。尽管确实有许多农民多才多艺，但是他们没有站在观众面前表演的经验，也不确定他们有没有参与的意愿。不过令节目组吃惊的是，活动的宣传片一经播出，报名的人便络绎不绝。

"《垄上行》农民剧团"海选设置了8个赛区，覆盖了荆州大部分地区，让每一个希望展现自己的农民都能方便参加。海选的舞台设立在田间地头，这也是为了让农民在表演时消除紧张情绪。与此同时，在《垄上行》栏目中加入对海选情况的跟进报道，让群众及时了解海选进程和结果。这次选秀活动持续了3个月，选手来自荆州各市县，参与人数达到1 300人以上，成为当地群众持续关注的热点，也引发了诸如评委是否专业、城市居民是否有权参加选秀等热议，同时收获了不少赞扬。这些新闻话题也在垄上频道的相关栏目中做成了节目播出。此次选秀进入复选阶段时，《垄上行》农民剧团"的演员选拔已经成为荆州地区甚至周边地区的农民自娱自乐的舞台，也为群众带来了娱乐和享受。

通过这次大范围的选秀活动，《垄上行》挖掘了许多藏于民间的农民艺术家，为各地观众献上了马山民歌、公安说鼓、洪湖道情、监利情歌等富有地方特色的文化艺术娱乐节目。这些地方特色艺术也随着《垄上行》的发展而得以传播推广。2008年下半年，经过层层筛选，"《垄上行》农民剧团"的演员名单得以确定。2009年，随着垄上频道成立，"《垄上行》农民剧团"开始巡演，为荆州各地的农民朋友带去精彩的特色演出。

三、"两条腿走路"：产业和频道共同发力

对农公共信息文化服务的重点既包括信息的多样性和丰富性，也包括信息渠道的广阔性、便利性和及时性。新媒体兴起之后，人们获取信息的渠道更加多样化，每天都能收到来自各个新媒体平台推送来的时事热点。但是对电子产品和新兴技术并不了解的农民却没有充分享受便利，他们获取信息的渠道仍局限于传统的电视新闻，因而城乡居民的信息获取之间的差异也逐渐拉大。垄上频道为农民提供了更广阔的信息通道，利用频道和产业"两条腿"，为农民提供了更多的信息获取方式。

2009年，荆州电视台与荆视传媒公司、汉江明珠新媒体公司、内蒙古永业公司合作，凭借《垄上行》节目品牌价值入股，共同成立湖北《垄上行》新农村服务有限公司。该公司在湖北地区推广《垄上行》新公社连锁加盟模式，将集对农信息、对农技术支持、对农新闻播报功能于一身的连锁加盟店面向农民推出，竭

力为农民提供全面、周到的服务和帮助。

2011年,荆州电视台又成立了《垄上行》新农会信息科技有限公司,该公司源自《垄上行》的手机报和短信互动平台,其宗旨是为农民打造一个以"三农"信息支持为主的综合服务平台。该公司可为农民提供一对一的信息服务,也将农民的看病、就学、消费等汇集在本公司平台,为他们提供更多的优惠,其中家电团购和新农会赶集会等大型活动十分受欢迎,不但为农民提供实惠,还拉动了农村的潜在消费需求。例如,2011年12月组织的品牌洗衣机团购活动让农民在享受国家补贴之外每台还能再省400元。在活动期间,厂方收到了1 600多个订单,大大超出了负责人的预期。

《垄上行》的一系列产业项目推出,让垄上频道形成了一个融电视媒体节目、频道、产业于一体的大概念,它综合了传播链、服务链和产业链,为农民群众带去了系统、全面、实惠的服务,其收益也让其他同行大为吃惊。

荆州电视台的两个实体企业与垄上频道相互呼应,公司能够利用电视媒体节目进行推广宣传,电视媒体在举办活动时也有实体企业的强大资本作为后盾。2011年,垄上频道为8个村的贫困家庭修建住房,并为农村建立了10所关爱留守儿童的爱心站,这些项目的大部分资金都来自新公社和新农会两个公司。此外,这两个公司也是垄上频道主要的广告赞助商。垄上频道与公司之间既独立运营,又互利互惠,有效保证了资金的充分利用和效益最大化,形成了良性循环。

荆州电视台的实体企业和电视媒体成了其对农公共服务的两大支柱,促进了对农公共服务的发展。这样的发展模式也开创了对农公共服务的新方向,成为众多对农电视媒体发展的范例。

第二节　秉承脱贫的双向度服务理念

垄上频道的公共服务秉承着"双向度"的理念,不仅提高自身公共服务的全面性和能力,还关注农民的成长,帮助其提高自身知识水平,培养他们的主人翁精神,鼓励他们勇敢地维护自己的权益,积极参与到活动中去。为农民提供全方位的服务也是垄上频道获得成功的原因之一。

新农村时代到来,大部分农民都已经脱离贫困,生活逐渐富足。正因如此,农民才有了更高的追求。对农电视媒体需要了解农民的新需求,引导其成为物质、精神富足,文明守法、自信勇敢的新时代农民。引导农民学习文化知识,提高人文素养和科技水平,让他们享受时代发展的红利,能够自主选择自己想要的服务,也成为垄上频道的工作重点。

一、农民公共文化和公共服务选择能力的缺乏

(一)农民公共文化生活的衰落

根据华中师范大学中国农村问题研究中心以安徽省为范本的调查,虽然农民私性文化有所发展,但是公共文化却逐渐衰落。因此,公共文化服务工作就显得十分重要,公共文化发展不仅是新农村建设的基本任务,也是推动农村地区发展、实现农民富裕、全面建成小康社会的动力。

农村地区公共文化和体育服务的建设是"十二五"规划中对新农村建设提出的重要要求。提高农村公共文化服务水平,满足广大农民的精神文化需求也是构建和谐社会的重要任务。因此,对农服务工作者必须严肃对待,全力工作,为农村地区的发展做出贡献。在2008年十一届全国人大会议、全国政协一次会议上,王书平提出了《关于农村文化娱乐场所匮乏现状需重视的提案》。从提案中可以看出,我国农村的图书馆、电影院、音乐厅等公共文化娱乐设施缺失,群众无法享受正常的文化娱乐服务。

农村地区长期缺乏文化娱乐基础设施,农民的精神文化需求无法得到满足,而且国家财政用于农村文化娱乐基础设施建设的资金又有限,这也在一定程度上加剧了农村文娱活动缺失的问题。因此,农村地区的精神文明建设长期滞后,发展缓慢,阻碍了新农村建设的发展。

新农村建设整体目标中的"生产发展、生活宽裕"是"乡风文明、村容整洁、管理民主"的基础。在满足这一基本要求的情况下,农民可以有意识地培养自身的文化素质。然而,能够代表当代农民的精神追求和新生活方式的文化娱乐形式较少,落后于丰富的城市文化娱乐形式。由于农村的媒体不发达,这种城乡差距随着经济的发展而加大,直接导致了农民缺乏公共文化生活。

张世勇和崔玉丹在其调查中发现,农民的主要娱乐方式是看电视和打牌,且看电视只看几个城市电视台。还有超过一半的农民没有文化娱乐的概念。他们从未想过花时间或部分家庭开支用于娱乐活动。此外,崔玉丹的研究数据显示,一半以上的农民不满足于他们目前的文化娱乐生活。

此外,缺乏文化公共娱乐生活会限制人们的社会行为。农民白天在田里工作时,基本上不与他人沟通和交流,如果在休息期间仍然没有与他人互动的机会,每个人只作为个体存在,村民不能形成凝聚力,农村社会的运行也受到许多方面的阻碍。

提供教育和娱乐功能的大众媒体应该起到改善农村文化娱乐现状的作用，并在电视屏幕上为农民提供有用的娱乐节目和内容。但是，大众媒体在"城市化"方面处于领先地位，农村和农民的需求长期被忽视，甚至都没有考虑过村民的生产和生活，那又怎么能承担起丰富农民精神世界的责任呢？作为农村"第一媒体"的电视，这方面的不足也是显而易见的。"三农"问题的起点和终点是农民。农民需要健康、积极的文化活动，需要重建乡村文化。精神世界的丰富有益于健康人格的发展，并能培养积极的生活态度。农业方面的电视节目除了为农民提供必要的科学、技术信息服务和解决农民的生活困境，还应关注农民的精神生活，并在各方面服务于农民。

从不同的角度来看，长期不接触文化娱乐活动的农民有着很大的娱乐需求。农民不是不想参加有益和积极的娱乐活动，他们喜欢的娱乐形式往往被大众媒体忽视。否则，就不会有超过一半的农民对他们目前的娱乐活动不满意。渔民王伟成在回答"你有空时做什么"这个问题时说："事实上，我们的空闲时间很少。当我们空闲时，与邻居交谈，看电视节目，或者我们去睡觉。我们平时最主要的娱乐是打扑克牌。不过，现在可以看看《垄上行》节目了。"

其他一些受访农民的回应也是一致的。《垄上行》栏目于2007年在荆州做了一项调查。调查发现，60%的受访村在一年内没有一支文化表演团队，61%的受访村没有体育设施，这反映出荆州农民对公共文化娱乐生活不满。不满就意味着他们想要改进，那么电视就有发挥作用的空间。在回答"你认为如何为农民服务"这一问题时，王淼说："我是一个农民。家里几代人都是靠耕种为生。虽然我很早就做了电视行业，但我很清楚农村地区的情况。由于土地被承包到家庭，村民们白天在田里忙碌。过去的唱戏、看戏、说书早已消失。现在他们唯一的乐趣就是打麻将，谈论家庭或者看电视。看电视只是观看娱乐节目。农村文化的精髓和很多有特色的东西现在找不到人传承和发扬，就这么白白流失太可惜了。"

为农民提供对身心有益的文化娱乐活动，增加农民与社会之间的联系，促进农村社会的健康运行，是一个战略目标。但是，在当前的公共服务活动中，要实现这一战略目标，鼓励农民参与，大众传媒从业者仍需努力。

让农民参与的最简单方法是接近他们的生活，走出电视台，去找他们，这是深刻且现实的。杨小龙在回答"你对改善农民生活感觉如何"的问题时说："浙江卫视的《中国好声音》在国内如此火爆，但是农民们却没有人知道，因为它的目标受众是城市观众，城市观众感觉跟自己非常接近。事实上，对于农村的观众来说，他们希望看到自己身边的人。"

(二) 农民通常没有选择和使用公共服务的能力

所有公众都有权根据当前的需求选择基本的公共服务，但不是每个人都有足够多的公共服务可以选择。我国实施的是单一的自上而下的公共服务供给模式，农民普遍缺乏对公共服务选择的认识，也没有接受服务的意识。导致这种状况的原因大致如下。

1. 旧的信息观念使村民不了解新的社会服务渠道

由于长期以来在农村公共服务中实施单一的自上而下的供给模式，农民已经形成被动的接收信息的方式，缺乏主动了解新信息的意识。他们虽然希望通过使用和享受相关的公共服务来改善生活，但不愿主动了解新信息和学习新事物，这使新的公共服务项目难以在农村地区推行。

从2009年的《垄上行》受众调查中，我们可以看到，当被问及"你对农村合作社了解多少，你愿意参加这样的合作社吗"时，67.4%的受访者选择了"我想了解"。当被问及"你了解农村小额信贷吗，你有没有想过自己做小额贷款"时，受访者中58.9%的人选择"不太了解，但我想这样做"。农村专业合作社、供销合作社和金融机构等都是为农民提供农业社会化服务的组织，其出发点和立足点是为农民提供公共服务，农民希望了解这些公共服务组织，参与有助于改善生产生活的相关项目。但是由于缺乏相关知识，无法及时收到信息，大多数人只能持观望态度。

造成这种情况的主要原因当然是为农民服务的社会服务组织很少，基层服务组织的职能不完善，或者由于人事和财务问题导致业务受阻。另外，村民"坐等靠"的旧观念导致获取信息的被动性。

针对这一问题，中央政府于2012年发布了一份特别的红头文件，提出要加大对农村地区新兴农业社会化服务组织的扶持力度，指出各级政府和机关可以采用订购、委托、招投标等形式，帮扶农村地区合作社、技术协会、协作组织等农业社会化机构，鼓励其为农村、农民做出更多的贡献，并引导其利用现代农业科技手段和互联网技术，研究农产品销售的最佳渠道，帮助农民增加收入。此外，针对基层公益性农技推广服务，文件强调，要充分发挥各级农技推广机构的作用，增强基层农技推广服务能力，普遍健全乡镇或区域性农业技术推广、动植物疫病防控、农产品质量监督等公共服务机构，明确公益性定位，根据产业发展实际设立公共服务岗位。

这些举措的目的是建立一个更加完善的农业服务平台，扩大农业服务渠道，更新农民信息观念，这说明对农电视在这一领域还是有很多工作要做的。农民信息观念的更新对提高农民选择公共服务的能力起到了很好的促进作用。

2.表达渠道的束缚限制了农民自主性的实现

"无法表达"是我国农民主体意识和权利意识欠缺带来的一个很重要的问题，这主要是由于在大多数情况下，农民缺乏表达自身利益的意识，愿意选择沉默，而不愿意表达他们的愿望和要求。由于几千年来封建文化的影响，农民对"主体"有着强烈的集体无意识性。其最大的特点是强调遵守规矩，缺乏参与意识和表达兴趣。同时，农民的利益分配意识薄弱，缺乏必要的利益代言人，限制了农民享受权利。

农民的利益表达在基层不受重视，得不到反馈。各个部门相互推脱责任，忽视农民的利益。从长远来看，农民会产生表达也无用的想法，所以他们逐渐失去了表达意识。此外，经济和政治资源的缺乏加剧了农民的无力感，削弱了他们表达的意愿，许多农民甚至不打算争取公共服务。

笔者在采访中偶遇了一位向《垄上行》栏目寻求帮助的村民。他的近百头奶牛一夜之间丢失了二三十头，这显然是别人偷走的。笔者来到了村民的养牛场，当被问及"你为什么不报警"时，这位村民说："我来自外地。我以前反映过其他问题，都没有得到解决。所以我认为现在再寻求村里的帮助并没有用。如果冒犯当地人，我在这儿以后也不好再待下去了。我只是想管理好我的这些牛，到一定时间就把它们卖掉，挣点钱，就回老家。但现在我的牛少了很多，我不知道该怎么办，所以找到了电视栏目。"

目前，农村地区的公共服务提供模式还是从上到下的。因为信息传递不对等，广大农民在获取公共服务时有着服务难获取、信息收集成本高等难题。此外，农民大部分时间都是在被动地接受公共服务，很少主动选择公共服务的类型和方式，这导致所谓"理性的无知"。如果农民对公共服务漠不关心，就不能积极参与。另外，大多数时候，个体农民表达的需求没有得到应有的重视，往往陷入"石沉大海"的境地。有时他们被无情地拒绝，甚至还给提要求的人带来意想不到的问题。从长远来看，农民会选择沉默，不想接受服务，也不想制造麻烦。例如，在农村道路建设过程中，农民的意见往往被忽视，他们还没有准备好参与这样的活动。

卡罗尔·佩特曼批判的"低度的"公民权在我国农村群众中非常明显。如果存在公民权的等级分配，那么中国农民处于这种分配的末端，而社会精英则能行使更大的权利。在当代民主理论中，重要的是少数精英的参与，普通民众的不参与正好被当作维持社会和制度稳定的堡垒。

在2009年对《垄上行》栏目的调查中发现，农村观众的63.8%，想要成为农民记者，为栏目提供新闻线索并参与采访报道；73.8%的受访者支持并想通过讲故事的方式参与到节目中；51.8%的受访者愿意参与相关节目的主持和配音。由此可以看出，村民并不是完全缺乏参与的积极性。他们所需要的只是对他们表达内容的重视，并指导和鼓励他们进行有效的表达。这也是该栏目不断优化节目内容，拓宽传播渠道的重要途径。

欧文·费斯在《言论自由的反讽》中写道："国家可能必须给那些公共广场中声音弱小的人配置公共资源——分发扩音器——使他们的声音能被听见。"农民正是这样一群声音弱小的人，保障他们拥有平等的话语权和表达权是我国基本公共服务的题中应有之义。

农民的无效表达主要体现在需求表达的失真与无力。表达的失真主要包括两个方面：一方面，主动失真，即农民刻意隐藏自己的真实想法，这主要是由于他们认为"少说为妙，多说无益"。因此，村民要么迎合上级的要求，要么回避问题的实质；另一方面，"惯性"失真，由于缺乏合理的制度化表达途径，在很长一段时间内农民都不能通过好的方式和途径来表达自己的真实想法。

表达无力的主要原因是农民缺乏用来表达自身想法的政治、文化和经济等方面的资源。从政治角度来看，农民由于居住条件的限制，远离政治中心，与其个人利益有关的问题往往容易被忽略。从文化的角度来看，农民长期处于社会的最底层，早已习惯不发声，因此大多数农民不习惯表达他们的个人愿望，即使他们有想法，也只能选择隐忍。从权力运作的角度来看，可以引用费孝通先生的一句话，"中国的道德和法律，都因之得看所施的对象和'自己'的关系而加以程度上的伸缩"，远离政治中心，毫无政治资源的农民，其表达效果自然不好。在利益表达的成本方面，农民的收入基本处于社会底层，要想获得满意的利益表达结果，往往需要很多的花费，这些花费是农民负担不起的。因此，他们便缺少了表达的意识和兴趣，这也就使他们对利益的表达处于真空状态了。

在回答"你有没有通过上访来保护自己的权利"这个问题时，农民王方德说："我一再告诉村委会和信用合作社领导人自己取钱的时候，钱变少了。我可能取1 000块，但拿到手里的只有999块钱。但我的这个问题并没有引起重视。我不知道该怎么办，我不知道是否有人和我有同样的问题。"

另一位农民告诉笔者，他曾多次向村委会报告，邻居家农田修沟渠影响了他的田地。他希望村委会协助协商，但没有人协助他。

从另一个角度来看，这种表达的无效其实正是大众媒体尤其是电视媒体可以开拓的空间。具有发言权的公共平台和大众媒体可以在关注弱势群体的生活方面发挥特殊作用。一方面，传达农民的真实声音，并依据法律、法规和国家政策要求，帮助农民保护自己的合法权利；另一方面，可以在农民和政府之间、农民和社会不同利益阶层之间建立信息交流平台。此外，大众媒体还可以在化解城乡矛盾方面发挥作用。

对农电视的从业人员开始有意识地"为农民说话"或"代表农民发言"，并收到了良好的效果，调动了农民多层次的需求和参与社会生活的热情，但是这种媒体代言的形式在某种程度上依然有些"居高临下"的意味。这种形式可以说是否认了农民说话的能力和水平，也表明了媒体并没有给予农民充分的机会，让他们"说话"。《农民日报》编辑王太在谈到"三农"媒体服务时强调了"让农民说话"的问题。他认为，新一代农民现在具有一定的文化水平。一些媒体的做法也证明农民的言论和话语是可以对外展现的，因为他们的话语是亲密而生动的。媒体与农民互动对农民主体的重建和实现话语权具有积极作用。

根据"公共领域"和"场域"理论，大众传媒是公共社会生活的中介。对农电视作为一个以"农业、农村和农民"为重点的媒体领域，应该为农民开辟实现话语权的渠道，帮助其行使表达和监督的权利。我国宪法和中国共产党第十七次全国代表大会的报告都强调保障公民的言论自由权、参与权、表达权和监督权。对农电视传播有其自身的责任，要赋予农民发言权和其他权利。因此，对农电视传播和整个大众媒体应采取一定的措施，使农民能够行使话语权。新型农民还希望通过树立现代意识，更好地发挥自己的主体性和参与社会生活的积极性，从而有选择公共服务的可能性。

二、保障农民的话语权，提高农民参与社会生活的积极性

公共文化服务是国家和政府向公众提供的非营利性和非排他的文化服务。这种文化服务应始终坚持正义与公正的原则，努力实现规范、多样、同质、普遍的目标，不断满足全民的基本文化需求。然而，文化服务是具有广泛内涵和多种风格的。不同风格的文化服务的具体内容、表达方式、实施方式和最终效果也存在明显差异。在资源节约型社会中，文化服务的样式选择不仅与公共文化服务的组织和提供有关，还与公共文化服务的质量和有效性有关。

（一）传播社会文明

电视媒体最初承担着通过营造和谐的城乡文化氛围，传播新的社会文明，促进文化繁荣来推动先进文化发展的责任。在城乡传媒资源发展不平衡的情况下，利用对农电视实现农村公共文化生活的繁荣，无疑是最佳选择。

在新农村建设实践中,《垄上行》栏目必须努力开发农村文化体育事业的新途径,利用丰富多样的活动,发挥全方位公共服务模式的优势,让农民在家门口参加文化体育活动。

一方面,《垄上行》建立了一系列展示才华的平台,为农民大显身手铺就了道路,那些有文体才艺的农民都可以在农家乐、春秋《垄上行》、中小型主题户外活动中展示自己。2009年4月,《垄上行》在松滋市新江口镇木天河村举办荆州市首届"魅力村姑"颁奖,5月又在沙市区锣场镇高阳村举办"快乐《垄上行》,端午农家乐"等活动,吸引了众多农民观看。

另一方面,《垄上行》为新时期的乡镇文化和体育发展奠定了基础。2009年《垄上行》农民剧团的成立就是一个很好的例子。在为期7个月的选拔中,栏目组挖掘了公安说鼓、洪湖道情、松滋湖北大鼓、监利情歌、马山民歌与当阳独角戏等很多具有地方特色的节目。这不仅保护了当地的非物质文化遗产,也推动了乡镇文化体育事业的发展。2009年3月,"《垄上行》农民艺术团"正式成立,荆视和荆州银海农业科技有限公司签订了《〈垄上行〉农民艺术团品牌授权合作经营协议》。2009年4月,农民艺术团"百镇大巡演"顺利开展,艺术团和《垄上行》一同组织科技、电影、文化大篷车下乡,在促进乡村文化体育站建设的同时,为农民提供了参加活动的机会。

《垄上行》栏目充分利用自身的优势,开发了当地的人文资源,在农村地区组织并开展了一系列的文化娱乐活动,展示了农村文化的魅力及其精神文明。

《垄上行》也在荆州培育了当地的农村艺术团体,使团体的艺术文化活动常态化,创造了具有地域特色的农村文化公共生活,实现了"垄上搭台,农民唱戏"。

(二)培育农民的信息观念

在现代社会中,信息就是财富和生产力。但对农民来说,有时他们不是没有信息,而是没有分析、识别和理解信息的能力,缺乏利用信息的知识,缺乏主动传播信息的理念。因此,比起具体的信息传播,消除农民传统的"坐等靠"的信息观念,帮助农民树立正确的信息观念,激发其主体性,让农村信息得到有效传播更有意义。

因此,《垄上行》在2006年大胆地将新媒体技术应用到农业信息的传播上,通过手机报的订阅引导农民主动获取信息。截至2012年底,《垄上行》手机报的用户已经超过30万人,且一直处于上升趋势。农民通过这种新媒体技术实现了及时接收信息,还能在这个平台上发布自己的消息,方便与亲朋好友沟通。为了满足农村受众的需求，该平台还想进一步实现农产品的网上交易，为农产品的销售提供新途径。

2009年和2011年《垄上行》栏目的两个新媒体产品，即手机报和新媒体信息平台全部上线。《垄上行》新农会总经理杨斌在回答"推出《垄上行》手机报是出于什么样的考虑"这个问题时说："现在城市居民主要使用移动终端，但农村地区的互联网铺设和建设非常困难，移动终端技术更是缺乏。新媒体的发展导致了日益严重的城乡二元化。所以，我们希望通过电视这个媒介，以电视为基础，为农民提供更多更贴心和实用的服务。例如，一个充满活力、移动、有用的农民搜索引擎，可以帮助农民在任何时间和地点找到他们需要的信息。在农村地区，除电视外，其他拥有量最多的媒体是手机。手机在家庭中的平均拥有率肯定大于电视的平均拥有率。这就是为什么我们在没有制作网站的情况下首先开发新媒体，这样就可以让农民在家中和手机上享受到新媒体的好处。从目前的情况来看，我们正在积极推送农民所需的信息。他们不需要打电话或写信，只需要在移动终端注册个人信息，然后就能接收到每天的新闻和信息。这样就可以使他们享受信息技术带来的便利性，并使他们成为信息社会的一员。"

《垄上行》手机报的推出是《垄上行》栏目为满足农民获取信息的需求所做的一种大胆的尝试。农民只需简单的几步操作就可以完成订阅，然后每天就能随时在手机上收看最新的新闻和信息。但是，在这之前农民并不知道什么是手机报，因此在实际推广和应用方面还需要做很大的努力。王凯在谈到《垄上行》手机报时说："很多人都很困惑，农民不会使用它，而且不想使用它。事实上，这些担忧是多余的，其实当他们有需求、有欲望要使用的时候，就会自己主动去探究怎么用。当然，这也得益于我们的计划和信誉的吸引力。当时我们在节目中告诉乡亲们要开展手机报业务，马上就有村民赶过来咨询怎么开通、怎么使用。农民信任我们，我们希望他们能从中获得更多信息，我们就开放并挖掘更多渠道以满足他们的需求。"

在2013年参与"春天垄上行"的过程中，很多农民在新农会的展台边不断询问手机报的订阅情况。在回答"你知道什么是手机报吗？为什么要订阅手机报"时，农民谭先生说："我当然知道手机报啊，经常在节目中听到，这个服务是要收费的，但是里面有很多内容是我们农民能用得上的。"

《垄上行》的这一步已经超前于许多电视栏目了。一方面，《垄上行》建立了一个新的信息服务平台，也增加了受众互动渠道，拓宽了获取受众反馈的途径；另一方面，新媒体技术也在农村市场推出，挖掘农民的潜在需求，使他们能跟上信息社会的潮流，让农民走向现代化的道路。

农民作为销售水产养殖产品的市场参与者，准确获取和处理市场信息也是更新其信息观念的重要途径。但是，由于他们长期以来处于市场的边缘，并且信息渠道不通畅，所以购买和使用市场信息都比较陌生。正因为如此，2009年，垄上频道在开办之初就迅速成立了湖北《垄上行》新农村服务有限公司，目的是为农民打造一个先进的一站式新农村服务连锁体系，这也是一个信息的聚合平台，集销售店、信息站、服务站和记者联络站四大功能于一体，致力于解决农村流通市场中常见的信息不对称、农产品买卖困难、农资供应不足等问题，进而优化农村资源供给模式，创造出一种"沙漏"式农村商品、技术、信息流通互动模式。

如果说《垄上行》新农会拓宽了农民获取信息的渠道，使农民的信息意识增强，那么《垄上行》新公社的成立则真正为农民打开了一扇通往市场信息的大门。在竞争市场中，各种供应和营销信息、市场价格和政策变化对市场参与者来说非常重要。截至2012年底，《垄上行》新公社的加盟商已经遍布湖北各地，加盟费也在持续增长，目前已经建立了720家连锁加盟店，在农民和市场之间架起了一座桥梁，可帮助农民在市场变化的时候调整生产、供应、营销策略和价格，并代表农民和不同的市场参与者进行谈判，实现为农民争取利益的目的。

如果说《垄上行》新农会是时刻存在于村民身边的一个无形的信息网络，那《垄上行》新公社则是真实存在于农民身边的实体信息平台和销售平台，不仅拓宽了农民获取信息的渠道，还为农民打造了实体的终端。

（三）培养农民的公民意识

公民意识是指每个在民主体制下的人应有的民主观念、权利责任意识、法治意识、合作意识、独立人格、集体观念等。但是，当前农民的公民意识非常薄弱，法治意识不强，合作意识欠缺。

造成这种现象的主要原因是农民的小农思想。受内陆封闭环境的影响，一些农民的思想观念是僵化和保守的，对事物的刻板印象根深蒂固，小富即安的小农意识较重。农民与外界沟通和融合的能力很弱，主体意识淡漠，等待观望思想较重，普遍认为弄好自己家的田地就已经很好了。但是，随着社会的发展，公共事务和每个公民都密切相关，农村地区也是一样。民生是与每个村庄中农民的切身利益密切相关的。

对农电视作为农业公共服务平台应该担负这样的责任，即通过有效的信息传递培养农民的参与意识和监督意识，帮助农民树立现代公民意识。现代公民意识可以增强农民群众的主体意识，确定农民的主体地位，让他们知道是自己在创造和建设自己的环境。鼓励农民积极参与和讨论农村公共事务,这有利于他们自己的发展,也有利于农村的发展与新农村建设。他们的参与可以促使公共事务更好、更快地解决。他们的监督可以确保农村一级的公共权力得到行使,以保护他们的权益。他们的责任感或主人翁心态是农村社会良性运行的润滑剂。此外,增强法律意识使他们面对违法行为时能够捍卫自己的合法利益。

因此,对农电视在播放新闻的时候,应该有意识地突出可以激发农民公民意识的事件。例如,2011年荆州干旱期间的一系列报道就很好地增强了农民的责任感和合作意识。

2011年春天,荆州遭遇了特大干旱,导致农业生产尤其是水稻生产遭受了巨大的损失,也对农民的生活产生了很大的影响。当时,《垄上行》栏目不仅特别关注干旱的发展,还报道了气候变化的情况,呼吁荆州的农民互相帮助,让人们积极参与抗旱。为了调动农民的参与积极性,《垄上行》首先采取了行动,由于时间紧急来不及找赞助商,所以该栏目自己用车给农民送水,并将这些行动制作成新闻片进行播出。王凯说:"一方面是出于责任,为农民服务的栏目当然要关心农民,给农民最需要的东西;另一方面,我们希望通过伸出援助之手,在农村产生一个好的示范带头作用。这样可以增强农民的社会责任感,培养农民相互帮助的意识。"

从这些报道和农村受众的反馈中可以看出,农民实际上是具有社会责任感和主人翁意识的。他们不只是会管理"家务事",而且大多数人愿意帮助别人,愿意为整个社会的进步而努力。当然首先需要有人对他们进行激发和鼓励;其次,他们需要有一个快速、高效、便捷的渠道。在关于荆州抗旱事件的报道中,《垄上行》栏目发挥了很重要的作用。

此外,为了鼓励农民增强监督意识和法律意识,《垄上行》在2012年播出了一则村干部冒领农民粮补的新闻。这件事让农民懂得了要依法维护自身的合法权益,要学会利用舆论和社会身份进行社会监督。当农民受众发现他们监督公共权力收到效果时,其监督意识会逐渐增强。当然,这种监督的有效性取决于监督机构是否有效和强大。对农电视可以利用自己作为大众传播媒介的优势,与农民一起承担监督责任。舆论监督也是大众媒体必须承担的社会责任。

(四)疏通渠道,增强农民表达的有效性

利益表达是公民参与的基本形式,也是扩大公民参与和强调农村公共服务"民主"意义的重要载体。通过拓宽意见的表达渠道,公民身份和民主价值可以在公共服务过程中得到实现。如今,我国社会的利益变得多元化,农民利益的表达却处于言路不通、表达效果不佳的境地。这将导致农民话语权流失，丧失表达利益的空间，缺乏争取自己的权益的渠道和有效手段。

自2002年初成立以来，《垄上行》栏目与农民利益的表达和维护就密切相关，关注农民的政治利益、经济利益等。该栏目从一开始关注农民的生产，一对一地帮扶，传播育种知识、供销信息，到后来关注农民的生活和民生。该栏目在不同时期对农民的需求给予了足够的重视，对农民的权益给予了最好的保护，已成为农民权益的发言人和农民纠纷的公益协调者。此外，该栏目还对情感类新闻的播出时间和表述方式做了一定的规范，要求展现农村人的情感故事，以满足观众的情感诉求。节目真实而简单，运用纪实的电视手法，以平民视角关注农民的情感生活。

在访谈中，杨小龙说，2009年有人问为什么记者可以做农民，而农民不能做记者，他很受启发，在与该频道的同事讨论后，发现农民也可能做记者。

对农电视栏目仅做服务于农民的服务员、代言人是不够的，还应该为农民创造表达自己感情和兴趣的渠道。这个渠道不仅方便易用，还应该是有效的。通过这个渠道，农民可以用自己熟悉的方式发出自己的声音，讲述自己的故事并表达自己的想法，真正成为对农电视的主人。

因此，垄上频道开始培养农民记者，让村民记录他们感兴趣的新闻事件，并为此在该频道设立了专栏。2009年3月，垄上频道开始面向荆州的主要农村地区招募第一批农民记者，从218名参与者中选出20名优秀者，为其开设了培训班。培训内容包括基本的拍摄方法、主题选择、采访技巧、文稿写作技巧以及视频传输知识。到2012年10月，该频道招募了7组农民记者，最终确定了125名。他们都参加了农民记者培训班，并有超过80人购买了摄像设备。在乡镇，他们每个人都可建立信息网络，发动亲戚、朋友、同学和村干部，为他们提供新闻信息。

在采访中，笔者特地向一些村记者询问："你为什么想成为一名农民记者？"来自沙市区的严凤玉说："当乡村记者光荣啊，村里的每个人都知道我是一名乡村记者。他们有任何问题或者发现任何消息，都会来找我，我觉得这件事很有意义。"

农民记者本身就是农民，与周围的人交往很容易，在日常生活中可以深刻理解农民的需求，这将使新闻的主题更加接近农民的生活，并使服务更有针对性。有事件发生时，农民记者可以在现场更多地记录真实过程。村民可以利用大众传播的优势说他们想说的，使用自己喜欢的方式和图片来表达意见，让更多的人看到农民平时的生活是什么样的，了解农民和农村生活。

垄上频道农民记者负责人刘学成被问及"农民记者拍的片子能在节目中采用

吗"这个问题时说:"经过近 3 年的培训,我们现在选择的农民记者能够独自上岗。他们基本上可以掌握主题的选择和拍摄技巧。如果有问题,我们会给予他们非常详细的改进建议。因此,我们的农民记者报道的新闻采用率比较较高。"该频道的统计数据显示,受过训练的农民记者的新闻报道采用比例高达 80%。

此外,该频道的其他节目也是在用村民自己的话来讲述自己的故事,还提供一个平台,让农民表达自己的感情。2011 年,垄上频道进一步拓宽农民做记者的思路,搭建了更好地让农民施展才华的平台,请农民做情报站的情报员和站长,用自己的眼睛去寻找并记录身边发生的事,去寻找自己感兴趣的新闻题材并提供给垄上频道。

媒体应该为农民提供表达的空间,大众媒体在农民问题上所发挥出来的作用已经引起全社会的认可和关注。可以说,大众传媒是当前农民参与政治的重要渠道。虽然媒体对农民政治参与的引导仍处于初级阶段,且存在很多误区,加上农村长时间累积的一种封闭的氛围和教育水平的低下,使媒体和农民之间的互动存在很大的障碍,但大众传媒以其自身的优势,肯定能改变农村落后且封闭的面貌,成为农民朋友表达的途径,让农村问题更好地得到解决。

第三节 注意新闻扶贫的整体身份定位

特里·库珀在他的《公共行政的公民道德》一书中写道:"公共行政官员的道德身份应该是被雇佣来为每一个公民服务的;他们是一种职业公民,他们被委以从事的工作是我们在一个复杂的大型政治共同体中所不能亲自干的工作。行政官员应该负起作为公民这个整体的受托人的责任。"

如果将这段话中的"公共行政官员"替换为媒体从业者,那么这段话的意思就是,媒体或媒体人实际上是千千万万受众中的一员,他们是受众的负责人,应该负起对广大受众应负的责任。换句话说,从事对农电视创作的媒体人实际上是农民。因为他们手中有媒体工具,所以他们成为农民大众的受托人。他们必须承担起自己的责任,为农民着想,必须使用他们手中的工具为广大的农村受众提供服务,这是他们作为对农公共服务员必须具有的态度和品质。

一、将"我们"变成"他们"

如何更好地为所代表的观众承担责任,不辜负观众的信任,这是值得任何深受农民青睐的媒体从业者应该思考的。从2002年到2009年，《垄上行》栏目成功地摒弃了精英意识，不仅成了为农民传递新闻和信息的传递员，还将自己当作农民中的一分子，融入其中，与农民打成一片。《垄上行》创建的综合服务模式背后的理念是帮助农民进行自我提升。事实上，从业者多年来不断改进和丰富对农公共服务的实践，从一开始的陌生到后来成了"农村通"，从以前的不接地气到现在成为村民的朋友，为他们提供公共服务。

然而，2009年创建垄上频道似乎又把一切都带回了起点。尽管人才的不断充实让这个频道收获了力量，但是团队的扩张使人们更难聚集在一起。当时，频道副总监在回答"你认为农业频道如何能很好地为农民服务？"这一问题时说："频道的成立让我们感到高兴，但我们根本不觉得轻松。频道范围涉及得越广，我们身上的担子也就越重，需要我们付出的就越多。其他人看到的是农民如何喜欢《垄上行》这个栏目，事实上，我们有时候觉得荆州的农民被我们'宠坏了'。我们努力完成我们的农业服务责任，但是有人仍然有各种不满，认为我们的节目和采访不够好、信息不完整、服务不到位等。"

然而，这样的"宠坏了"也让我们心存感激，因为这恰恰是承载了农民殷切希望的实证。我们之所以能够具有坚持不懈的动力去持续突破各种难题，是因为农民的要求正在逐步提高。在这种情况下，我们从一个仅占据20分钟的对农栏目发展为一个专业的对农频道，并且从一个仅有5人的小队伍扩张到一个规模可观的大团队。一个《垄上行》栏目就拥有56名工作人员，这是初创期所无法想象的。倘若说时代与时局催生了《垄上行》栏目的创设，那么垄上频道的创设就得益于广大的农民群众。为了更好地管理这样一个庞大的团队，我们只能借鉴当初杨总监开创《垄上行》栏目所依靠的法宝——到农村去。

只是现在的"到农村去"已不再与当年一样，也许可称之为螺旋式升华。在《垄上行》栏目创设初期，杨小龙带领队伍实地走访农村，真听真看真了解，但是现在，上述做法明显不够充分，现在的垄上频道需要更为深入以及深层次的农村体验。关于这种体验到底是怎样的，频道相关负责人在接受采访时有所涉及："我们不能满足于做农民的代表，因为代表给人的感觉依然是高高在上、有距离的；我们也不能满足于做农民的服务员，因为服务员大多是被动的；我们还不能满足于做农民的邻居，因为邻居并不会设身处地替你着想和服务。我们应当做农民本身，像他们的亲人一样跟他们一同承担所有的事情，跟他们血脉相连、休戚与共，我们要把自己跟农民融为一体。我们在某种程度上也许能够帮助他们完善自我、实现自我价值。同样地，我们在他们身上也能获得成长和升华的力量，这是一种互动的过程。这种对农民的情结是杨总监传递给我们的,这是我们团队最重要的凝聚力。"

二、与农民共同完善自我

自从 2009 年开创后,垄上频道一直秉承着以往《垄上行》栏目的农民情结,并以培养队伍的凝聚力为目标,开展了"住农家"活动,而且专门设置了下属栏目《我在农家》,以报道"住农家"活动。这个活动要求所有的垄上所属记者和主持人深入农村生活,在农民家里居住三天从而获得相关生活体验。这些记者和主持人分成不同批次去往不同区域参与"住农家"活动,并确保每个月都有一个人在农民家里居住三天,且与农民一同吃住、沟通交流,并帮助农民完成农活。期间所遇到的各种趣闻异事、见闻故事都将被剪辑或制作为完整节目,并且通过《垄上行》传播。不管是炎热的夏天还是寒冷的冬天,相关工作人员都毫不退缩,坚持不懈,相关活动更是延续了三年时间。《我在农家》栏目的创设不仅拓展了节目内容,还给予农民一个在日常生活中表达自我的机会。与其他方式相比,这种方式是栏目组甚至是全社会了解农民的最佳途径。《垄上行》栏目的工作人员通过和农民毫无障碍地沟通、生活,了解了农村最为真实的生活状态和相关需求,获得了深层次的农村体验与情感交流。在这三年之中,几乎全部的《垄上行》工作人员都经历了"住农家"的生活。

在被问到"你认为你真的是农民的一员吗"时,主持人魏建民回答:"《我在农家》栏目的制作真的是很辛苦,在农家的生活不管是多么困苦的环境,都必须与农民同吃同住,夏天时蚊子多得甚至可以把人抬起来。记得有一次天还没亮,大概凌晨四点就得起床,帮助农民把西瓜运出去贩卖,而这在他们看来,是很稀松平常的。所以,我认为之前的辛苦是非常值得的。我作为一个外地人,根本就不懂得当地的风土人情,即便我自己出生于农村,却没有干过什么农活,对农村也谈不上有多了解。而这次经历却让我深入到农村,对农村生活也有了切身的感受,也直接了解到农民的实际需求,这让我觉得我自己就是一个农民,是他们中的一员,所以我才可以在节目里自如发挥。"

"《我在农家》栏目还收获了很多农民朋友的喜爱"。王凯说道,"之前在节目播放过程中预告'住农家'时,很多农民朋友踊跃参与,我们收到了很多农民朋友的来电邀约,希望他们喜欢的某个主持人或记者能够到自己家中居住,这让他们认为是非常有面子的"。另外,在采访的过程中,很多农民朋友都觉得《垄上行》和垄上与他们心连着心,十分亲近,并且认为栏目的相关工作人员已经成为他们的"朋友"甚至是"亲人"。对于这一点，记者李磊感触颇深，在参与"住农家"活动之后，他将心得体会写成一篇文章发表在 2010 年 8 月的杂志《经视》（内刊）中。他写道："虽然只在农家住了短短三天，但是我感觉自己就是这个村子的人，每天晚上我们都会跟很多专程过来的乡亲探讨、谈心。张家儿子参加了高考却发愁学费的问题，李家有一头猪生病了想问问能不能让专家给看看，王家最近购买了一台新的耕整机用来多挣点钱等。这些让我非常感动，这说明在这短短的几天时间里，这些可爱的人都将我看成自家人了，所说的话都是真心话。甚至在结束之后，我们还会接到很多乡亲打来的电话。通过这次活动，我感到我们的努力没有白费，只要我们付出真心，就可以收获农民的真情，成为农民的'自家人'"。

在这次活动中，我们看到，有的工作人员在酷热的夜晚与农民共同守候在葡萄园里，有的工作人员不顾 40℃的高温在大棚里采摘蔬菜，就连平日里总是一身光鲜的主持《有么子说么子》栏目的主持人憨哥也毫无顾忌地与农民一起走进脏污的猪圈喂猪，还听到来自城市的女记者的感叹："猪居然也有睫毛。"上述可能辛苦、可能有意思的画面，统统都被镜头记录了下来，且一经播出，就受到了广大农民的喜爱。本来只是想"小打小闹"地体验一把农村生活，结果没想到在几天之内就收到了大量观众来信，并热切希望工作人员去他们那里住一住、看一看。所以，"住农家"活动也就不再是"小打小闹"了，而是变成了垄上的又一个富有号召力的品牌。

垄上栏目组工作人员田甜也说道，"虽然我们以前也会每天去田间劳作，但是只停留在'看'农村阶段，现在已经今非昔比了，我们这次活动处于'住'农村阶段，这种更有深度的接触，拉近了心与心的距离，让农民把我们当成了真正的自家人，可以说出他们的真心话，而我们自己也收获颇丰，得到成长。从而通过这样的深层体验让自己成长为更加优秀的对农工作者，也让自己成为与农民一样的具有宽容、勤劳和质朴品质的人"。

通过"住农家"活动，主持人魏建明还结识了一位年近半百才走上创业之路的张师傅。张师傅年轻的时候就在种植茶树菇方面有极大兴趣，现已 48 岁的他仍然没有放弃当初的梦想，毅然走上创业之路。魏建明在心得体会中写道，"我对短短三天的农家生活非常有感触，一个 48 岁的农民还能不忘初心，坚持梦想，从一无所有开启创业之路，这期间的困难是没有办法想象的。倘若是我的话，我能够跟他一样吗？我是真心佩服他的坚持不懈。每次的农家生活都可以让农民离我们更近一步，我们也会更加了解农民。我们跟农民生活在同一片蓝天下，共同生存与呼吸"。

精准扶贫要想打赢攻坚战，重点是转变观念，把以"输血式"为特点的生活救济性扶贫转向以"造血式"为特点的开发性扶贫，以增强贫困地区的内生动力。对于农民而言，只有提高自我意识，提升公民权利意识，在精神层面实现脱贫，才会从被动转向主动，拥有强大的脱贫信心和勇气。通过电视与广播等公共服务，开拓农民的自我表达路径，鼓励并帮助他们行使公民权利，正是《垄上行》从栏目发展为频道的关键因素。

精准扶贫发展的必然结果就是打破壁垒、扩大容量，这也是电视与广播等公共服务对于精准扶贫的丰富与延伸。由于农村社会处于持续发展阶段，对农电视承担着越来越大的责任，60分钟的《垄上行》栏目已经很难呈现出日益繁杂的内容，也不能提供更进一步的服务，所以垄上频道应运而生。

垄上频道以帮助农民完善自我为服务理念，打造了一种全方位的服务模式：在频道内容方面更加丰富多样，涵盖层面从农业政策法规的阐述一直到农村生活中的轶闻趣事；在信息供给方面不仅打造了新媒体信息网络，还构建了"一站式"对农市场信息服务平台以供农民使用；在完善农民主体性、激发农民参与性方面还进行了探索和尝试，一方面组织了各种参与性强的活动使农民的公共文化生活得以丰富，另一方面用培养农民记者的方式使农民提升了主人翁意识，增强了农民参与社会事务和节目制作的积极性，并对疏通、开拓农民维护自身利益的途径有着重大意义。

另外，在此期间，垄上频道还创设了一系列以《垄上行》为品牌的产业链，并实现了线上资源与线下资源的分别运营，二者相互联系并相对独立的运营模式构成了一种良性循环：社会效益在拉动经济效益的同时，经济效益也会反哺社会效益。

第十一章 新闻扶贫的实证探索

第一节 脱贫攻坚看贵州，网络媒体"走转改"

一、脱贫攻坚看贵州，网络媒体"走转改"启动活动

2016年1月12日，为深入贯彻落实党的十八届五中全会、中央扶贫开发工作会议精神，由中央网信办指导，贵州省委宣传部、贵州省扶贫办、贵州省网信办联合主办的全国网络媒体"脱贫攻坚看贵州"主题采访活动暨首批全国网络媒体记者"走转改"活动在贵阳启动。启动仪式上，汇聚了40多家网络媒体的上百名记者，既有来自人民网、新华网等中央重点新闻网站的记者，也有来自南方网、千龙网等地方新闻网站的记者。贵州省委常委、宣传部部长张广智，贵州省副省长刘远坤，中央网信办网络新闻信息传播局局长姜军为采访团授旗。

网络新闻信息传播局局长姜军在启动仪式上介绍，2016年不但是"十三五"规划的开端，而且是全面建成小康社会决胜阶段的开端。社会是否小康的重点在于老乡，重中之重就是贫困老乡能否摆脱贫困。要实现全面建成小康社会目标就必须取得脱贫攻坚战的胜利，这个任务也是我们的底线目标。在这个时期，网络媒体的重要作用不仅要显现在宣传好"十三五"时期的奋斗目标，阐述好"四个全面"战略布局以及五大发展理念上，还必须调动好全国各族人民进行脱贫攻坚战的积极性，通过网络的力量激励全社会更好地开展精准扶贫，这可谓中央网信办工作的重点所在。目前，我国拥有的网民多达6.68亿，而贫困人口大概有7 000多万。假如我们可以利用网络促使9个网民对1个贫困人口实施帮扶，以"9+1"

的模式进行精准扶贫，就能在整个社会中弘扬正能量，也会加速小康社会的全面建成。

克里斯蒂·里比及其《互联网改变中国》大型主题纪录片摄制组的工作人员也来到了启动仪式现场，拍摄了整个活动。克里斯蒂·里比创立了好莱坞电影公司，发行制作了很多纪录片和故事片，代表作包括《马可波罗的香格里拉》《钓鱼岛真相》等。克里斯蒂·里比在现场激动地表达了他的看法，他说互联网促进了中国经济的腾飞与发展，他会对这次中国之行亲眼所见的事实以及亲身所经历的感受进行说明。根据我们的了解，克里斯蒂·里比所摄制的《互联网改变中国》大型主题纪录片选取了中国的十来个省份，其中只有贵州和陕西两个西部的省份入选。纪录片将选取贵州的大数据产业、互联网扶贫等作为重点素材和典型案例。

对于全面建成小康社会来讲，贵州的建设在全国是重要环节，必须坚持不懈、奋勇向前、避免落后。在启动仪式现场，与会领导和嘉宾一起摇动象征"脱贫攻坚"责任和传递力量的接力棒，共同祈盼并助力这一场扶贫攻坚战的胜利。

据了解，在本次活动期间，这百余名来自全国40余家中央媒体和地方重点新闻网站的记者、网络知名人士以及中央驻黔新闻单位、省内主要新闻单位和网站的记者，将分成两组、两条线深入六盘水、遵义、安顺、毕节、铜仁、黔东南等贵州脱贫攻坚的典型地区进行实地采访，对基层脱贫攻坚的生动实践和显著成效进行深入报道。

在仪式结束之后，参与活动的媒体记者采访了刘远坤副省长，并围绕贵州大扶贫战略行动、产业扶贫、生态移民扶贫等进行了沟通交流。

二、相关媒体活动报道

（一）网易新闻：梵净山如意大道项目

国际在线报道（记者 黎萌）在贵州省铜仁市的江口县采访脱贫，先看梵净山如意大道项目，因为交通扶贫被认为是这个县的亮点之一。这条长12.3公里的二级公路，总投资1.14亿元，2013年11月28日开工，2015年9月28日建成通车。道路的建成提升了梵净山旅游品牌的形象，它不仅是一条旅游景观生态路，更是老百姓的脱贫致富路。

据介绍，这条路的打通对促进精准扶贫的开展具有重大意义。道路沿线5个村庄，贫困户318户共计580人，借助这条路的交通区位优势，通过开展乡村旅游等产业，已经使沿线37户138人摆脱了贫困状态。近几年来，铜仁的农村公路建设是当地在农村基础设施方面投入最大的项目，也是广大农村群众得实惠最多的项目，是与全省、全国实现同步小康的基本条件。

如意大道项目解决了当地群众安全、便捷出行的问题，解决了旅游高峰期梵净山景区交通梗阻的问题。沿线 6 个景点成了游客旅游休憩的胜地，为梵净山文化旅游注入了新的内涵，拓展了旅游空间，带动了沿线土地的开发利用，为老百姓发展休闲农业、农家乐等带来了客流和商机。

2015 年 1—9 月，江口县全县接待游客 426 万多人次。该路建成后，10—12 月，接待游客人数达 111 万多人次，较 1—9 月有了显著增长。其中，国庆黄金周期间，全县共接待游客 64 万多人次，旅游综合收入 1.8 亿元，同比增长 38.4%。

58 岁的刘素英家住太平镇寨抱村，记者在道边行走时偶然看到了她家竖在路旁的"农民土鸡馆"大招牌，遂主动上前攀谈。刘素英说，她家的土鸡馆已经做了一年多，以前如意大道没有修好时就在做，现在路修好了，客流量肯定会增加。"我们不光要弄餐饮，楼上还要开办住宿，类似农家乐"。

刘素英 27 岁的儿子黄前明正在搬运建筑材料。他告诉记者，已有的餐馆用房已经不够，所以正在利用目前的旅游淡季动手新盖两间房，计划 2 个月后完工，预计投资 6 万元左右，且全是自筹资金。"反正是自己的房子，我们的东西比别人家的卖得还要便宜一点，因为没有房屋的租金。我们的回头客最多了，有吃过的人去了梵净山游览，下来时还会打电话预订"。

始于 2014 年的一次大胆的尝试，刘素英和黄前明母子利用自家的沿路房舍开办了土鸡馆，且生意越做越好，一年半时间下来，他们至少挣了一二十万。如意大道修好后，他们更是敢于扩大再生产，足以说明对前景充满信心。据当地扶贫办负责人介绍，类似的情况还有不少，尽管各自增加投入的资金数额会有不同，但老百姓对"修好路，能致富"已深信不疑，更何况它还是一条直通梵净山胜地的景观大道。

(二) 中国青年网：江口县

2016 年 1 月 14 日，全国"脱贫攻坚看贵州网络媒体'走转改'"媒体团的记者们走进铜仁市江口县，从寨沙侗寨看"乡村旅游扶贫"与"金融扶贫"融合发展的新成效，从梵净山如意大道寻佛点看交通扶贫帮困的大作用，从"中国土家第一村"农村电商的普及看"互联网+"带动百姓脱贫致富的新成就……江口用活生生的事例向全国网络媒体的记者展示了一部梵净山下的"创新脱贫启示录"。

江口县位于国家级自然保护区、中国五大佛教名山、联合国"人与生物圈"自然保护区中国唯一的弥勒道场梵净山下，具有得天独厚的文化旅游资源，被评为全国精品旅游示范区、全国低碳旅游示范区、全国青少年户外运动基地、中国摄影家协会创作基地、贵州省写作学会创作基地，被誉为全国100个最美丽的地方之一和佛光之城，是贵州省的"长寿之乡"。

这些年来，江口县依托梵净山，充分发挥其生态旅游文化资源的优势作用，以"山上做吸引力、山下做生产力、乡村做支撑力"作为发展方向，加大力度发展乡村旅游，树立典型，带领乡村致富，实行乡村旅游扶贫，从高起点做起，构建寨沙侗寨旅游扶贫试点，形成了"政府主导、公司经营、协会管理、农户参与"的"政府+公司+协会+农户"的乡村旅游扶贫"寨沙模式"。除此之外，江口还依托资源优势，借助金融扶贫的载体，加强生态养殖业、生态茶产业以及乡村旅游业的发展，以期实现在保持绿水青山的同时拥有金山银山的目标，努力实现将贫困落后地区的资源优势转变为经济优势。

（三）黔东南信息港

2016年1月15日，"脱贫攻坚看贵州，网络媒体'走转改'"B线采访组走进黔东南丹寨县，这是B线采访组在县域地区的最后一站。

丹寨县风景秀丽，少数民族风情浓厚，是贵州多届省长的扶贫点，也是贵州脱贫攻坚任务最重的县之一。近年来，丹寨县坚决执行中央和贵州关于扶贫开发的文件和会议精神，结合丹寨县实际情况，深入贯彻落实习近平总书记关于"精准扶贫"的理念和讲话精神，宜商则商，宜游则游，探索出一套脱贫攻坚的"丹寨模式"。

从产业扶贫到生态移民扶贫再到教育扶贫，40余位记者一边看一边问，不时发出阵阵感叹，每到一个地方都是不一样的感受。

1. 中央网信办网络记者管理处副处长牛争芳：整村搬迁是一个非常值得推广的经验

"丹寨县高峰村整村生态移民安置工作让人印象深刻，对深山区的居民进行整体搬迁脱贫，让深山区居民更好地融入现代生活中，这对于加快脱贫致富步伐具有重大意义。不仅如此，下一代拥有更好的环境，接受更好的教育，更好地获取知识，更好地成长，更好地回馈社会，是这个社会得以不断发展的动力。搬迁后能够还生态于山林，更好地保护贵州的绿水青山，守住生物的多样性，在致富的同时牢牢守住生态和发展两条底线，这是一个非常值得推广的经验。"

2. 新浪微博记者李莹莹：电商让最底层居民成为脱贫直接受益者

"没想到丹寨的电商发展得这么好，百姓脱贫劲头足，政府扶贫力度大。通过了解晟世锦绣的刺绣蜡染和卡拉新村鸟笼的销售情况，发现电商机制建立得非常完善，经过互联网的包装和推广，在卖家与买家之间架起桥梁，既充分地利用了农村剩余劳动力，又提高了收入，直接让最底层的老百姓成为脱贫受益者。"

新浪微博虽然不生产内容，但是作为新闻的"搬运工"，将会利用手中平台，通过内容的聚合，将"脱贫攻坚看贵州"的话题放在新浪首页，把贵州脱贫模式、"丹寨模式"推广出去。

3. 网络大V杜建国：居民反映的和当地干部所讲是一致的

"任何事情不能只看表面，在高峰村生态移民安置点，当地干部带领大家看指定居民户时，我特意偏移路线，随机采访了其他两户居民，一户生态移民安置的房子是100平方米，价格7万多块钱，人口3人以下，领补贴的少了，一套50平方米的房子要掏钱5万块钱，这和当地干部介绍的情况是一致的，实事求是，不弄虚作假，这是比较难得的。"

4. 凤凰网记者胡坤：政府对移民户提供的就业保障很足

"沿途过来，发现这儿活力很足，政府扶持力度很大，脱贫决心很强，保障制度更彻底。高峰村是整村搬迁的，居民由于文化和生长环境原因，无一技之长，就业能力弱，在城市很难生活，丹寨县出台政策为移民户提供就业保障这方面的力量很足，值得学习。"

5. 光明网记者胡连娟：苗绣传承会越来越好

"听人说丹寨县是贵州气候条件最恶劣、最贫困也是脱贫难度最大的县区之一。但是这条线路看下来，发现不是这么回事儿。丹寨的苗绣还是做得挺好的，既能解决妇女的就业问题，增加收入，带动更多人就业，加快脱贫致富步伐，也能对苗绣这种文化进行传承和保护，从目前的情况看，苗绣传承肯定会越来越好的。"

6. 结语

一路上，从交通、产业、发展趋势、政府扶贫力度、推进措施等看效果，记者们持着"长枪短炮"，记录着丹寨的"脱贫攻坚"模式。不少记者认为，照目前的发展趋势和扶贫力度看，丹寨乃至贵州，弯道取直，实现真正的"逆袭"是必然趋势。

第二节　创造精准扶贫品牌栏目，利用电商平台推销

品牌竞争无疑是媒介竞争的最高层次，广西电视台在媒介融合的大背景下针对广西精准扶贫工作专门推出了一档节目——《第一书记》，成为中国首档美丽乡村公益节目。纵观《第一书记》的发展，品牌战略可谓贯穿始终，从电视品牌的

培育到品牌延伸，《第一书记》的品牌建设坚定而慎重。

科特勒认为，品牌是多种要素的综合运用，其目的是借以辨别某种实体或虚拟产品，能够塑造其与同类商品的明显差异特征。由此可见，塑造品牌的主要原因实际是要满足区隔与竞争，而品牌的竞争力来自产品稳定的核心属性。

广西电视台面对各大卫视激烈的竞争，朝着品牌战略的打造和实施方向发展迈进，运用品牌战略，独辟蹊径，将焦点定格在精准扶贫报道上，深入农村基层，打造品牌栏目《第一书记》。区别于综艺娱乐节目，《第一书记》不追求视觉上的刺激，也不以明星八卦做噱头，内容聚焦第一书记和他们驻扎的贫困村，充分体现了电视媒体的社会责任感。广西电视台志在打造"扶贫先扶志"的新型扶贫投资公益理念，创造全透明、最放心的慈善模式，制作出独特的道德建设节目形态。自从2014年节目播出后，刷新了广西电视台的最高收视率，更取得过同时段卫视节目观看人数第九位的好成绩，口碑和关注度双双爆棚。

另外广西卫视利用《第一书记》这种强势品牌凸显出来的文化价值，打造第一书记电子商务平台，即利用广西电视台新媒体及其相关网站的平台资源，以及现有的商业新闻资源和广告客户资源，惠及受众，专卖扶贫产品，不仅帮助贫困户卖出产品，也响应国家精准扶贫政策的号召。

一、《第一书记》的前期策划研究

节目策划是一个内部相互作用的整体过程。一个策划的全部经过大体分为前期确定抽象的概念和选题，具体实施中的信息采集和加工，后期对成品的推广和美化，最后的收集观众反馈并据此实时调整4个复杂的步骤。实际上，节目的策划绝不仅仅包括以上4个步骤，整个策划的起点，甚至可以追溯到制作人的头脑中浮现出节目灵感和雏形的那一刻，而此刻距离前期选题之间，还要经历诸多不固定的、复杂的准备过程，包括背景调查、人员选拔、可行性测试等环节。《第一书记》节目策划为电视节目的生产和运作提供新思路、新方案，提升了节目的原创性和竞争力，分为以下4个步骤。

（一）确定选题

好的选题能够吸引受众，好的报道角度能够使节目获得同感。精准扶贫节目的选题有一定的政治因素，节目组在策划的时候要事先联系好扶贫地的政府，通过"双选"的方式，确定扶贫地，电视台和扶贫地的领导也要洽谈好。另外扶贫地需要产业发展得很好，有一定知名度，且符合拍摄宣传条件。电视台上级领导批准了，节目制片人才会安排工作。在拍摄之前节目负责人会安排编导下去采点，然后反馈信息，如果反馈良好，就会进行拍摄。与此同时，通过选题会，负责人会确定节目通过何种传播媒介来播出。

（二）节目信息采集

在节目选题确定后，节目编导根据相关任务确定采访对象与采访时间，一般是政府部门，比如宣传部门，还有派驻书记的后盾单位。后盾单位很关键，因为节目编导会邀请后盾单位到演播室录制。基本上是两个编导为一组完成的一期节目，频道的外拍摄像是随机安排的，外拍的机位也是看情况而定的，通常是两台机子，且每期节目都有航拍。每期节目基本采访一个星期，拍摄驻村书记以及摄他们的扶贫项目。

（三）演播室节目录制

节目录制在1000平方米的演播室，演播室配置了10台高清摄像机并可扩展2台高清摄像机，扩展后为12个讯道。系统核心为索尼高清多格式视频切换台和多码流视频矩阵，可制作不同版本的高标清节目，调度分配灵活，配有安全可靠的应急备份环节以及网络化的控制系统，节目每次录制3个小时左右，分几天录完，观众的数量每期大概200多，并且出席人员有所不同，有时候是在校大学生，有时候是企业员工，电视台要求企业员工穿着统一并含有企业logo的服装规范进场。另外根据节目内容的需要，节目负责人会找大概10个企业家，他们一般是当期节目有关扶贫项目发展企业的负责人。

（四）电视节目制作

广西电视台已实现从模拟向数字的转化，拥有成熟的数字制作系统、数字播出系统，编导通过驻村的采访素材和演播室的录制素材，选择适合节目播出的素材进行运用Avid Media软件进行剪切和编辑，还需要根据各个不同的媒介特征对素材，加工，如制作背景资料、撰写解说词，以保障素材的应用率和资源的回报率，从而实现媒介资源的优化。完成剪片、后期包装、领导审片，大概需要一个星期。

二、《第一书记》的内容研究

在媒介融合的大背景下，节目始终以内容为王，电视节目的制作是指把从业者的大量灵感碎片收集组合并付诸实践，或许将其称为"内容生产"是更为贴切的表达，更能概括其复杂内涵和过程。电视兼具的视、听特质，使其完全有能力制作出让各种理解能力和年龄层的观众都轻松接受的大众节目，同时保证其内容的深度和权威性。

从 2014 年 2 月 21 号的《为瑶族村民开路卖山花》第一期开始,《第一书记》每期都会邀请驻村书记到现场,讲述他们的扶贫故事和扶贫项目,记录企业对村内致富项目的捐助过程。越来越发达的电视转播设备和融合技术使《第一书记》的节目内容更加丰富,节目使用专业叙述手法,起承转合、抑扬顿挫、重点突出,在保证事件真实的基础上适度烘托渲染,进行适当艺术加工,记叙和采访结合,给观众带来像看记录电影一样的流畅体验。节目活泼又不失深度,不仅有益于《第一书记》内容的准确传达,还可以引发社会对精准扶贫的广泛关注与思考。

具体来说,整个节目分为三部分。首先是播放故事短片。讲述驻村书记帮扶扶贫的事迹和一些励志向上但又身世贫苦的儿童的故事,接着请书记和儿童来到《第一书记》演播室现场,主持人对其访问,驻村书记带来的扶贫项目成果,一般都是当地的特产,经过深加工包装后,带到现场给主持人和观众品尝。最后,举行爱心人士的捐款仪式,包括单位或个人帮助来自困难家庭的青少年、大型公司对扶贫产业进行帮扶与合作等内容,当事双方直接接触,省略了复杂的援助资金转交过程,电视台进行同步直播,全部流程透明公开,同时,场外的观众可以通过爱心热线帮助贫困儿童,也可以通过屏幕上的二维码和网上商城购买扶贫地特产。从捐助对象的选择到捐助款的交接以及中间的一系列细节和过程都被节目完全记录下来,并全部呈现,防止中间任意环节出现徇私舞弊、敷衍了事的情况,并对被帮扶的产业的后期发展进行不定期跟踪,避免爱心浪费。

三、《第一书记》的媒介融合研究

在媒介融合的大背景下,《第一书记》电视节目的创制离不开对多媒体手段的综合运用。多媒体手段不仅创造了新的传播形态,更有效地促进了节目内容的深化。广西电视台灵活利用线上资源,电台网络实时同步联播,大大拓宽了节目宣传的渠道,提高了节目前期的知名度和关注度,提前保证了收视率,播出时及时接受观众反馈并认真修正、优化节目,进一步巩固了收视人群,保证了节目的高质量,使其远远领先各类节目,成为"精准扶贫"的支柱。目前,《第一书记》旗下拥有的媒介平台包括:广西电视台、网络广播电视台、《第一书记》官方微博、《第一书记》官方微信、靓 TV 和广西 IPTV 等多种媒体。以上这些平台有着各自明确的分工,缺一不可。下面以《第一书记》的官方微博和《第一书记》的官方微信为主要对象展开分析。

(一)节目利用网站进行推广

电视节目是视音频产品,电视台或电视节目制作公司便是内容的提供商,节目在网络上的传播有助于增加视音频产品的经济附加值，提高其社会效益。广西网络广播电视台囊括了《第一书记》节目的全部资源，设立了《第一书记》节目回放、幕后花絮、片花等版块，观众可点击观看并留言评论。除此之外，节目还被投放到其他各大商业门户网站，如搜狐网、华数TV、爱奇艺、乐视网等。这种台网联动的形式，使《第一书记》的节目资源得到最大限度的发酵和传播。与此同时，大型门户网站和视频网站借助节目的优质资源，获得大量网民点击，从而取得更多的广告收入。

（二）节目官方微博研究

广西卫视及《第一书记》节目组在国内主要微博门户网站——新浪微博注册了实名认证的微博账号。《第一书记》官方微博活跃度较高，从2015年9月5日开通微博平台以来，到2017年12月31日16：00截止数据统计，粉丝数量达到37726。粉丝数量决定着传播力和影响力。有人根据微博粉丝数量，认为粉丝数过千、过万、过百万，分别相当于一个布告栏、一本杂志、一份全国性的报纸。作为广西本土电视民生新闻的微博平台，《第一书记》官方微博在两年多的时间变成将近四万粉丝的社交平台，呈现出较强的生命力。在每周《第一书记》开播之前，微博小编会利用新浪官博对当天节目中即将播出的亮点进行预告宣传，与电视直播相互配合，达到你搭台我唱戏的效果。

另外，微博对于节目的营销推广也起到了重要作用。截至2017年12月31日，《第一书记》官方微博共发送微博1323条。在节目播出期间，节目组将每期的书记扶贫故事和扶贫项目单独剪辑成视频，并配上文字及图片，上传至微博。例如，《第一书记》微博在2016年6月17之前主要是运用"文字+图片"进行预告，之后就转为"文字+视频"预告为主，"文字+图片"预告为辅。自《第一书记》节目开播以来，官方微博就成了该节目预告的集成地。虽然是节目预告，但是在文字叙述和视频渲染上，为了增强互动效果，微博经常会设置悬念来引起观众的兴趣或发出号召引发粉丝对扶贫的关注，并且形成了典型的"文字+视频+悬念"的第一书记体。为吸引粉丝的关注和支持，《第一书记》新浪官方微博还充分利用微博的互动优势，开展频道活动，通过转发、评论，与粉丝积极互动。大部分微博用户较年轻，正好弥补了电视民生新闻受众以中老年群体为主的受众空位。

此外，《第一书记》节目有时候还会请明星主持人以及明星嘉宾一起利用个人微博的影响力为节目助力。

（三）节目官方微信研究

相对于微博而言，微信的起步要晚一些。2015年初，《第一书记》官方微信平台开通。之后,《第一书记》官方微信关于《第一书记》的宣传,主要以每周日晚21:40播出的节目预告为主,从要播的节目中选取重要的两段预告,把视频内容进行二次编辑,转化为适合在微信平台上传播的图文内容。每周五下午面向全部《第一书记》官方微信用户群发一次,将新闻信息"送货上门",直接推送到每一位用户的微信上。只要用户登录微信便可以接收到。用户与《第一书记》官方微信的交流属于点对点的互动传播,较微博而言,私密性更强。其互动性主要体现为分享,分享到朋友圈,或分享给好友。但《第一书记》节目的官方微信公众号,不仅对每期节目进行预告,也将每期没有在节目中呈现故事细节进行补充,也是在网络上对节目进行后续报道,渐趋完整地向观众们呈现驻村扶贫项目的实施情况。

(四)节目移动客户端研究

《第一书记》栏目在移动客户端 APP 上开设了《第一书记》乡村代言专栏——我的村民我的村,创新了"一村一品一书记"的推广模式。在此专栏上,驻村书记可以尽情地为家乡代言,并且"乡村代言""驻村日记""产品介绍"版块在每一个专栏之前,手机用户可以边看边下单购买,使产品销售更简单、更方便。微信版的《第一书记》乡村代言专栏——我的村民我的村,通过微信公众号和朋友圈扩散后,可以起到推广节目和宣传扶贫产品的效果。

四、《第一书记》电子商务平台研究

《第一书记》栏目考虑到扶贫产品实际的销售问题,依托电视节目资源,在2014年,广西电视台新媒体部开展电商精准扶贫,利用"广电+新媒体+电商"的方式,打造电子商务平台——美丽天下购,对农村产品进行线上推广与销售,实现《第一书记》节目推广与扶贫商品销售的整合营销,也实现了从内容到传播到交易的融合。在"美丽天下购"电商平台中,设有《第一书记》产品专栏,专卖被驻村书记带到《第一书记》节目中的扶贫特产,该平台创新地运用了电子商务的形式将专属于节目的衍生产品进行再次营销;另外,节目会让社会各界对派驻农村的第一书记的扶贫发展计划进行评估,帮助第一书记带领贫困山区农民脱贫致富。以此为基础,电子商务平台还开创了农产品"线上支付,线下体验"的新模式,更多地销售广西制造的名特优农产品,通过"先体验,后购买,先支付,后采摘,统一运输,多点配送"的新型电子商务模式,助力贫困村产品走出大山、走上市场,这不仅为贫困村产品提供了更为广阔的销售平台,也拓宽了电视节目的传播渠道。

2016年3月,广西电视台与北京的杰格科技有限公司合作,借助此公司云视屏平台现有的互动应用技术，如媒体电商技术、"云端"推送技术、微直播技术以及打通媒体平台的"邻居计划"等，搭建了网络媒体融合平台——第一书记产业园，打造"云端扶贫矩阵"；2017年11月11日，众乐城——一个实力不可小觑、模式不断创新的电商平台，与"广西第一书记扶贫产业园"联手打造的线上线下电商扶贫模式引起了社会的广泛关注。通过两年的打造，"广西第一书记扶贫产业园"在全广西已有300个基地的农副产品，并且分布在100多个区县中，这些产品通过众乐城电商平台销往广西各社区。

第三节 广西扶贫攻坚全媒体大型宣传互动交流平台建设

2012年9月24日，广西壮族自治区党校在其多功能会议厅举办了广西"第一书记"全媒体大型宣传互动交流平台的上线启动仪式。自治区党委常委、组织部部长周建新发表讲话，"广西3 000'第一书记'扶贫攻坚全记录"作为一个媒体集群，独具特色且吸引力强，他呼吁各级各部门以及第一书记们借助这个平台充分展示自己的风采，为实现富民强桂的新跨越而发挥自己的作用。

为了加速达成富民强桂新跨越、实现新一轮扶贫开发攻坚战的宏大目标，自治区党委和政府做出重大决策——全区3 000个贫困村的"第一书记"需要选派机关干部担任。这个决策自从实施以来，不仅收获了社会各界的普遍好评以及人民群众的热烈欢迎，还引发了各大新闻媒体的关注。尤其是"第一书记"的报道在一个月之内先后两次占据主流媒体《人民日报》的头版头条，引发了社会各界的热烈反响，这是非常罕见的。

广西"第一书记"全媒体大型宣传互动交流平台不仅为身处广西各地的第一书记们提供了一个积极参与、相互学习、掌握资讯、开阔视野的交流平台，还为基层党建工作信息化的建设提供了实践的参考标准。"广西3 000'第一书记'扶贫攻坚全记录"的启动上线是贯彻落实自治区第十次党代会和全区扶贫开发工作会议精神的重要举措，是中央媒体服务地方经济社会发展的全新模式，这一模式一定会在新农村建设以及广西扶贫开发两方面发挥重要且正面的作用。

人民日报社广西分社、中国共产党新闻网广西分网、人民网广西频道借助总部强力的技术支撑，与自治区党委组织部通力合作，以全新的传播理念，倾力搭建起"广西3 000'第一书记'扶贫攻坚全纪录"媒体集群。这个集群是一个涵盖3 056个"第一书记"个人主页、1 900多个微博组成的广西"第一书记"大型微博群、扶贫论坛、扶贫攻坚地图以及"我最喜欢的'第一书记'"大型网络调查等特色栏目，集图文、视频、微博、论坛、网络调查、SNS等传播手段于一身的全媒体大型宣传互动交流平台。

2016年5月11日上午，广西壮族自治区党委书记、自治区人大常委会主任彭清华到人民日报社广西分社、人民网广西频道调研。彭清华参观了分社展出的《人民日报》版面，对《广西识真贫》等报道给予了肯定。彭清华在听取了人民网广西频道的发展介绍后说，人民网现在发展得很不错，整个队伍年轻、有活力，没想到《人民日报》新媒体发展得这么好。在随后召开的广西新闻舆论工作座谈会上，彭清华再次谈到《人民日报》的扶贫报道，他以《广西识真贫》报道为例，表示《人民日报》的报道为广西打好扶贫攻坚战发挥了"擂鼓助威"的作用。

为推进广西精准扶贫宣传工作的开展，将广西在精准扶贫进程中获得的成果以及亮点呈现给公众，并把广西在精准扶贫探索中的经验推广出去，人民网联合《人民日报》组织开展了"精准扶贫广西行"的有关活动报道。本次活动历时一年，走过的路程达一万公里。人民网与《人民日报》的记者切实走入广西的各个市县，通过人民网、《人民日报》及其客户端等相关媒体发表了超过300篇的原创消息和通讯。本次活动通过多种形式进行宣传报道，如人民网全程微博直播、搭建全媒体大型宣传互动平台、开设"建言献策话扶贫"专栏、"精准扶贫拔穷根"系列嘉宾访谈、百万网友助力广西精准扶贫签名大手印活动、新媒体微信访谈、系列图文、手机H5专题、视频报道等。一年以来，刊登在《人民日报》上的广西扶贫报道达到50余篇，如《拔穷根要真功夫也要好药方》《精准识别精准帮扶》，发表在人民网上的文章超过了500篇。

一直以来，广西涵盖了"老、少、边、山、穷"等特点，成为我国开展扶贫工作的重点。截至2015年，广西仍然有452万的未脱贫人口、5000个未脱贫的村庄、54个未脱贫的区县。自2015年10月开始，广西积极响应国家政策，高举精准扶贫大旗，明确表示在这一年必定要让120万人口、1000个贫困村、8个贫困区县彻底实现脱贫"摘帽"，从而确保在2020年实现全面小康的目标。

结　语

新闻媒体是真正意义上的社会公器，除了可以利用产业的运作给公众呈现各种时事新闻、娱乐消息等，还担负着为公众提供公共服务的相关社会责任。新闻媒体是为了公众的需求而服务的，这除了由于我国媒体自身的属性，还有一部分在于新闻本身携带的正义至上的精神内核。在媒体所提供的公共服务中，新闻扶贫可谓是其中璀璨的明珠，是我国扶贫攻坚进程中的一大创举，全面展现出我国新闻媒体秉持的群众观以及社会主义制度下新闻的优越性。新闻扶贫作为媒体公共服务中比较成熟的形式，通过对新闻扶贫实践进行反思总结、探索推进，深入挖掘其内涵特征与形式，帮助我们总结新闻媒体参与公共服务的经验教训；通过进一步构建可行的媒体公共服务模式，帮助新闻媒体充分利用公共职能促进扶贫济困；通过探索新时代背景下公共服务发展的途径和空间，帮助新闻生产与改革在新时代媒体环境下的纵深发展；通过构筑媒体与受众双方的良性互动，寻求媒体经营公益品牌的最佳途径，重新塑造传统新闻媒体在公众之中的公信力与权威性。

一、新闻扶贫是发挥媒体传统优势的"催化剂"

20世纪80年代末，我国就已经有新闻媒体陆续开展新闻扶贫活动。一直到现在，有更多的新闻媒体参与到活动之中，积极创设各种扶贫新闻版块，设置对接扶贫窗口的记者或记者站，对贫困地区干部和群众不懈努力的奋斗事迹进行宣传报道，为促进贫困地区实现脱贫"摘帽"建言献策，进一步加强了媒体与群众之间的互动交流。值得一提的是，这些年来，新闻媒体战线以"三贴近"原则作为指导方针，进一步拓展"走转改"活动，坚定地把党的群众路线贯彻到行动中，始终把贫困人口当作报道的重点对象，切实践行新闻扶贫的内在含义，在支援贫困地区、教化发展观念、营造扶贫环境等方面都发挥了十分重要的作用。然而，现如今我国农村仍旧有将近一亿的贫困群众，虽然新闻媒体蓬勃发展，但还有很多的贫困人口无法惠及。从平等服务的层面来讲，媒体显然存在很大缺失，使弱势群体的要求无法得到应有的重视。一般情况下，贫困群体根本没有接触媒介的机会，更谈不上对于新闻的话语权，自主表达自己的内心想法更是难上加难。

实际上，传统新闻媒体不但在新闻扶贫方面，而且在很多民生服务方面都有着自身传统的印记，要想进一步扩大新闻媒体的传播力、竞争力和引导力，最佳的选择必然是进一步深挖整合这些资源。另外，传统的新闻媒体还能够借助新闻素材资源的渠道优势，发挥党和政府与贫困民众之间的"桥梁"作用，使二者能够进行信息交流；作为扶贫项目和扶贫资金的"监督员"进行项目的实施和资金的分配；作为扶贫意向和需求的"指引者"，实现二者的对接。

二、新闻扶贫是推动媒体新闻改革的"孵化器"

最近几年，随着新闻事业的持续快速发展，传统媒体所生产的新闻已经陷入了瓶颈，很多新闻栏目的定位趋于雷同、内容缺乏创新、渠道交错重合且娱乐内容泛滥成灾。在这种情况下，新闻改革无法避免的问题就是转变媒体增长的方式。虽然实现改革的障碍主要是传媒政策以及媒介体制产生的限制，但是改革的空间还是很大的。基于意识形态必须保证安全的原则，从新闻扶贫等公共服务的局部入手，打开局面带动全局的可能性依然存在。以新的思路重新发现、挖掘新闻扶贫，将新闻扶贫作为新闻改革的"试验田"，或许可以寻求一种自下而上、由点而面的改革模式。

从价值的维度层面来看，新闻扶贫与改革的精神宗旨十分契合。传统媒体在意识形态需要和商业压力之下，坚持保障社会公共利益，是社会主义新闻事业的应有之义，是主流媒体在新闻改革中必须坚守的职业操守。新闻改革的研究专家李良荣教授认为，中国新闻改革需确立"公共利益至上原则"这一优先目标，需要体现"普遍服务原则"：不分民族、不分种族、不分地域、不分性别，不论贫富、不论地位，都应该享受传媒业同等的服务，都应该在媒体上有平等表达的机会。杨保军教授认为，为社会弱势群体提供"说话"的机会是一种基本的平衡方式，也可以说是新闻媒体在一定程度上、一定范围内分配新闻媒介公共资源的一种方式。此外，公共利益的保障不仅仅代表一种普惠所有公民的利益追求，也代表一种社会价值共识的协商努力。新闻媒体在体制改革、管理改革和业务改革过程中，一方面可以进一步贯彻普遍服务原则，为贫困群体"大声疾呼"，帮助他们改善社会地位和生活条件；另一方面也可以通过引发社会公正及公共政策方面的讨论，在多种声音的交锋中凝聚社会对弱势群体和贫困问题的共同价值观。

站在实践的维度层面，新闻扶贫对探索新闻改革模式大有裨益。由于新时代背景下传媒集团不断创新发展，非时政类型的报纸进一步改革工作，每一个层级和性质的新闻媒体都必须做好准备，从容应对随之而来的传媒业格局变动以及竞争形态，并在这个过程中让自身角色与定位更加明晰，并依托资源整合后的明显优势，寻求最佳的公共服务运行路径，这对传统新闻媒体而言必然是绝佳的转型升级武器。党的十八大报告指出，政府十分重视公共服务的均等化，并着手开展公共服务购买，这些都有助于传统新闻媒体进行业务拓展。目前，由于越来越明朗化的政府相关政策以及日益扩张的购买范围，在信息内容的售卖、信息基础建设、文化产品供给、媒介素养教育、广播电视覆盖等方面，传统媒体还有不小的经营空间。在新时代传播体系的建设和发展过程中，新闻媒体必然会在规划布局中渐渐把文化单位按照性质分离为国有公益性和经营性单位，进一步分化明确媒体自身功能，使各种性质的新闻媒体都能拥有开拓创新公共服务的渠道以及可能性，并在新型的文化市场中体现出自身的主体性。另外，在具体微观的新闻扶贫业务实践过程中，可以融合公共服务的思路。

三、新闻扶贫是适应新媒体大环境的"组合拳"

新的媒介技术重新定义了新闻产品与受众阅读，受众青睐新媒体的表述方式，倾向从随身设备的屏幕上阅读新闻，更多地选择免费新闻产品。传统媒体的运行模式在互联网逻辑前遭遇挫折，拥抱新媒体成为传统媒体的必然选择。对传统媒体来说，适应新媒体环境赢回受众青睐和竞争主动权，需要建立观念层面的新媒体思维范式，研究新媒体大环境下的传播模式变迁、新闻生产规律和运作经营之道，需要适应服务对象由受众到用户、媒介终端由传统到多元、阅读时间由连续到碎片、新闻写作由记者到大众、媒介内容由生产到聚合、媒介市场由细分到微分等重要转变，从被动适应到主动尝试，探索科学的转型模式和盈利模式。从新闻扶贫等领域入手，建立新型的传受关系、生产模式和战略布局，扩大媒体公共服务的产品和内涵，提升媒体公共服务水平和能力，是传统新闻媒体转型的重要路径，有助于增强传统媒体在新媒体环境下打造新的业务链，形成新的收入增长点；有助于提升新闻的社会效益产出，增强传统媒体的社区、公益和品牌影响力。

新闻扶贫有助于传统媒体适应从"受众时代"向"用户时代"的转型。新媒体是为"用户"服务的，用户是真正具有选择权的使用者与体验者。在"受众时代"，媒体的受众是异质、分散、匿名的观众或读者，在"用户时代"，媒体的受众为更具体、细分、积极的全媒体用户，这时的受众群体核心需求已经转变为深层次的情感、信息、价值的互动交流体验。对新闻扶贫而言，其主要受众是相当规模的贫困者以及关注贫困问题的机构和民众，如此大量的受众以及潜在的受众，必定可以对传统媒体拓展受众市场提供帮助。在新媒体时代，这些目标受众会是非常活跃的"媒介用户"，他们对媒介的使用需求较强，想要通过媒介形成互动平台，以网络弘扬社会正能量。对新闻扶贫资源素材、内容和平台的开发，可以帮助政府、组织、企业和社会公众等主体构建有关贫困话题和群体资助等内容的沟通途径。一方面可以发挥信息传播、媒介教育和舆论引导的功能，另一方面还能承担起社会赋予的责任，进一步提升对贫困社区与人口的新闻影响力，体现新闻所传达的社会效益。另外，开发扶贫等公共服务方面的新闻资源，不但能拓展新的受众群体、资源内容和广告增长点，而且能帮助新闻媒体以新兴技术为依托，更好地获取公益供给和接受两端群体的迫切需求，利用媒介自身的情报收集与分析功能，构建科学严谨的扶贫决策。

四、新闻扶贫是探索媒体品牌之路的"快车道"

作为新闻媒体关键的无形资产，媒介品牌具有重要作用，可以在相当程度上促进媒体产业链的延伸、群众忠诚度的维持以及媒体公信力的保持等。一方面，媒体品牌作为新闻生产大力培育的核心内容，在全体新闻媒体工作者的理念和日常生活中都有涉及；另一方面，媒体品牌作为新闻媒体大力运营的专门领域，在商业和公益运作等方面，会借助品牌延伸和产业链深化等途径进行融合。依托公共服务提高品牌附加值，经由社区活动和公共论坛促进公益传播的力度，是传统媒体为了进行品牌管理所采用的主要方式。为了提升公众对媒体品牌的忠诚度、认知度以及美誉度，较为成熟、可行的做法就是持续拓展延伸新闻扶贫活动，找准扶贫的切入点，从媒介素养教育、新闻公益和扶贫节目开发等方面入手，寻求更为完善的运行模式，为"品牌"开辟一片"新天地"。

媒介扶贫作为一项重大策略，可以有效提升新闻媒体品牌的核心价值。新闻媒体品牌的核心价值可以通过显性和隐性两个层面体现出来：显性层面包含了新闻服务的品质、新闻产品的质量以及媒介形象的完整等；隐性层面包含了媒体自身的理念风格、社会责任以及文化积淀等。大力推进新闻扶贫与公益媒体的发展，不仅可以促使新闻核心内容与品牌外围的延伸进行良性互动，还可以在开展媒介公共服务时增强媒体文化的内涵和塑造良好的媒介形象。最近几年，一些媒体着手开展公益项目，涵盖了教育、文化、环保等众多公共领域，打造了一批公益行动新品牌，拓展了全新的媒体公共服务领域，构建了媒介品牌与内容的契合模式，并收获了大量的赞誉之声，全面彰显了媒体的品牌核心价值。

媒介公益品牌塑造任重而道远，新闻扶贫成了新闻媒体前行路上的"试金石"。如今，我国公益事业得到了快速发展，吸引了越来越多的商业企业、民间组织以及广大群众参与到公益事业之中。特别是在新媒体"微公益"出现后，全民公益成为大势所趋，发展日益迅猛。在这种环境下，传统媒体所开展的公益慈善相关活动仍旧采用传统方式，就受到了新媒体的强烈冲击，从而影响力变得越来越弱，使优良的公益传统不能很好地转变成品牌资源。随着公益慈善活动在新形势下的蓬勃发展，以往的媒体还有相当大的提升空间去进行扶贫与媒介教育。《纽约时报》进行的"最需要帮助基金"行动，吸引了社会各界对报纸上刊载的需救助的人或事提供帮助。据了解，在之前的99年里，共募集2.5亿美元善款用于帮助有困难的人。这种把故事和公益联系到一起的扶贫题材，将成为"新闻富矿"挖掘中的新生事物。与此同时，此类题材的内容也必然会促进媒介扶贫平台的构建与运营，使传统媒体与新媒体实现公益共赢的目标。另外，传统媒体的教育功能应当持续加强。新闻界类似于负有教育职能的企业，不仅具有试验性开拓进取的优势，也面临其带来的风险，还必须发挥不可或缺的公共职能。传统媒体须延续其开拓精神，使媒体肩负的教育职能发扬光大，并使新闻扶贫可以更好地在媒介素养与公民公益素养教育方面发挥重要作用，吸引越来越多的企业或公民切实参与到公益事业之中，这是社会主义理念下媒体所担负的使命。另外，为了促进媒介素养教育，媒体必须在我国国情的基础上借鉴国外先进的经验，更好地促进媒介素养的培育。

在传统媒体不断延伸媒介公共服务的进程中，新闻扶贫成为相当有效的一种形式，必须全面兼顾媒体的定位、类型、层次、布局以及战略等各种因素，进行具体的规划与实施。对新闻扶贫所采取的形式、面对的受众、发展的方向以及在运行机构中担当的角色和地位等，相应媒体必须在区域特点和受众需求的基础上，在具体的新闻扶贫实践过程中进行反复的总结与思考。

参考文献

[1] 胡正荣. 媒介公共服务：理论与实践 [M]. 北京：中国传媒大学出版社,2009.

[2] 朱春阳. 新媒体时代的政府公共传播 [M]. 上海：复旦大学出版社,2014.

[3] 史安斌. 危机传播与新闻发布 [M]. 广州：南方日报出版社,2004.

[4] 杨保军. 新闻精神论 [M]. 北京：中国人民大学出版社,2007.

[5] 韦路. 传播技术研究与传播理论的范式转移 [M]. 杭州：浙江大学出版社,2010.

[6] 邓正来. 市民社会理论的研究 [M]. 北京：中国政法大学出版社,2002.

[7] 俞可平. 全球化与公民社会 [M]. 桂林：广西师范大学出版社,2003.

[8] 俞可平. 权利政治与公益政治——当代西方政治哲学评析 [M]. 北京：社会科学文献出版社,2001.

[9] 孙立平. 现代化与社会转型 [M]. 北京：北京大学出版社,2005.

[10] 胡联合. 当代中国社会稳定问题报告 [M]. 北京：红旗出版社,2009.

[11] 唐兴霖. 行政组织原理：体系与范围 [M]. 广州：中山大学出版社,2002.

[12] 朱崇实, 陈振明. 公共政策 [M]. 北京：中国人民大学出版社,1999.

[13] 胡百精. 危机传播管理流派、范式与路径 [M]. 北京：中国人民大学出版社,2009.

[14] 金璐. 广电公共服务参与"精准扶贫"的路径研究——以湖北《垄上》频道为例 [M]. 武汉：华中师范大学出版社,2017.

[15] 刘晓伟. 社会化媒体营销研究 [D]. 济南：山东师范大学,2014.

[16] 张洁. 社会风险治理中的政府传播研究 [D]. 上海：复旦大学,2010.

[17] 徐晓明. 全球化压力下的国家主权——时间与空间向度的考察 [D]. 上海：复旦大学,2003.

[18] 程瑶. 大众传媒"公共服务"研究 [D]. 长春：吉林大学,2009.

[19] 高波. 政府传播论 [D]. 北京：中央民族大学,2006.

[20] 李良荣.论中国新闻改革的优先目标——写在新闻改革30周年前夕[J].现代传播,2007(4):1-3.

[21] 蒋昀洁,王文姬,姜东旭.媒介融合时代电视节目社会化媒体营销策略初探[J].现代传播,2014(6):167-168.

[22] 查尔斯·蒂利,西德尼·塔罗.抗争政治[M].南京:译林出版社,2010.

[23] 查尔斯·蒂利.社会运动:1768—2004[M].上海:上海人民出版社,2009.

[24] 西德尼·塔罗.运动中的力量:社会运动与斗争政治[M].南京:译林出版社,2005.

[25] 塞缪尔·亨廷顿.变化社会中的政治秩序[M].上海:上海人民出版社,2008.

[26] 乌尔里希·贝克.风险社会[M].南京:译林出版社,2004.

[27] 詹姆斯·斯科特.弱者的武器[M].南京:译林出版社,2011.

[28] 麦克奈尔.政治传播学引论[M].北京:新华出版社,2005.

[29] 丹尼斯·麦奎尔.大众传播理论[M].北京:清华大学出版社,2010.

[30] 古斯塔夫·勒庞.乌合之众——大众心理研究[M].桂林:广西师范大学出版社,2007.